Zygmunt Bauman

Verworfenes Leben

Die Ausgegrenzten der Moderne

Aus dem Englischen von Werner Roller

bpb:
Bundeszentrale für politische Bildung

Titel der englischen Ausgabe:
»Wasted Lives. Modernity and its Outcasts«,
published 2004 by Polity Press, Cambridge

Bonn 2005
Lizenzausgabe für die
Bundeszentrale für politische Bildung

Redaktion: Barbara Hoffmeister
Umschlaggestaltung: Michael Rechl, Kassel
Umschlagfoto: Georg Schoenharting / VISUM
Typographie und Herstellung: Jan Enns
Druck und Bindung: Clausen & Bosse, Leck
ISBN 3-89331-649-3

Inhalt

Einleitung

Die Geschichte der Moderne kann (wie jede andere Geschichte auch) auf mehr als eine Art erzählt werden, und dieses Buch ist eine davon.

Italo Calvinos Marco Polo berichtete über Aglaura, eine der bizarren und doch auf unheimliche Weise vertrauten »unsichtbaren Städte«, die in Calvinos gleichnamigem Roman genannt werden: »Wenig anderes könnte ich dir [...] sagen als das, was ihre eigenen Einwohner seit eh und je immer wieder sagen«, auch wenn ihre Erzählungen dem widersprachen, was er selbst zu sehen glaubte. »Du möchtest sagen, was es ist, doch all das, was bisher über Aglaura gesagt wurde, hält die Worte gefangen und zwingt dich, wiederzusagen statt zu sagen.« Die Bewohner von Aglaura leben sicher und geborgen hinter Festungsmauern, die aus unentwegt wiederholten Geschichten bestehen, so wie die Wälle manch anderer Stadt aus Steinen errichtet worden sind. Die Aglaurianer »glauben [...], ein Aglaura zu bewohnen, das nur auf dem Namen Aglaura wächst, und merken gar nicht, daß Aglaura auf der Erde wächst«. Wie könnten sie sich auch anders verhalten? Immerhin gilt: »Die Stadt vom Hörensagen besitzt vieles von dem, was zur Existenz gebraucht wird, während die Stadt, die an ihrer Stelle existiert, nur minder existiert.«[1]

Die Einwohner von Leonia, einer anderen der »unsichtbaren Städte« Calvinos, würden sagen, ihre Leidenschaft sei »der Genuß neuer und andersgearteter Dinge«. Und tatsächlich kleidet sich die Bevölkerung an jedem Tag »in strahlend neue Morgenröcke, holt sich aus dem perfektioniertesten Kühlschrank noch ganz unversehrte Blechbüchsen, hört die neuesten Märchen aus dem neuesten Radiomodell«. Doch jeden Morgen »warten die Reste des Leonia von gestern auf den Wagen der Müllabfuhr«, und ein Fremder wie Marco Polo, der sozusagen durch die Mauerrisse blickt, würde sich

---

1 Italo Calvino, *Die unsichtbaren Städte*, S. 77f. und S. 133ff.

wohl fragen, ob die wahre Leidenschaft der Leonier »nicht vielmehr das Abstoßen, Vonsichentfernen, Sichreinigen von einer immer wiederkehrenden Unreinheit« ist. Würden sonst wohl die Müllmänner »wie Engel empfangen werden«, auch wenn ihre Arbeit, was verständlich ist, »von stummer Hochachtung begleitet wird [...], weil an das einmal weggeworfene Zeug keiner mehr einen Gedanken verlieren will«? Die Leonier tun sich bei der Jagd nach Neuigkeiten aller Art hervor, aber: »Eine Festung unzerstörbarer Überreste ist es, was Leonia umgibt, allseits überragt wie hochgetürmte Berge.«

Man möchte fragen: Sehen die Leonier diese Berge überhaupt? Ab und zu vielleicht, und besonders dann, wenn ein heftiger Windstoß in ihre blitzblanken Häuser einen Gestank weht, der eher an eine Müllhalde erinnert als an das brandneue, hochglänzende, wohlriechende Sortiment modischer Geschäfte. Sobald dies geschehen ist, fällt es ihnen schwer, den Blick abzuwenden; sie müssen auf diese Berge schauen, besorgt, verängstigt und zitternd – und sich entsetzen über das, was sie da sehen. Sie verabscheuen den häßlichen Anblick dieser Berge, sie hassen sie, weil sie die Landschaft verschandeln, weil sie stinken, unappetitlich aussehen, das Auge beleidigen und eine einzige Scheußlichkeit sind. Diese Halden bergen Gefahren, die sie kennen, und Gefahren, die ihnen noch nie begegnet sind, und sie verbinden sichtbare Risiken mit Risiken, die man nicht einmal erahnen kann. Den Leoniern gefiel nicht, was sie dort sahen, und sie wollten es keineswegs länger betrachten. Die Überreste der Träume von gestern haßten sie so leidenschaftlich, wie sie die topmodische Kleidung und nagelneuen Spielzeuge liebten. Sie wünschten sich diese Berge fort, wollten, daß sie verschwänden – sie sollten gesprengt, zermalmt, pulverisiert oder aufgelöst werden. Sie klagten über die Faulheit der Müllmänner, die Nachsicht der Vorarbeiter und die Selbstgefälligkeit der Chefs.

Mehr als diese Überreste selbst verabscheuten die Leonier die Vorstellung von deren Unzerstörbarkeit. Die Nachricht, daß die so sehnlich hinweggewünschten Berge kaum von allein zerfallen, kleiner werden oder sich zersetzen würden und gegen alle Mittel widerstandsfähig, ja sogar immun seien, erfüllte sie mit Entsetzen. Wider alle Vernunft weigerten sie sich, die einfache Wahrheit zur Kenntnis zu nehmen, daß die widerwärtigen Abfallhaufen nur dann *nicht weiterbestehen* können, wenn sie erst gar nicht *geschaffen worden wären* (von ihnen selbst, den Leoniern!). Sie weigerten sich, die folgende Tatsache zu akzeptieren (Marco Polos Botschaft, die sie partout nicht hören wollten): »Bei ihrer täglichen Erneuerung erhält sich die Stadt zur Gänze in der einzig definitiven Form: durch die Abfälle von gestern, die sich auf den Abfällen von vorgestern und aller vorhergehenden Tage, Jahre und Jahrzehnte häufen.« Die Leonier wollten Marco Polos Botschaft nicht hören, denn sie sagte ihnen (wären sie denn zum Zuhören bereit gewesen): Sie bewahrten weniger das, was sie zu lieben und zu begehren vorgaben, sondern schafften es nur, den Müll zu verewigen. Nur das Nutzlose, das Unangenehme, das Abstoßende, das Giftige und das Furchterregende sind zäh genug, um fortzubestehen, während die Zeit vergeht.

Die Leonier folgen also, das darf man wohl sagen, dem Beispiel der Bewohner von Aglaura, und leben dahin in einem Leonia, das »nur auf dem Namen Leonia wächst», in seliger Unwissenheit um das andere Leonia, das auf der Erde wächst. Zumindest wenden sie ihren Blick davon ab oder verschließen die Augen davor, um jene Stadt nicht zu sehen. Ganz wie im Falle Aglauras besitzt die Stadt, von der sie sprechen, »vieles von dem, was zur Existenz gebraucht wird«. Und das Wichtigste ist: Sie birgt die Geschichte von der Leidenschaft fürs Neue; die Leonier wiederholen sie fast täglich, so daß die Leidenschaft, von der sie reden, auf ewig wiedergeboren und gefestigt und die Geschichte jener Leidenschaft immer wieder erzählt, gehört, begeistert aufgenommen und felsenfest geglaubt werden kann.

Es braucht einen Fremden wie Marco Polo, der die Fragen stellt: Was produzieren die Leonier nun eigentlich? Sind es die bezaubernden, brandneuen Gegenstände, die so verlockend neu und – weil unberührt und unerprobt – so verführerisch rätselhaft sind?

Oder sind es eher die stetig wachsenden Abfallberge? Wie läßt sich etwa die leonische Leidenschaft für Mode erklären? Was ist der Zweck dieser Mode? Soll sie weniger Attraktives durch Schöneres ersetzen, oder geht es dabei nur um das Vergnügen, das man empfindet, wenn Dinge auf den Abfallhaufen wandern, denen man zuvor allen Glanz und alle Faszination genommen hat? Werden Dinge weggeworfen, weil sie häßlich sind, oder sind sie häßlich, weil sie für die Müllhalde bestimmt worden sind?

Das sind gewiß schwierige Fragen - und die Antworten sind nicht weniger schwierig. Sie beziehen sich auf Geschichten, deren Echo zwischen den Mauern widerhallt; Mauern, die aus den Erinnerungen an Geschichten erwuchsen, die erzählt, wiederholt, gehört, aufgenommen und verinnerlicht wurden.

Fragte man einen Leonier, so würde die Antwort lauten: Immer mehr neue und neueste Dinge müssen hergestellt werden, um die Dinge ersetzen zu können, die weniger einnehmend oder nützlich sind oder ihren Gebrauchswert ganz verloren haben. Fragte man Marco Polo, einen Reisenden, einen skeptischen Fremden, einen unbeteiligten Außenstehenden, einen verblüfften Neuankömmling - er würde antworten, daß in Leonia Dinge für unnütz erklärt und umgehend weggeworfen werden, weil andere, neue und verbesserte Objekte der Begierde locken, und das Alte also dazu bestimmt ist, weggeworfen zu werden, um solchen neueren Dingen Platz zu machen. Er würde antworten, daß in Leonia die Neuheit von heute die Neuheit von gestern obsolet macht und auf die Müllhalde wandern läßt. Beide Antworten klingen richtig. Beide scheinen das Leben in Leonia zutreffend zu beschreiben. So wird es letztlich darauf ankommen, ob eine Geschichte immer nur monoton wiederholt wird, oder ob, im Gegensatz dazu, die Gedanken völlige Bewegungsfreiheit genießen - und zwar in einem Raum, der frei von Geschichten ist …

In Ivan Klímas Roman *Liebe und Müll* erinnert sich der Protagonist an ein gemeinsames Essen mit dem Vorstandsvorsitzenden von Ford in dessen Amtssitz in Detroit. Der Gast fragt den Gastgeber, der mit der stetig zunehmenden Zahl funkelnagelneuer

Ford-Automobile prahlte, die fertig von den Fließbändern rollten, »wie er all diese Autos, wenn sie ausgedient hatten, aus der Welt zu schaffen gedenke«. »Der Direktor antwortete, das sei nicht schwierig; alle Produkte könnten restlos verschwinden, das sei lediglich ein technisches Problem. Die Vorstellung einer gesäuberten, völlig leeren Welt entlockte ihm ein Lächeln.« Nach dem Essen geht der Erzähler der Frage nach, wie dieses »technische Problem« bewältigt wird. Riesige Pressen verwandelten Schrottautos – Autos, die nicht mehr benötigt und deshalb für schrottreif erklärt wurden – in handliche Blechpakete. »Die Blechpakete verschwanden jedoch genausowenig aus der Welt wie Glas, Pneus und Altöl [...]. Aus dem Blech wurde vielleicht neues Eisen geschmolzen, neuer Stahl für neue Autos, und so wurde aus dem Unrat immer neuer Abfall produziert.«

Der Erzähler hat die Geschichte vernommen, den Wahrheitsgehalt mit eigenen Augen überprüft, und er macht sich seine Gedanken: »Nein, es ist nicht nur ein technisches Problem. Denn der Geist toter Dinge schwebt über der Erde und über den Wassern, und sein Atem ist unheilverkündend.«[2]

Dieses Buch handelt davon, daß wir es eben nicht mit einem »rein technischen Problem« zu tun haben. Es versucht zu erklären, was es neben dem Technischen sonst noch zu bedenken gilt, und warum wir es hier überhaupt mit einem Problem zu tun haben.

Unser Planet ist überfüllt.

Dies ist, um es ganz klar zu sagen, keine Feststellung im Sinne der physischen oder menschlichen Geographie. Betrachtet man den verfügbaren Raum und die Verteilung der menschlichen Besiedlung, dann ist der Planet alles andere als überfüllt. Im Gegenteil: Die Gesamtfläche der dünnbesiedelten oder entvölkerten Landstriche, die als unbewohnbar und für menschliches Leben als nicht ausreichend ertragreich gelten, scheint eher zu wachsen als zu

---

2 Ivan Klíma, *Liebe und Müll*, S. 22f.

schrumpfen. Der *technologische* Fortschritt eröffnet (natürlich bei steigenden Kosten) neue Möglichkeiten des Überlebens in Lebensräumen, die früher als für die Besiedlung durch Menschen ungeeignet galten. Zugleich reduziert er das Potential anderer Lebensräume, die ihre bisherigen Bewohner nicht mehr so gut ernähren und beherbergen können. Unterdessen entwertet der *wirtschaftliche* Fortschritt einstmals effektive Modi des Wirtschaftens, denen er die Grundlage entzieht und so den brachliegenden, öden Landstrichen neue Flächen zuführt.

«Der Planet ist überfüllt« ist eine Aussage nach den Maßstäben *der Soziologie und der Politikwissenschaft*. Sie bezieht sich nicht auf den Zustand der Erde, sondern auf die Lebensweise(n) ihrer Bewohner. Sie zeigt das Verschwinden von »Niemandsland« an, von Territorien, die als unbesiedelt gelten und/oder eingestuft werden können, nicht der Verwaltung durch eine souveräne Regierung unterliegen – und deshalb für Kolonisierung und Besiedlung zur Verfügung stehen (geradezu danach verlangen!). Solche Territorien, die es heute kaum noch gibt, hatten über weite Strecken der modernen Geschichte eine Schlüsselrolle inne als Abladeplatz für den menschlichen Abfall, der von den in ihrer »Modernisierung« fortschreitenden Teilen der Welt in immer größeren Mengen hervorgebracht wurde.

Die Produktion »menschlichen Abfalls« – korrekter ausgedrückt: nutzloser Menschen (womit der »überschüssige« und »überzählige« Teil der Bevölkerung gemeint ist, der an seinem Wohnort entweder nicht bleiben konnte oder dem dort die notwendige Anerkennung oder Erlaubnis für weiteren Aufenthalt verweigert wurde) – ist ein unvermeidliches Ergebnis der Modernisierung und eine untrennbare Begleiterscheinung der Moderne. Sie ist ein unvermeidlicher Nebeneffekt des *Aufbaus einer gesellschaftlichen Ordnung* (jede gesellschaftliche Ordnung stuft einen Teil ihrer Bevölkerung als »deplaziert«, »ungeeignet« oder »unerwünscht« ein) und des *wirtschaftlichen Fortschritts* (der sich nicht weiterentwickeln kann, ohne vormals effektive Arten, »den eigenen Lebensunterhalt zu verdienen«, herabzustufen und abzuwerten und damit den Menschen, die so wirtschaften, unweigerlich ihre Existenzgrundlage entzieht).

Riesige Teile der Erde (aus der ambitionierten Sicht des bereits modernen, das heißt: besessen modernisierenden, Teils des Planeten sind das die »rückständigen«, »unterentwickelten« Gebiete) blieben während eines größeren Abschnitts der modernen Geschichte vom Modernisierungsdruck gänzlich unberührt oder waren nur teilweise betroffen und entgingen so jenem »Überbevölkerungs«-Effekt. Solche »vormodernen« oder »unterentwickelten« Gebiete wurden in der direkten Konfrontation mit den sich modernisierenden Nischen des Planeten gerne als Länder angesehen und behandelt, die den »Bevölkerungsüberschuß« der »entwikkelten Länder« aufnehmen konnten; sie galten als natürliche Bestimmungsorte für den Export »überflüssiger Menschen« und als naheliegende, bereits fertig eingerichtete Abladeplätze für den menschlichen Abfall der Modernisierung. Die Entsorgung des menschlichen Abfalls, der in den »modernisierten« und weiterhin »modernisierenden« Teilen der Erde produziert worden ist, war der tiefste Sinn der Kolonisierung und der imperialistischen Eroberungen – und beides wurde möglich (ja sogar unvermeidlich) durch das Machtgefälle, das durch die äußerst ungleiche »Entwicklung« (euphemistisch auch als »kulturelle Phasenverschiebung«, als »cultural lag« bezeichnet) beständig reproduziert wird. Letzteres ergibt sich durch die Beschränkung der modernen Lebensweise auf einen »privilegierten« Teil des Planeten. Diese Ungleichheit ermöglichte dem modernen Teil der Welt die Entwicklung von *globalen* Lösungen für *lokal* erzeugte »Überbevölkerungs«-Probleme.

Diese Konstellation hatte Bestand, solange die Moderne (das heißt: eine fortdauernde, zwanghafte, besessene und süchtig machende *Modernisierung*) ein Privileg blieb. Seit die Moderne jedoch zu einer universell gültigen Befindlichkeit der ganzen Menschheit wurde (worauf sie von Anbeginn angelegt war), fallen die Auswirkungen ihrer weltweiten Vorherrschaft nach und nach auf die Urheber zurück. Der triumphale Fortschritt der Modernisierung hat die entferntesten Ecken des Planeten erreicht, praktisch die gesamte menschliche Produktion und Konsumtion vermittelt sich über den Geldwert und den Markt; das menschliche Leben ist bis in den letzten Winkel der Erde dem Warentausch, der Kommerzialisierung und der Monetisierung unterworfen worden. Deshalb gibt es auch keine globalen Lösungen für lokal erzeugte Probleme mehr – und auch keine globalen Ventile für lokale Exzesse. Das genaue Gegenteil trifft zu: Alle Orte dieser Erde (und auffälligerweise auch die modernsten unter ihnen) müssen die Konsequenzen des weltweiten Siegeszugs der Moderne mittragen. Sie alle müssen jetzt (vergeblich, wie es scheint) nach *lokalen* Lösungen für *global* erzeugte Probleme suchen.

Um es kurz zu machen: Mit der neuen Überfüllung des Planeten ist im wesentlichen eine *akute Krise der mit der Entsorgung menschlichen Abfalls befaßten Industrie* gemeint. Die Produktion menschlichen Abfalls geht unvermindert weiter und strebt neuen Höhepunkten zu, während die Deponien immer knapper werden. Dasselbe gilt auch für die Instrumentarien der Abfallentsorgung.

Eine neue, kräftig sprudelnde Quelle, die »nutzlose Menschen« ausstößt, hat sich zu den beiden anderen gesellt, als sollte der bestehende Zustand, der schon beunruhigend ist, noch komplexer und bedrohlicher werden. Die Globalisierung ist zur dritten, derzeit ergiebigsten und am wenigsten kontrollierten »Fertigungsstraße« für menschlichen Abfall beziehungsweise nutzlose Menschen geworden. Sie hat zudem ein altes Problem erneut ins Rampenlicht gerückt und ihm insgesamt eine neue Bedeutung und eine noch nie dagewesene Dringlichkeit verliehen.

Die weltweite Verbreitung der modernen Lebensweise entwurzelte eine enorme, ständig zunehmende Zahl von Menschen, denen sie ihre bewährte (Über-)Lebensgrundlage im biologischen wie auch im soziokulturellen Sinn nahm, und schickte sie auf Wanderschaft. Für den dadurch entstehenden Bevölkerungsdruck – den altbekannten kolonialistischen Bevölkerungsdruck, nun allerdings in Gegenrichtung – gibt es diesmal kein bequem handhabbares Ventil, weder für ein »Recycling« noch für eine sichere »Entsorgung«. Daher die Alarmstimmung hinsichtlich der Überbevölkerung des Planeten; deshalb sind auch das »Einwanderer-« und das »Asylbewerber-Problem« auf der aktuellen politischen Tagesordnung so bedeutsam; und deshalb werden so vage wie diffuse »Sicherheitsbedenken« für die sich entwickelnden neuen Globalstrategien und für die Logik der Machtkämpfe immer wichtiger.

Der (im wesentlichen) urgewaltige, nicht regulierte und politisch nicht kontrollierte Globalisierungsprozeß hat zur Entwicklung neuartiger »Grenzland«-Bedingungen in einem planetaren »Raum der Ströme« geführt, auf den ein großer Teil der Machtmittel übertragen wurde, die einst in den souveränen modernen Nationalstaaten verankert waren. Das brüchige und unweigerlich instabile Gleichgewicht der Grenzland-Lebensumstände beruht offenkundig auf »gegenseitig zugesicherter Verletzbarkeit«. Daher rühren die Alarmsignale zu einer sich verschlechternden Sicherheitslage. Sie verstärken die ohnehin schon zahlreichen »Sicherheitsbedenken« und verlagern zugleich die öffentliche Sorge und die Ventile für die individuellen Ängste von den wirtschaftlichen und sozialen Wurzeln der gesellschaftlichen Unruhe auf die Sorge um die persönliche (körperliche) Sicherheit. So wird die aufblühende »Sicherheitsindustrie« rasch zu einem der wichtigsten Zweige der Abfallproduktion und der alles überragende Faktor des Abfallentsorgungsproblems.

Dies sind die in sehr groben Umrissen skizzierten zeitgenössischen Lebensumstände. Die »Probleme des (menschlichen) Abfalls und der Entsorgung des (menschlichen) Abfalls« lasten schwerer als je zuvor auf der flüchtigen modernen Konsumkultur der Individualisierung. Sie durchdringen alle Schlüsselbereiche des sozialen Lebens, dominieren tendenziell die Lebensstrategien, beeinflussen die wichtigsten Lebensaktivitäten und führen dazu, daß diese ihren eigenen Abfall *sui generis* erzeugen: totgeborene, unpassende, ungültige oder nicht realisierbare menschliche Beziehungen, die von Anfang an den Stempel des drohenden Dahinschwindens tragen.

Diese Themen und einige ihrer Derivate sind die Hauptgegenstände dieses Buches. Die hier angebotene Analyse ist nur vorläufiger Natur. Mein wichtigstes, vielleicht mein einziges Anliegen ist, eine alternative Perspektive anzubieten, aus der jene Aspekte des modernen Lebens betrachtet werden können, die durch neuere Entwicklungen aus ihrer bisherigen Verborgenheit gelöst worden und zutage getreten sind. Bestimmte Facetten unserer gegenwärtigen Welt sind so leichter zu erkennen, ihre Logik ist besser zu verstehen. Dieses Buch soll als Einladung verstanden werden, die vermeintlich allzu vertraute moderne Welt, die wir uns teilen und gemeinsam bewohnen, auf eine neue, etwas andere Art zu betrachten.

1
Am Anfang war das Planen oder: Der Abfall beim Aufbau von Ordnung

> Wir fünf haben früher einander auch nicht gekannt, und wenn man will, kennen wir einander auch jetzt nicht, aber was bei uns fünf möglich ist und geduldet wird, ist bei jenem sechsten nicht möglich und wird nicht geduldet. Außerdem sind wir fünf und wir wollen nicht sechs sein. [...] Wie soll man aber das alles dem sechsten beibringen, lange Erklärungen würden schon fast eine Aufnahme in unsern Kreis bedeuten, wir erklären lieber nichts und nehmen ihn nicht auf.[1]

In einem aktuellen Bericht der Joseph Rowntree Foundation ist zu lesen:

»Die Zahl junger Menschen, die mit Depressionen zu kämpfen haben, verdoppelte sich in den vergangenen zwölf Jahren, denn Hunderttausende sehen sich von verbesserten Bildungsmöglichkeiten und wachsendem Wohlstand ausgeschlossen. [...] Von den Angehörigen des Jahrgangs 1958, die 1981 einen Fragebogen zu ihrem psychischen Befinden ausfüllten, zeigten 7 Prozent eine Tendenz zu nichtklinischer Depression. Die Vergleichszahl für den Jahrgang 1970, der 1996 befragt wurde, lag bei 14 Prozent. Die Analyse legte den Schluß nahe, daß die Zunahme mit der Tatsache verbunden war, daß die jüngere Probandengruppe während des Heranwachsens mehr Erfahrungen mit Arbeitslosigkeit gesammelt hatte. Probanden mit einem Universitätsabschluß hatten ein um ein Drittel reduziertes Depressionsrisiko.«[2]

Depressionen sind ein äußerst unangenehmer, qualvoller und das Leben schwer beeinträchtigender Zustand. Der oben zitierte und zahlreiche andere Bericht zeigen jedoch, sie sind nicht das einzige

---

1 Franz Kafka, *Gemeinschaft*, S. 308f.

2 Vgl. John Carvel, »Depression on the Rise Among Young«, in: *The Guardian*, 27. November 2002.

Symptom für das Unbehagen, an dem die junge Generation leidet, die in die schöne, neue, flüchtige, moderne Welt hineingeboren wurde. Die unmittelbare Vorgängergeneration schien allerdings davon nicht beeinträchtigt worden zu sein, jedenfalls nicht im selben Umfang. »Mehr Erfahrungen mit Arbeitslosigkeit« gesammelt zu haben - so traumatisch und schmerzhaft dies zweifellos ist - scheint nicht der einzige Grund für das Unbehagen zu sein.

Die in den siebziger Jahren in Großbritannien und anderen »entwickelten« Ländern geborene »Generation X« junger Männer und Frauen kennt Leiden, die älteren Generationen erspart blieben; diese Leiden sind nicht unbedingt zahlreicher, heftiger, qualvoller und folgenschwerer, doch sie sind deutlich anders, neuartig. Man könnte sagen, sie seien »spezifisch fließend-moderne« Leiden und Gebrechen. Und es gibt neuartige Gründe dafür - einige ersetzen, andere ergänzen die traditionellen -, aufgeregt, beunruhigt, ja oft auch bedrückt zu sein, auch wenn die Psychoanalytiker und geprüften Mediziner es natürlich so halten wie wir alle: Sie folgen ihren Gewohnheiten, halten sich sachlich-nüchtern an die Diagnosen und Therapien, die ihnen am geläufigsten sind, die in ihrer Ausbildungszeit am verbreitetsten waren und die für die spätere eigene Praxis empfohlen wurden.

Eine der in diesem Zusammenhang am häufigsten angebotenen Diagnosen ist die Arbeitslosigkeit, insbesondere die schlechten Aussichten auf Jobs für die Schulabgänger, die in einen Markt eintreten, dem höhere Gewinne durch das Senken von Arbeitskosten und das Ausschlachten von Firmen wichtiger sind als die Schaffung neuer Arbeitsplätze und der Aufbau neuer Vermögenswerte. Zu den populärsten Maßnahmen gegen diese Tendenzen zählen staatliche Subventionen, die die Anstellung von jungen Leuten zu einem guten Geschäft machen (solange die Subventionen fließen). Eine der häufigsten Empfehlungen an junge Leute lautet zugleich: Seid flexibel und nicht allzu wählerisch, erwartet nicht zuviel von euren Jobs, nehmt, was sich euch bietet, ohne allzuviele Fragen zu stellen, seht diese Jobs als Gelegenheit - hier und jetzt wahrzunehmen, solange sie besteht - und nicht als einleitende Kapitel eines

»Lebensplans«, als eine Frage der Selbstachtung und Selbstfindung oder als Garantie für langfristige Sicherheit.

Der »Ideenkomplex Arbeitslosigkeit« liefert neben der Problemdiagnose tröstlicherweise auch gleich die bestmögliche Therapie sowie eine Liste direkt wirksamer, allzu naheliegender, ebenso beruhigender wie erprobter Vorgehensweisen, denen es auf dem Weg zur Gesundung zu folgen gilt. Der Begriff »Arbeits*losigkeit*« bezeichnet offenkundig einen vorübergehenden und *anomalen* Zustand, deshalb ist auch die Klage darüber praktischerweise vorübergehender Natur und abstellbar. Die gängige Vorstellung von »Arbeitslosigkeit« erhält ihr semantisches Gewicht aus der Selbstwahrnehmung einer Gesellschaft, die ihre Mitglieder vor allem als produktiv tätige Wesen verstand; Vollbeschäftigung war nicht nur ein ebenso erstrebenswerter wie erreichbarer gesellschaftlicher Zustand - Vollbeschäftigung war höchster Daseinszweck. Die Erwerbstätigkeit war in dieser Gesellschaft deshalb auch ein Schlüssel - *der* Schlüssel - für die (gleichzeitige) Lösung einer Reihe von Problemen. Dazu gehörten die Entwicklung einer gesellschaftlich anerkannten persönlichen Identität, die Sicherung einer sozialen Stellung, das individuelle und kollektive Überleben, die gesellschaftliche Ordnung und die Reproduktion des Gesamtsystems.

Die menschliche Welt ist nach einer treffenden Formulierung Siegfried Kracauers vom *Sollen* durchdrungen - von Ideen, die »selber Realität zu werden suchen«: Sie »tauchen innerhalb der menschlichen Gesellschaft mit der ihnen eingeborenen Absicht nach Verwirklichung auf«. Solche Ideen »kommen soziologisch in Betracht«, sobald sie »sich in der sozialen Welt auszuwirken beginnen«.[3] Danach streben sie, wenn auch mit wechselndem Erfolg. Die moderne Geschichte unterschied sich von früheren Phasen der menschlichen Geschichte dadurch, daß sie ihr vielfaches »Sollen« offenlegte, es deutlich machte und ihre »Absicht nach Verwirklichung« erkennen ließ. Die Moderne führte, um einen weiteren

---

3 Siegfried Kracauer, *Die Gruppe als Ideenträger*, S. 123.

Gedanken Kracauers zu bemühen, eine »Doppelexistenz«, sie richtete sich »auf das Jenseitige [aus], in dem alles Hier seinen Sinn und Abschluß erst fände«.[4]

Es herrschte nie ein Mangel an solchem »Sollen«. Die moderne Geschichte war eine produktive Fabrik für die Entwicklung von Modellen der »guten Gesellschaft«. Die am intensivsten von Ideologie geprägten Schlachten, von denen die moderne Geschichte durchzogen ist, wurden an dieser Front ausgetragen, zwischen heftig miteinander konkurrierenden »Sollenkonzepten«. Zugleich herrschte zwischen allen Varianten des »Sollens« in einem Punkt Einigkeit: Der Lackmustest einer »guten Gesellschaft« bestand in der Arbeit für alle und der produktiven Rolle für all ihre Mitglieder. Die moderne Geschichte kam – trotz aller endemischen Kritik an jeder Gegenwart, die der »Pflicht« bei weitem nicht genügte – durch die Bekämpfung zahlreicher Übel und Schurken voran, doch als entscheidende Schlacht galt stets der Kampf gegen den Mangel an Arbeitsplätzen und gegen fehlende Möglichkeiten zur produktiven Entfaltung – oder den fehlenden Willen, solche Möglichkeiten zu nutzen.

Ganz anders verhält es sich mit der »Überflüssigkeit«, die zu Zeiten der Generation X so große Bedeutung erlangt hat! Während die »-losigkeit« in »Arbeitslosigkeit« noch eine Abweichung von der Norm signalisierte, hat der Begriff »Überflüssigkeit« keinen solchen Beiklang mehr. Hier gibt es keine Andeutung von Abnormalität oder Unregelmäßigkeit, keine Schwächephase oder rasch zu behebende Panne. »Überflüssigkeit« klingt nach einem gewöhnlichen Dauerzustand; es benennt einen Zustand, ohne ein schlüssiges Antonym zu bieten, umschreibt einen neuartigen, aktuellen Normalzustand – bedrohliche Zustände, die wohl von Dauer sein werden.

»Überflüssig« zu sein bedeutet, überzählig und nutzlos zu sein, nicht gebraucht zu werden – wie auch immer der Nutz- und Gebrauchswert beschaffen sein mag, der den Standard für Nützlich-

---

4 Ders., *Die Reise und der Tanz*, S. 44.

keit und Unentbehrlichkeit liefert. Die anderen brauchen dich nicht; sie kommen ohne dich genausogut zurecht, ja sogar besser. Es gibt keinen einleuchtenden Grund für deine Anwesenheit und keine naheliegende Rechtfertigung für deinen Anspruch, hierbleiben zu dürfen. Für überflüssig erklärt zu werden bedeutet, weggeworfen zu werden, *weil man ein Wegwerfartikel ist* – wie eine leere Einwegplastikflasche oder wie eine Einmalspritze, eine unattraktive Ware, für die sich keine Käufer finden, oder ein fehlerhaftes oder beschädigtes, nutzloses Produkt, das die Qualitätsprüfer vom Fließband pflücken. »Überflüssigkeit« bewegt sich im gleichen semantischen Umfeld wie »Ausschußware«, »fehlerhaftes Exemplar«, »Müll« – wie *Abfall*. Die Arbeits*losen* – die »industrielle Reservearmee« – sollten noch ins aktive Erwerbsleben zurückgeholt werden. Der Bestimmungsort von Abfall ist die Abfallecke im Hinterhof, die Müllhalde.

Menschen, die für »überflüssig« erklärt wurden, gelten mittlerweile eher schon routinemäßig vor allem als finanzielles Problem. Sie müssen »versorgt werden«, das heißt: Sie brauchen etwas zu essen, Kleider und Schuhe und ein Dach über dem Kopf. Auf sich gestellt würden sie gar nicht überleben – es fehlt ihnen an den nötigen »Mitteln zum Überleben« (womit meist biologisches Überleben gemeint ist, das Gegenteil eines Todes durch Unterernährung oder Erfrieren). Die Antwort auf die Überflüssigkeit wird ebenso in finanziellen Kategorien formuliert wie die Definition des Problems: vom Staat bereitgestellte, per Gesetz verfügte, gebilligte oder geförderte und nach dem Kriterium der Bedürftigkeit bewilligte Almosen, die unterschiedliche, aber stets euphemistische Bezeichnungen tragen: Sozialhilfe, Steuerfreibetrag, Unterstützung, Beihilfe, Zuschuß. Menschen, die solchen Antworten verständnislos gegenüberstehen, neigen zu einer Kritik, die sich ebenfalls in finanziellen Begriffen äußert (»Können wir uns das leisten?«), weil all diese Maßnahmen den Steuerzahlern eine »Finanzlast« aufbürden.

Für »überflüssig« erklärte Menschen müssen – vielleicht sogar dauerhaft – unterstützt werden, wenn sie am Leben bleiben sollen. (Um es direkt zu sagen: Das Recht eines dauerhaft und ohne

Chance auf Änderung überflüssigen Teils der Bevölkerung auf Teilhabe an einem Wohlstand, zu dessen Herstellung er nicht beigetragen hat, ja für den er nicht einmal gebraucht wird, muß akzeptiert werden.) Doch das ist nur ein kleiner Teil des Problems, das beschäftigungslose Menschen darstellen – für sich selbst wie für andere. Ein weiterer, sehr viel folgenreicherer, wenn auch längst nicht adäquat erkannter und bearbeiteter Aspekt des Problems ist die Tatsache, daß in dem Teil der Welt, in dem gemeinhin der Begriff »Gesellschaft« etwas gilt, kein Bereich für »menschlichen Abfall« (oder präziser: nutzlose Menschen) reserviert ist. Auch wenn die Bedrohung des *biologischen* Überlebens angegangen und effektiv beseitigt wird, bedeutet dies noch lange nicht, daß das *soziale* Überleben gesichert ist. Physisches Überleben reicht nicht aus für die Wiederzulassung der »Überflüssigen« zu einer Gesellschaft, aus der sie zuvor ausgeschlossen wurden. Auch Industriemüll wird durch die Lagerung in gekühlten Containern wohl kaum wieder zu einem marktfähigen Produkt.

Das Gefühl des Überflüssigseins mag eine solche »soziale Heimatlosigkeit« anzeigen, und es ist mit einem Verlust von Selbstwertgefühl und Lebenssinn verbunden – oder mit dem Verdacht, daß einem so etwas jederzeit widerfahren kann, auch wenn es bis jetzt noch nicht eingetreten ist. Solche Empfindungen gehören zur Lebenserfahrung der Generation X, die sie nicht mit den Vorgängergenerationen teilt, so schmerzlich und empörend deren Erfahrungen auch gewesen sein mögen. Die Generation X hat tatsächlich reichlich Anlaß zu Depressionen. Sie ist unwillkommen, wird im günstigsten Fall nur toleriert, im Spektrum der sozial empfehlenswerten oder tolerierten Tätigkeitsfelder wird sie demonstrativ auf die Empfängerseite verwiesen und bestenfalls als Objekt des Wohlwollens, der Mildtätigkeit und des Mitleids behandelt (was zudem, um noch Salz in die Wunden zu reiben, als unverdient in Frage gestellt wird) und nicht als Empfänger mitmenschlicher Hilfe. Diese Generation wird der Trägheit bezichtigt, ihr werden schädliche Absichten und kriminelle Neigungen unterstellt. Sie hat nur wenig Grund, sich in dieser »Gesellschaft«

heimisch zu fühlen, ihr Loyalität und Aufmerksamkeit zu zollen. Danièle Linhart, eine der Autorinnen von *Perte d'emploi, perte de soi*,[5] formulierte dies so: »Diese Männer und Frauen verlieren nicht nur ihre Arbeit, ihre Zukunftsprojekte, ihre Orientierungspunkte, das sichere Gefühl, den eigenen Lebenslauf steuern zu können; sie sehen sich auch ihrer Würde als arbeitende Menschen beraubt, verlieren ihr Selbstwertgefühl, das Gefühl, nützlich zu sein und in dieser Gesellschaft einen festen eigenen Standort zu haben.«[6] Warum sollten diese plötzlich aus der Gesellschaft ausgeschlossenen Arbeitnehmer die Regeln des politisch-demokratischen Spiels respektieren, wenn die Regeln der Arbeitswelt so offensichtlich mißachtet werden?

Die Arbeitslosen in der *Gesellschaft der Produzierenden* (einschließlich derjenigen, die vorübergehend »nicht am Fließband stehen«) mochten in Elend und Unglück gelebt haben, doch ihr Platz in der Gesellschaft stand nicht in Frage und war gesichert. Wer wollte damals bestreiten, daß man auf dem Schlachtfeld der Produktion stets auch starke Reserveeinheiten brauchte, die jederzeit bereit waren, sich ins Kampfgetümmel zu stürzen? Die unausgefüllten Konsumenten der *Konsumgesellschaft* können sich da nicht so sicher sein. Nur eines ist für sie gewiß: Wenn sie erst einmal aus dem Spiel sind, sind sie keine Spieler mehr – und werden deshalb auch nicht mehr gebraucht. Ein Möchtegernproduzent mußte einst nur die Bedingungen erfüllen, die für eine Zulassung zur Gemeinschaft der Produzenten gestellt wurden. Das Versprechen, ein fleißiger Konsument zu sein, und der Anspruch auf einen entsprechenden Status reichen jedoch für eine Zulassung zur Gemeinschaft der Konsumenten nicht aus. In der Konsumgesellschaft ist kein Platz für mit Fehlern behaftete, unvollkommene, unausgefüllte Konsumenten. In Samuel Butlers satirischem Zukunftsroman *Erewhon*

5 Danièle Linhart, Barbara Rist und Estelle Durand, *Perte d'emploi, perte de soi* (Verlust der Arbeit, Verlust des Selbst).

6 Danièle Linhart, »Travail émietté, citoyens déboussolés«, in: *Manière de Voir* 66 (Nov./Dez. 2002), S. 10–13.

wird »jede Art von Unglück, ja sogar, was einem von andern Übles widerfährt, als ein Vergehen gegen die Gesellschaft betrachtet, insofern als es den Leuten peinlich ist, davon zu hören. Vermögensverlust [...] wird deshalb kaum weniger streng bestraft als körperliches Ungenügen.«[7] Konsumenten mit menschlichen Schwächen können nicht im voraus wissen, wann sie möglicherweise zu Kriminellen erklärt werden.

Innerhalb der Generation X treten Gegensätze außerdem schärfer auf als bei der unmittelbaren Vorgängergeneration, und die Trennlinie in der sozialen Hierarchie wurde angehoben. Die verblüffende Flüchtigkeit sozialer Einstufungen, die vagen Zukunftsaussichten, das Leben von der Hand in den Mund, ohne verläßliche Aussicht auf ein dauerhaftes oder zumindest längerfristiges Fußfassen, die vagen Regeln, die man lernen und beherrschen muß, um durchzukommen – all dies macht allen Angehörigen dieser Generation gleichermaßen zu schaffen, weckt Ängste und nimmt ihnen allen (oder zumindest fast allen) das Selbstvertrauen und Selbstwertgefühl. Die untere Schwelle für eine effektive Therapie solcher Probleme ist allerdings angehoben worden und für die große Mehrheit inzwischen unerreichbar. Heute ist ein Universitätsabschluß die Minimalvoraussetzung, wenn man auf eine faire Chance zu einem würdevollen Leben in sozialer Sicherheit hofft. (Was nicht bedeutet, daß ein akademischer Abschluß ein reibungsloses Vorankommen garantiert; das scheint nur so, weil es nach wie vor das Privileg einer Minderheit bleibt.) Die Welt hat, so scheint es, einen weiteren Sprung gemacht, und noch mehr ihrer Bewohner, die das Tempo nicht halten konnten, sind bei der Beschleunigung hintenübergefallen, während zugleich wieder mehr von denen, die nicht (oder nicht mehr) an Bord waren, nicht gleichziehen und aufspringen konnten.

Die Sorgen der Generation X – die sich um das Überflüssigsein drehen – sind von anderer Art als die Schwierigkeiten, die von frü-

---

7 Samuel Butler, *Erewhon*, S. 111.

heren Generationen durchlebt und dokumentiert wurden, und sie werden auch auf eine besondere, eigene Art und Weise erlitten und angegangen; ohne Vorläufer sind sie allerdings auch nicht.

Seit Beginn der Moderne hat es in jeder Generation Schiffswracks gegeben, die in der sozialen Leere strandeten: die »Kollateralverluste« des Fortschritts. Vielen Menschen gelang es, aufzuspringen, und sie genossen die rasante Fahrt in vollen Zügen; andere dagegen, die weniger schlau waren, nicht so geschickt, klug, kräftig oder abenteuerlustig, blieben zurück, oder der Zutritt wurde ihnen wegen Überfüllung verweigert – wenn sie nicht gleich unter die Räder gerieten. Es war nicht die Regel, daß die Zahl der Sitz- und Stehplätze im Gefährt des Fortschritts für alle Reisewilligen ausreichte, und der Zugang war zu allen Zeiten begrenzt. Der Traum vom Mitfahren war vielleicht deshalb für so viele Menschen so süß. Mehr Lebensglück für *mehr* Menschen – mit diesem Slogan wurde für den Fortschritt geworben. Doch die Quintessenz des Fortschritts, des Markenzeichens der modernen Ära, bestand letztlich vielleicht darin, daß *weniger* (und immer weniger) Menschen gebraucht wurden, die in Bewegung blieben, beschleunigten und jene Höhen erklommen, für die einst eine sehr viel größere Menschenmenge benötigt worden wäre, wenn es galt, zu verhandeln, einzumarschieren und zu erobern.

Unter diesem Gesichtspunkt ist die Generation X nicht die erste, die gute Gründe hat, deprimiert zu sein. Was ihre Lage jedoch so besonders mißlich macht, ist zunächst einmal die Tatsache, daß ein ungewöhnlich großer Teil dieses Personenkreises über Bord gegangen ist und zurückgelassen wurde (oder sich zumindest so fühlt). Eine weitere Eigenart ist auch das verbreitete Gefühl der Unordnung, Verwirrung und Bestürzung. Allen Ähnlichkeiten zum Trotz spüren diese Zeitgenossen intuitiv, daß ihre gegenwärtigen Probleme nicht den Sorgen früherer Generationen gleichen, obwohl auch jene ein gerüttelt Maß an Elend zu ertragen hatten. Heutzutage neigen wir jedoch (das ist vielleicht der allerwichtigste Punkt) eher zu dem Gefühl, daß die bewährte Medizin aus vergangenen Zeiten einfach nicht mehr wirkt. Wir mögen noch so geschickte Krisenmanager sein – und wissen doch nicht so recht, wie wir dieses Problem angehen sollen. Vielleicht fehlt es uns sogar an geeigneten Denkansätzen für vernünftige Lösungsstrategien.

Auch die Gesellschaften, in denen unsere Eltern und Großeltern lebten, formulierten ihre Aufnahmebedingungen und Aufenthaltserlaubnisse. Ihre Bedingungen waren jedoch klar ausbuchstabiert, unmißverständlich, und ähnlich deutlich fielen auch ihre Handlungsanweisungen zur Erfüllung dieser Bedingungen aus. Solche Gesellschaften definierten klar umrissene Karrierepfade und legten die Startpositionen und Einstiegspunkte dafür fest. Die Pfade waren meist schmal, ließen wenig Ellenbogenfreiheit und versprachen noch weniger Abenteuer, deshalb wirkten sie auf jene potentiellen Einsteiger, denen Sicherheit und Gewißheit nichts bedeuteten, vielleicht abschreckend und auf unerträgliche Weise einschränkend. (Sigmund Freud schilderte ihre Seelenqualen in einer berühmt gewordenen allgemeinen Theorie des Unbehagens und der psychischen Störungen, die mit der Zivilisation unweigerlich verbunden seien.) Doch für jene, die nach wie vor auf ein zuverlässiges Boot Wert legten, das eine sichere Überfahrt garantierte, war der Bestimmungsort weder ein Rätsel, noch stellte er sie vor die Qual der Wahl; die Navigation war keineswegs mit ebenso zahllosen wie unkalkulierbaren Risiken verbunden. Wer an den Rudern saß, mußte nur fleißig und beharrlich durchziehen und die an Bord geltenden Regeln »aufs Wort« beherzigen.

Heute hat man es mit anderen Problemen zu tun: Sie sind eher *aufs Ziel* als *auf die Mittel bezogen*. Die althergebrachten Gewohnheiten, die von so vielen Menschen geschmäht und abgelehnt wurden, solange sie noch das gesellschaftliche Leben prägten, sind inzwischen ausgestorben – und haben das Sicherheit spendende Vertrauen, das sich mit ihnen verband, mit ins Grab genommen. Heute geht es nicht mehr darum, die Mittel für klar definierte Ziele zu finden, an diesen Mitteln festzuhalten und sie mit größtmöglichem Geschick einzusetzen, um damit eine optimale Wirkung zu erzielen. Heute hat man es vielmehr mit schwer bestimmbaren (und allzuoft trügerischen) Zielen zu tun, die dahinschwinden und sich auflösen, noch bevor man sie erreicht hat. Sie sind nicht festgelegt, unzuverlässig und gelten allgemein nicht mehr als etwas des Engagements und unermüdlicher Hingabe Würdiges. Auch auf die Zugangsregeln für die definierten Karrierepfade und die Einstiegsberechtigungen ist kein Verlaß mehr. Sie sind zwar nicht ganz und gar verschwunden, doch mitunter werden sie einfach unmerklich zurückgezogen und durch neue ersetzt. Das Allerwichtigste: Wer einmal ausgeschlossen und dem Ausschuß zugeordnet wurde, findet keine deutlich markierten Rückkehrpfade zu einer vollwertigen Mitgliedschaft mehr vor. Es gibt auch keine alternativen, offiziell gebilligten und ausgemessenen Wege mehr, denen man zu einer alternativen Art der Zugehörigkeit folgen (oder: denen zu folgen man gezwungen sein) könnte.

Der entscheidende Punkt ist: Während all dies in unserer unmittelbaren Umgebung vor sich geht, können wir nicht mehr guten Gewissens sagen, mit welchen bewährten Werkzeugen und heimischen Ressourcen sich das Verderben abwenden läßt. Das ist kein rasch vorübergehender Schluckauf mehr, keine Ruhephase, die auf eine Überhitzung der Konjunktur folgt und schließlich in einen weiteren Boom übergeht. Es ist keine zeitlich begrenzte Irritation, die wieder verschwindet und »zu Geschichte wird«, sobald wir ein bißchen an der Steuergesetzgebung herumflicken, an Subventionen, Freibeträgen und finanziellen Anreizen, mit denen eine weitere »konsumentenorientierte wirtschaftliche Erholung« ausgelöst wird. Es sieht vielmehr so aus, als lägen die Wurzeln des Problems inzwischen außerhalb unserer Reichweite. Und die dichtesten und dicksten Problembündel findet man auf keiner amtlichen Landkarte mehr.

Exkurs: Über das Erzählen von Geschichten

Geschichten sind wie Such- und Punktscheinwerfer; sie beleuchten Teile der Bühne, während der Rest im Dunkeln bleibt. Sie wären nicht wirklich nützlich, wenn sie die gesamte Bühne gleichmäßig erhellen würden. Schließlich ist es ihre Aufgabe, die

Bühne »einzurichten« und für die visuelle und intellektuelle Aufnahme der Zuschauer vorzubereiten; sie sollen ein Bild schaffen, das man verstehen und vom Durcheinander der zahlreichen anderen optischen Eindrücke trennen kann, die weder aufnehmbar noch verstehbar sind.

Geschichten helfen den nach Verständnis suchenden, das Wichtige vom Unwichtigen zu trennen, Handlungen von ihren Begleitumständen, den Handlungsstrang vom Hintergrund und die Helden im Zentrum des Geschehens von den zahllosen Statisten und Strohmännern. Geschichten sollen selektieren, es liegt in ihrer Natur, durch Ausschluß einzuschließen und durch Schattenwurf zu beleuchten. Wenn Geschichten dafür kritisiert werden, daß sie einen Teil der Bühne bevorzugen und einen anderen dafür vernachlässigen, ist das ein schwerwiegendes Mißverständnis, eine Ungerechtigkeit - ohne Auswahl keine Geschichte. Ein Ausspruch wie: »Das wäre eine schöne Geschichte, wenn sie nicht dies oder jenes weglassen würde«, entspricht einer Bemerkung wie: »Durch diese Fenster ließe sich schön durch Mauern sehen, wenn sie nicht gerahmt wären und durch Mauerstücke immer wieder voneinander getrennt würden.«

Jorge Luis Borges schrieb die Geschichte von Ireneo Funes, als wollte er damit das Abrücken von den trügerischen Hoffnungen vorwegnehmen, die sich mit der Moderne verbanden. Funes wurde im Knabenalter von einem Pferd abgeworfen, blieb danach gelähmt und war »zu allgemeinen, platonischen Begriffen so gut wie nicht imstande«, das heißt, es gelang ihm nicht, bestimmte Aspekte seiner Wahrnehmung zu fokussieren, indem er das übrige einfach wegließ. Statt dessen war er in der Lage (war er gezwungen!), »alle Triebe, Trauben und Beeren, die zu einem Rebstock gehören« wahrzunehmen, während unsereins »mit einem Blick drei Gläser auf einem Tisch«[8] wahrnimmt. Zwei- oder dreimal hatte Funes »einen ganzen Tag rekonstruiert; nie

---

8 Jorge Luis Borges, *Das unerbittliche Gedächtnis*, S. 100ff.

war er über etwas im Zweifel gewesen, aber jede Rekonstruktion hatte einen ganzen Tag beansprucht«. Funes hatte dabei nicht nur erkannt, daß er sich eine niemals zu beendende Aufgabe gestellt hatte, ihm wurde auch klar, daß die bloße Idee, eine solche Aufgabe anzugehen, sinnlos war. Er klagte: »Mein Gedächtnis, Herr, ist wie eine Abfalltonne.« Milan Kundera, der Fluch und Segen der Unwissenheit erkundet hat, pflichtet ihm bei:

»Wenn jemand alles, was er erlebt hat, im Gedächtnis behalten könnte, wenn er sich in jedem beliebigen Augenblick jedes beliebige Bruchstück seiner Vergangenheit in Erinnerung rufen könnte, hätte er nichts mit den Menschen zu tun: weder seine Lieben noch seine Freundschaften, noch seine Wutausbrüche, noch seine Fähigkeit zu vergeben oder sich zu rächen hätten Ähnlichkeit mit unseren.«[9]

Und Kundera warnt, daß wir nicht das geringste über das menschliche Leben wissen können, wenn wir bestreiten, daß zu jedem Zeitpunkt dieses Lebens gilt: »Eine Realität, so wie sie war, als sie war, ist nicht mehr; ihre Wiederherstellung ist unmöglich.«

Borges verbarg sich hinter einem rätselhaften mittelalterlichen Schriftsteller namens Suárez Miranda, als er von einem Reich schrieb, in dem »die Kunst der Kartographie eine solche Vollkommenheit [erlangte], daß die Karte einer einzigen Provinz eine ganze Stadt einnahm und die Karte des Reichs eine ganze Provinz. Mit der Zeit befriedigten diese Maßlosen Karten nicht länger, und die Kollegs der Kartographen erstellten eine Karte des Reichs, die die Größe des Reichs besaß und sich mit ihm in jedem Punkt deckte.«[10] Bedauerlicherweise hielten die potentiellen Benutzer diese Karte für nutzlos und »überließen sie [...] den Unbilden der Sonne und der Winter«, so daß nur »zerstückelte Ruinen der Karte, behaust von Tieren und von Bettlern« übrigblieben ...

Wissen bedeutet *auswählen*. In der Wissensfabrik wird das *Produkt* vom *Abfall* getrennt, und es sind die Vorstellungen der

---

9 Milan Kundera, *Die Unwissenheit*, S. 113f.

10 Jorge Luis Borges, *Von der Strenge der Wissenschaft*, S. 131.

potentiellen Kunden von ihren eigenen Wünschen und Bedürfnissen, die darüber entscheiden, was wohin gehört. Ohne Abfallentsorgungsanlagen ist die Wissensfabrik nicht vollständig. Der umgebenden Dunkelheit ist es zu verdanken, daß das Licht des Wissens leuchtet. Wissen ist nicht aufnehmbar ohne Nichtwissen, und ohne das Vergessen gibt es keine Erinnerung. Wissen kann erworben werden, indem die Leerstellen der Interesselosigkeit ausgefüllt werden, und die Präzision, Genauigkeit und pragmatische Nützlichkeit eines Wissens nehmen mit der Größe dieser Leerstellen zu. Dinge, die aussortiert wurden – aus dem Blickpunkt gerieten, in den Schatten verbannt oder in den vagen, unsichtbaren Hintergrund gedrängt wurden –, sind für alle lebenspraktischen Absichten und Ziele einfach nicht mehr vorhanden. Die bloße Existenz wie auch ein eigener Raum in der *Lebenswelt* wurden ihnen verweigert. Auf diese Weise sind sie zerstört worden, aber dies war eine *schöpferische Zerstörung.* »Beseitigung«, so lautet das berühmte Diktum von Mary Douglas, »ist keine negative Handlung, sondern eine positive Anstrengung, die Umwelt zu organisieren.«[11]

Am Anfang steht ein Bild: das Bild von einer unfaßbaren Komplexität, einer lähmend-unermeßlichen Welt, die auf Proportionen reduziert wird, die man ertragen, in sich aufnehmen, bewältigen und mit denen man leben kann. Mary Douglas hat es so ausgedrückt:

> »Als Wahrnehmende wählen wir aus der Gesamtheit der Stimuli, die auf unsere Sinne treffen, nur jene aus, die uns interessieren. [...] In einem Chaos sich ständig verändernder Eindrücke konstruiert jeder von uns eine stabile Welt, in der die Gegenstände erkennbare Umrisse, einen festen Ort und Bestand haben.«[12]

Dann folgt das Bemühen, die »tatsächlich existierende« Welt (jene Welt, die so faßbar, unbeirrbar, bedrückend und allzu schmerzhaft präsent ist, um uns herum und in uns selbst, die nur

---

11 Mary Douglas, *Reinheit und Gefährdung*, S. 12.

12 Ebenda, S. 53f.

Unordnung zu stiften scheint und alles andere als perfekt ist) auf die Ebene dieses Bildes zu bringen: sie so geradlinig, rein und ausdeutbar zu machen wie das Bild selbst. Es ist die Vorstellung, die uns die Welt zugänglich macht und sie formbar, knetbar, dehn- und streckbar erscheinen läßt - eben als geeignetes Objekt für unser Tun und Handeln. Siegfried Kracauer schrieb: »Die Realität in ihrer Schwere, Plumpheit und Undurchdringlichkeit enthüllt sich deutlich und deutlicher dem, der von der Idee her sich ihr naht.«[13] Es ist der Vorstellung geschuldet, daß die Welt »mit schauerlicher Klarheit hervortritt« und der Ruf zum Handeln gehört wird.

Mary Douglas sagt: »Wenn wir gegen den Schmutz ankämpfen, tapezieren, dekorieren und aufräumen, treibt uns nicht die Sorge, wir könnten andernfalls krank werden, sondern wir verleihen unserer Umgebung dadurch, daß wir sie unseren Vorstellungen angleichen, eine neue, positive Ordnung. [...] Kurz, unser Verhalten gegenüber Schmutz ist eine Reaktion, die alle Gegenstände und Vorstellungen verdammt, die die gängigen Klassifikationen durcheinanderbringen oder in Frage stellen können.«[14]

(Oder, wie Calvinos Marco Polo sagen würde, jeden Gegenstand oder jede Idee verdammt, die die tröstliche Klarheit »der Stadt vom Hörensagen« stören, der Stadt, die »vieles von dem besitzt, was zur Existenz gebraucht wird«, was *wir* für unsere Existenz brauchen - und die Art, wie *wir* von jener Stadt sprechen.)

Eine sich selbst überlassene Welt - ohne die Punktscheinwerfer der Erzählung und noch vor der ersten Probe mit den Bühnenrechnern - wirkt weder ordentlich noch chaotisch, weder sauber noch schmutzig. Es ist menschliches Entwerfen, das Unordnung *gemeinsam* mit der Vorstellung von Ordnung, den Schmutz gemeinsam mit dem Projekt der Reinheit heraufbeschwört. Der Gedanke ent-

---

13 Siegfried Kracauer, *Die Gruppe als Ideenträger*, S. 145.

14 Mary Douglas, *Reinheit und Gefährdung*, S. 13 und S. 53.

wirft zunächst ein Bild von der Welt, so daß die Welt selbst dann danach entworfen werden kann. Nachdem dieses Bild geschaffen ist, wird das entsprechende Gestalten der Welt (der Wunsch, das Bemühen, sie so zu gestalten - wenn auch nicht notwendigerweise das abgeschlossene, fertig gestaltete Werk) zur ausgemachten Sache. Die Welt ist lenkbar und verlangt nach Lenkung, in dem Maße, wie sie nach der Vorgabe des menschlichen Verstandes bearbeitet worden ist. Francis Bacons Feststellung »Wer die Natur beherrschen will, muß ihr gehorchen« war nicht von Demut und noch viel weniger von Unterwürfigkeit inspiriert. Sie war ein Akt des Trotzes.

Der Natur wurde von Anbeginn gehorcht - wohl oder übel, wissentlich oder auch nicht. Nicht von Menschen gemacht worden zu sein und über den menschlichen Einflußbereich hinauszureichen, sich der Macht des Menschen zu entziehen, das war die eigentliche Bedeutung von »Natur«. Bacons Häresie lag in dem Gedanken, daß eine so verstandene Natur nicht sich selbst überlassen werden brauchte und sollte, wie es in der Vergangenheit aufgrund bedauerlicher Nachlässigkeit und eines unverzeihlichen Mangels an Entschlossenheit geschehen war, sondern daß sie *beherrscht* werden kann - wenn es uns gelingt, ihre Gesetze zu durchschauen, die befolgt werden müssen. Drei Jahrhunderte später sollte Karl Marx die Philosophen dafür tadeln, daß sie Bacons Vorgabe nicht bis zur letzten Konsequenz gefolgt waren: Auf der Reise vom Gehorsam zur Herrschaft hatten die Philosophen auf halber Strecke haltgemacht und waren an der Station Erklärung ausgestiegen. Doch Marx würde auch sagen, daß selbst der jämmerlichste und stümperhafteste Architekt der Biene überlegen ist, aller Vollkommenheit der Honigwabe zum Trotz. Das verdankt er dem Bild vom fertigen Produkt, das er noch vor Beginn der Bauarbeiten im Kopf hat.

Pläne sind natürlich gefragt, weil etwas *Neues* geschaffen werden soll; etwas Bestehendes, das in der wirklichen Welt bereits vorhanden ist, soll verändert werden. »Man prüft den Pudding, indem man ihn ißt« (Friedrich Engels), und Wissen beweist sich selbst, indem es die Welt verändert.

Es gibt jedoch zwei radikal verschiedene Methoden, das Neue zu erschaffen. Lewis Mumford bediente sich der allegorischen Gegenüberstellung von Landwirtschaft und Bergbau, um diesen Unterschied faßbar zu machen. Die Landwirtschaft, so Mumford, »stellt bewußt wieder her, was der Mensch der Erde entzieht«. »Der Bergbau hingegen ist destruktiv [...], und was man einmal aus der Grube geholt hat, kann man nicht ersetzen.« Der Bergbau ist deshalb »ein wahres Abbild menschlicher Diskontinuität, heute hier und morgen da, heute vom Gewinn erhitzt, morgen leer und ausgepumpt«.[15] Wir können hier sagen, daß eine der verbreitetsten modernen Arten, Neues zu erschaffen (oder sollten wir eher sagen: schöpferisch zu zerstören?), nach dem Muster und Ebenbild des Bergbaus geformt worden ist.

Die Landwirtschaft steht für Kontinuität: Ein Getreidekorn wird durch weitere Körner ersetzt, ein Schaf bringt weitere Schafe zur Welt. *Plus ça change – plus c'est la même chose.* Das Wachstum dient als erneute Bestätigung und Versicherung des Seins ... Ein Wachstum ohne Verluste ... Nichts geht auf diesem Weg verloren. Auf den Tod folgt die Wiedergeburt. Es ist kein Wunder, daß landwirtschaftlich verfaßte Gesellschaften die ewige Kontinuität der Lebewesen als selbstverständlich ansahen; sie erlebten und praktizierten selbst eine ununterbrochene Abfolge von Toden, die von der unaufhörlichen Wiederholung von Lebensanfängen nicht zu trennen war – eine ewige Auferstehung. Sie lebten nicht auf den Tod zu, wie Martin Heidegger nahelegte, der über die Mittel und Wege der *techne* in der Zeit ihres größtmöglichen Triumphs nachdachte, sondern orientierten sich an einer ewigen Wiedergeburt, sei es nun in Gestalt einer unendlichen Reinkarnation oder von sterblichen Körpern, die als Geister wiedergeboren werden, als immaterielle, aber unsterbliche Seelen.

Der Bergbau hingegen ist Inbegriff des Zerbrechens und der Diskontinuität. Das Neue kann nicht geboren werden, wenn nicht etwas anderes abgelegt, weggeworfen oder zerstört wird. Das

15 Lewis Mumford, *Die Stadt*, S. 524.

Neue wird geschaffen im Verlauf der peinlich genauen und unbarmherzigen Trennung des Zielprodukts von allem anderen, das seiner Entstehung im Weg ist. Reine Metalle, ob wertvoll oder schlicht, erhält man nur, indem man Schlacke und Asche vom Erz trennt. Und an dieses Erz kommt man nur heran, indem man Schicht um Schicht des Bodens, der den Zugang zur Lagerstätte blockiert, abträgt und auf Halde legt - nachdem zuallererst der Wald, der der Einrichtung des Bergwerks im Wege war, abgeholzt oder niedergebrannt wurde. Bergbau verneint die Aussage, wonach Tod in seinem Schoß neues Leben birgt. Er beruht vielmehr auf der Annahme, daß die Geburt des Neuen den Tod des Alten voraussetze. Und wenn dem so ist, teilt alles neu Geschaffene über kurz oder lang das Los der Dinge, die zurückgelassen und der Fäulnis und dem Zerfall preisgegeben wurden, um den Weg für etwas immer noch Neueres zu bereiten. Beim Bergbau ist alles ein Punkt ohne Wiederkehr; er bewegt sich stets nur in eine Richtung, irreversibel und unwiderruflich. Die Chronik des Bergbaus zeigt uns einen Friedhof von verbrauchten, abgestoßenen und aufgelassenen Erzadern und Schächten. Bergbau ohne *Abfall*, ohne Abraum, ist nicht vorstellbar.

Michelangelo beantwortete die Frage, wie er denn die wunderbare Harmonie seiner Figuren erreicht habe, angeblich so: »Das ist einfach. Man braucht nur einen Marmorblock und meißelt dann alle überflüssigen Stücke weg.« Auf dem Höhepunkt der Renaissance verkündete Michelangelo eine Regel, an der sich jegliche moderne Gestaltung orientieren sollte. *Die Absonderung und Zerstörung des Abfalls sollte zum Geschäftsgeheimnis aller modernen Gestaltung werden:* Durch das Entfernen und Wegwerfen des Überflüssigen, des Unnötigen und Nutzlosen wird das Schöne, Harmonische, Angenehme und Erfreuliche erkennbar.

Die Vision von einer perfekten Form, die sich in einem unförmigen, rohen Steinblock verbirgt, geht dem Geburtsakt voraus. Abfall ist die Verpackung, die jene Form verhüllt. Sie muß erst ausgepackt und freigelegt werden, damit sie sich zeigen kann, Gestalt gewinnt und in all ihrer Perfektion, in ihrer ungetrübten Harmonie und Schönheit bewundert werden kann. Für etwas, das geschaffen werden soll, muß etwas anderes dem Abfall zugeordnet werden. Die Verpackung – der Abfall des schöpferischen Aktes – muß zerrissen, zertrümmert und beseitigt werden, weil sie sonst den ganzen Boden bedeckt und die Bewegungsfreiheit des Bildhauers einschränkt. Es gibt kein Künstleratelier ohne Abfallhaufen.

Dies macht den Abfall zu einem unvermeidlichen Bestandteil des kreativen Prozesses. Mehr noch: Es stattet ihn mit einer ehrfurchtgebietenden, wahrhaft magischen Kraft aus, ähnlich dem Stein der Weisen der Alchimisten – der Kraft zur wundersamen Umwandlung schlichten, unbedeutenden, schäbigen Materials in ein edles, schönes und wertvolles Objekt. Abfall wird außerdem zu einer Verkörperung der Ambivalenz; er ist zugleich göttlich und teuflisch. Er ist die Hebamme allen Schaffens – und zugleich sein größtes Hindernis. Abfall ist etwas Sublimes: eine einzigartige Mischung von Anziehungskraft und Abstoßung, die eine ebenso einzigartige Mischung von Bewunderung und Furcht erzeugt.

Doch erinnern wir uns an Mary Douglas: Es gibt keine Gegenstände, die aufgrund ihrer inneren Beschaffenheit schon »Abfall« *sind*, und kein Gegenstand kann durch seine innere Logik zu Abfall *werden*. Alles Materielle, menschlich oder nicht, wird erst durch den Menschen dem Abfall zugeschrieben und erlangt so all die rätselhaften, ehrfurchtgebietenden, furchteinflößenden und abstoßenden Eigenschaften, die oben genannt wurden. Edmund Leach schreibt in seiner bemerkenswerten Studie über die rituelle Bedeutung und die magischen Eigenschaften, die dem menschlichen Haar allgemein zugewiesen werden, daß in vielen Kulturen

> »das Kopfhaar mit liebevoller Sorgfalt gepflegt, geölt, gekämmt und auf kunstvollste Art und Weise zurechtgemacht wird, solange es noch ein Teil des Körpers ist. Sobald es aber abgeschnitten ist, wird es zu ›Schmutz‹ und ausdrücklich und bewußt unter die [...] beschmutzenden Substanzen eingereiht, wie Kot, Urin, Samenflüssigkeit und Schweiß. [...] Der ›Schmutz‹ ist eindeutig ein magisches Material; er verleiht dem Friseur und dem Waschenden eine gefährliche, aggressive Kraft, doch dies ist nicht die Kraft eines bestimmten Individuums«.

Es ist die Kraft des »magischen Haares« oder, genauer, des bemerkenswerten Aktes der Verwandlung, der durch seine Abtrennung vom menschlichen Körper bewirkt wird. Alles, was mit dem Haar gemacht wird - das Abschneiden, Rasieren oder Zurechtmachen -, läuft auf das Heraufbeschwören einer neuen Person aus der alten hinaus. In vielen Kulturen ist die Neugestaltung der Frisur ein integraler Bestandteil eines Initiationsritus beim Wechsel von einer sozial definierten Identität in eine andere. So schafft der Vorgang der Abtrennung »nicht nur zwei Arten von Personen; er schafft außerdem eine dritte Entität, den Gegenstand, der rituell abgetrennt wird«. Mit anderen Worten: »Es ist der rituelle Kontext, der dem Haar ›Macht‹ verleiht, und es ist nicht das Haar selbst, das dem Ritual Bedeutungskraft gibt.«[16]

Abgeschnittenes Haar teilt einige der ihm zugeschriebenen magischen Attribute (aus der Schwarzen Magie, um es genau zu sagen) mit Urin, Schweiß und anderen, ähnlich «beschmutzten« Substanzen, die wegen ihres mehrdeutigen Status geächtet und verabscheut werden - sie überschreiten die Barriere, die nicht überquert werden sollte, damit die Welt nicht ihre Transparenz und die Handlungen nicht ihre Eindeutigkeit verlieren -, weil sie alle die sakrosankte Grenze zwischen dem verkörperten Selbst und der übrigen Welt in Frage stellen und kompromittieren. Doch das abgeschnittene Haar enthält auch die machtvollen und unheimlichen Attribute allen Abfalls. Wie jeder Abfall ist es bei jenem wundersamen Akt nützlich, bei dem das Neue aus dem Alten extrahiert wird, das Bessere aus dem Schlechteren, das Überlegene aus dem Unterlegenen. Jene begehrte und willkommene Umwandlung ist nicht vollständig - und bestimmt nicht sicher -, solange noch »Abfall« herumliegt, der noch nicht fortgeschafft und an einem gut abgedichteten, weit entfernten Ort gelagert worden ist. Der schöpferische Akt erreicht seinen Höhepunkt, seine Vollendung und wahre Erfüllung im Vorgang des Entfernens und Einlagerns von Abfall.

16 Vgl. Edmund Leach, »Magical Hair«.

Der moderne Verstand ist zeitgleich mit der Vorstellung, daß *die Welt verändert werden kann*, entstanden. Die Themen der Moderne sind die Ablehnung der Welt, wie sie war, und die Entschlossenheit, sie zu verändern. Die moderne Art des Seins besteht aus zwanghafter, besessener Veränderung: in der Widerlegung dessen, was »bloß existiert«, im Namen dessen, was an seine Stelle treten könnte – eigentlich: treten sollte. Die moderne Welt ist geprägt von dem Bestreben und der Entschlossenheit, sich über ihre *mêmeté* (wie Paul Ricœur es nennen würde) hinwegzusetzen – über ihre »Selbigkeit«. Sie zeigt ein Bestreben, *sich selbst* von dem zu unterscheiden, was das Selbst ist, sich selbst zu erneuern, und dies immer wieder aufs neue. Die moderne Lebensweise schreibt vor, in Bewegung zu sein. Die Alternativen lauten: modernisieren oder untergehen. Die moderne Geschichte ist deshalb eine Geschichte des Planens und Entwerfens gewesen und ein Museum/Friedhof von Entwürfen, die im fortdauernden Krieg der Eroberung und/oder Abnutzung gegen die Natur erprobt, abgearbeitet, abgelehnt und aufgegeben wurden.

In Fragen des Planes gab es nichts, was dem modernen Verstand ebenbürtig gewesen wäre. In den modernen Gesellschaften und unter ihren Mitgliedern herrschte niemals ein Mangel an neuen Designs. Die Geschichte der Moderne ist eine lange Reihe von durchdachten, versuchten, weiterverfolgten, zu Ende gebrachten, mißglückten oder aufgegebenen Entwürfen; sie waren so zahlreich wie verschieden, doch jeder von ihnen zeichnete eine künftige Wirklichkeit, die sich von der Lebenswelt der Planer unterschied. Und weil »die Zukunft« nicht existiert, solange sie »in der Zukunft« verbleibt, man im Umgang mit dem Nichtexistenten »die Fakten nicht klären« kann, gab es auch keine Möglichkeit, vorherzusagen, schon gar nicht mit Gewißheit, wie die Welt, die am Ende der Bemühungen um Neugestaltung stehen sollte, beschaffen sein würde. Würde dies wirklich, wie ausgemalt, eine gütige, bewohnerfreundliche und vergnügliche Welt sein? Und würden die kalkulierten und für diesen Zweck bereitgestellten Geldmittel und der beschlossene Arbeitsaufwand sich als ausreichend erweisen, um jene Welt vom Zeichenbrett in die unmittelbare Zukunft zu übertragen?

Eine hohe Wahrscheinlichkeit negativer Antworten auf beide Fragen war stets ein fester Bestandteil des Planens, und das wird auch immer so bleiben. »Die Vorstellung von einem uneingeschränkten Guten entstammt wohl einer Illusion«, warnt Tzvetan Todorov.[17] Ein größeres Gutes hat seinen Preis: Neben den Vorteilen bringt es immer auch Konsequenzen mit sich, die ebenso unerwünscht wie unvorhersagbar sind, wobei letzteres unter dem Vorwand der Größe des Gesamtvorhabens im Planungsstadium gerne heruntergespielt oder ignoriert wird. Doch Pläne sind stets mit Risiken verbunden; im Verlauf der Moderne wurden immer mehr Planungseifer und gestalterisches Bemühen aufgewendet, um die von früheren Entwürfen angerichteten »Kollateralschäden« zu entschärfen, zu neutralisieren oder aus dem Blickfeld zu entfernen. Das Planen wird zum Selbstzweck, letztlich zu einem sich selbst erhaltenden Vorgang. Es ist außerdem ein prinzipiell verschwenderisches Unterfangen. Wenn ein Plan niemals ohne Einschränkung und ganz und gar »im Zielbereich« liegen kann, dann muß er, auf eine unvorhersagbare und häufig wenig angenehme Art und Weise, auf Teilbereiche der Realität einwirken, die übersehen oder vorsätzlich ausgeklammert wurden – deshalb kann nur exzessives Planen, ein *Überschuß an Planung*, die unvermeidliche Fehlerhaftigkeit jedes seiner Teile und Stadien kompensieren.

Ein narrensicheres, alle Risiken ausschließendes Planen wirkt wie ein Widerspruch in sich.

Ein Plan muß die Komplexität der Welt reduzieren, um als »realistisch« und umsetzbar zu gelten. Er muß das »Wichtige« vom »Unwichtigen« trennen – die handhabbaren Fragmente der Realität von solchen Bereichen, die sich äußeren Eingriffen widersetzen, und sich auf die Ziele konzentrieren, die als »vernünftig« gelten und mit Blick auf die aktuell verfügbaren Mittel und Fähigkeiten »in unserer Macht« liegen. Das Gesamtvorhaben ist dann noch zu

17 Tzvetan Todorov, *Devoirs et délices*, S. 304.

ergänzen durch Mittel und Fähigkeiten, die man bald schon zu erwerben hofft.

Sollen alle hier genannten Bedingungen erfüllt werden, müssen sehr viele Dinge weggelassen werden – sie müssen aus dem Blickfeld bleiben, dürfen nicht bedacht, im praktischen Handeln nicht berücksichtigt werden. Sie verlangen außerdem, daß alles, was weggelassen wurde, zum *Abfall* des Planungsprozesses gemacht wird – und zwar sofort. Die grundlegende Strategie und die unvermeidlichen Planungsfolgen führen zu einer Trennung der materiellen Ergebnisse des Handelns in das, »was zählt«, und das, »was nicht zählt«, in das »Nützliche« und den »Abfall«. Das Erarbeiten von Plänen geschieht (aus den oben genannten Gründen) nicht nur fortlaufend, sondern auch in immer größerem Umfang und führt unweigerlich zu einer beständigen Anhäufung von Abfall und einem unaufhaltsamen Anwachsen ungelöster, vielleicht sogar unlösbarer Probleme bei der Abfallentsorgung.

Am 29. November 2002 gab ich in vier Internet-Suchmaschinen den Begriff »waste/Abfall« ein, um herauszufinden, wie viele Websites ihn enthielten. Altavista meldete 6353800 Websites. Google fand 11500000 Sites (mit der Einschränkung »zirka«; Google rühmt sich der Geschwindigkeit seiner Suche im Web, diese hier dauerte ganz sieben Hundertstelsekunden). Lycos fand 17457433 Websites, Alltheweb 17478410.

Nebenbei bemerkt, ein unerwarteter Bonus meiner Suche nach Informationen über »Abfall« war – die obigen Zahlen belegen es – die indirekt ermittelte Information zu seinem *Übermaß*: zu jenem loyalen, bis in den Tod getreuen Verbündeten und Komplizen des Abfalls, dem wichtigsten Beiträger zu seiner kolossalen und exponentiell zunehmenden Fettleibigkeit. Es ist absolut unvorstellbar, die Menge an »verfügbaren« und »angebotenen« Informationen auch nur kursorisch zu prüfen, vom bewußten Aufnehmen, gedanklichen Verarbeiten und Archivieren ganz zu schweigen. In unsere heutige Strategie, jegliche Risiken mit der Waffe des Übermaßes zu bekämpfen, ist Abfall einprogrammiert, und die beständig anwachsende Informationsmenge ist ein ausgezeichnetes Beispiel für diesen universellen Trend. Das Übermaß an Informationen ist zu groß für den menschlichen Verstand – ja sogar für seinen konventionellen Speicherraum, die Regale von Bibliotheken. Die Erfindung des elektronischen Gedächtnisses kam da gerade recht: Das World Wide Web genügt allen Ansprüchen an einen unendlich geräumigen und exponentiell anwachsenden Mülleimer für Informationsabfall. Die universelle Verschwendung, wie sie für jegliche moderne Produktion charakteristisch ist, hat ihren vielleicht spektakulärsten Ausdruck im unstillbaren Durst nach Informationen gefunden – und dank der Computertechnologie wurde er offenkundig. »Informationen sind im Cyberspace grundsätzlich endlos verfügbar, und dies schafft ein abstraktes Bedürfnis nach der Beherrschung von Informationen, das niemals wirklich befriedigt werden kann. [...] Das, was man als Technopower-Spirale bezeichnen kann, besteht aus drei Elementen: aus einer Überlast an Informationen, dem Bewältigen der Überlast mit technischen Hilfsmitteln und dem erneuten Auftreten einer Überlast an Informationen«, schreibt Tim Jordan. Wir können festhalten, daß die Produktion von Informationsabfall – wie jegliche abfallproduzierende Aktivität – eine Eigendynamik entwickelt: Die Bemühungen um Abfallentsorgung produzieren noch mehr Abfall. »Probleme mit der Überlast an Informationen sind tendenziell mit den technischen Geräten zur Bewältigung von Informationen verbunden, denn diese selbst produzieren wiederum zu viele Informationen.«[18]

Doch zurück zu den Ergebnissen meiner Suche. Unser Teil der Welt ist weniger für einen Mangel an Informationen bekannt, eher dafür, daß er durch eine nicht mehr aufnehmbare, deshalb auch nicht mehr zu bewältigende Überlast an »objektiv verfügbaren« Informationen immer wieder in einen Zustand der Unordnung versetzt wird. Doch selbst nach den Maßstäben dieses Teils der Welt ist die Zahl von Internetseiten, die sich mit dem Thema Abfall beschäftigen, enorm. Wie groß sie ist, läßt sich zeigen, wenn man

18 Tom Jordan, »Technopower and its Cyberfutures«, S. 125.

einen Vergleich zu anderen Themen anstellt, die noch bedeutender sind, in der politischen Tagesordnung breiteren Raum einnehmen und auch offener diskutiert werden; Themen, die Menschen auf den Nägeln brennen und scheinbar auch allen im Kopf herumgehen. Die Alltheweb-Suchmaschine meldete am gleichen Tag 7304625 Websites zum Terrorismus – das gegenwärtig heißeste Thema der weltweiten Fernsehgemeinschaft –, 6547193 Sites zur Armut, 3727070 zur Arbeitslosigkeit, 3017330 zum Rassismus und 1508426 zu weltweiten Hungersnöten. Das Thema Abfall, der Schluß liegt nahe, hat sich, obwohl es relativ selten auf die Titelseiten gelangt, einen festen und dauerhaften Platz unter den Themen gesichert, die weltweit die Gemüter bewegen. Es kommt in Ansprachen von Politikern, in Manifesten und Parteiprogrammen vergleichsweise selten vor, was kaum zu den unterschwelligen Sorgen paßt, die sich in der Rekordzahl themenbezogener Websites spiegelt. Abfall kann deshalb als ein *äußerst bedrückendes und zugleich äußerst streng gehütetes Geheimnis* unserer Zeit bezeichnet werden. »Abfall«, so darf man mit Bezug auf Calvino wohl sagen, gehört zu dem Aglaura, das »auf der Erde wächst«, aber nicht zu dem Aglaura, »mit dem« die Bewohner Aglauras wachsen ...

Die Geschichte, in der und mit der wir wachsen, hat kein Interesse am Abfall. Folgt man dieser Erzählung, interessiert nur das Produkt, nicht der Abfall. Zwei Arten von Lastwagen fahren Tag für Tag von den Fabrikhöfen – die einen steuern die Lagerhallen und Kaufhäuser an, die anderen die Mülldeponien. Die Geschichte, in der wir aufgewachsen sind, hat uns gelehrt, nur die erste Art von Lastwagen zu bemerken (zu zählen, zu schätzen, zu beachten). An den zweiten Lastwagentyp denken wir nur bei den (zum Glück noch nicht täglichen) Ereignissen, bei denen die Restelawine von den Müllbergen herabstürzt und die Zäune durchbricht, die unsere Hinterhöfe schützen sollen. Diese Berge besteigen wir nicht, weder körperlich noch in Gedanken, so wie wir auch nicht in Problemvierteln spazierengehen, in armseligen Straßen, städtischen Ghettos, Asylbewerberlagern oder anderen Gegenden, von deren Betreten abgeraten wird. Bei unseren zwanghaften touristischen Eskapaden meiden wir sie sorgfältig (oder werden von ihnen ferngehalten). Wir werden die Überreste auf die radikalste und effektivste Art und Weise los: Wir machen sie unsichtbar, indem wir nicht hinsehen, und verbannen sie aus unserem Denken, indem wir uns nicht damit beschäftigen. Sie bereiten uns nur dann Sorgen, wenn die routinemäßig elementaren Schutzvorrichtungen versagen und die Vorsichtsmaßnahmen nicht greifen – wenn unsere komfortable, einschläfernd-insulare *Lebenswelt*, die jene eigentlich beschützen sollten, in Gefahr ist.

Befragt man jedoch Lycos oder Alltheweb, bieten beide Suchmaschinen jeweils mehr als 17 Millionen schriftliche Zeugnisse dafür an, daß ein Grund zur Sorge greifbar nahe ist. Er kann jederzeit akut werden. Vielleicht ist er schon da.

Abfall ist das finstere, schändliche Geheimnis jeglicher Produktion. Er soll vorzugsweise ein Geheimnis bleiben. Die Industriekapitäne sprechen am liebsten gar nicht darüber; man muß sie hart bedrängen, damit sie den Tatbestand überhaupt einräumen. Und dennoch macht die Strategie des Übermaßes, die unausweichlich mit einem Leben nach Entwurf und Plan verbunden ist – jene Strategie, die den Produktionsprozeß belebt, antreibt und nach vorne peitscht und so auch den Ausstoß von Abfall steigert –, das Vertuschen zu einer äußerst schwierigen Angelegenheit. Die schiere Abfallmenge läßt ein Beschönigen und stillschweigendes Übergehen nicht zu. Deshalb ist die Müllentsorgungsindustrie zu einem modernen Produktionszweig geworden, dem die Arbeit niemals ausgehen wird (neben den Sicherheitsdiensten, jener Fortsetzung der Vertuschungspolitik mit anderen Mitteln, die darauf zielt, die Rückkehr der Unterdrückten zu verhindern – dazu später mehr). Modernes Überleben – das Überleben der modernen Lebensform – hängt von geschickter und effizienter Abfallbeseitigung ab.

Die Müllmänner sind die unbesungenen Helden der Moderne. Tag für Tag erneuern und bearbeiten sie die Grenzlinie zwischen Normalität und Pathologie, Gesundheit und Krankheit, dem Wünschenswerten und dem Abstoßenden, dem Akzeptierten und dem Zurückgewiesenen, dem, was sich schickt, und dem, was sich nicht schickt, der Innen- und Außenseite des menschlichen Universums. Sie bedarf ihrer ständigen Wachsamkeit und ihres Fleißes, denn sie ist alles andere als eine »natürliche Grenze«: keine himmelhohen Berge, unergründlichen Meerestiefen oder unpassierbaren Schluchten trennen die Innen- von der Außenseite.

Und es ist nicht der Unterschied zwischen nützlichen Produkten und Abfall, der die Grenze definiert. Ganz im Gegenteil, es ist die Grenze selbst, die den Unterschied zwischen beidem erahnt oder buchstäblich heraufbeschwört - den Unterschied zwischen dem Zugelassenen und dem Abgewiesenen, dem Ein- und dem Ausgeschlossenen.

Mit jeder neuen Runde der Müllabfuhr wird diese Grenze neu gezogen. Ihre einzige Existenzweise ist die unaufhörliche *Aktivität* der Trennung. Kein Wunder, daß sie nicht unbeaufsichtigt bleiben kann; sie muß ständig gepflegt werden, damit sich die Grenzposten und Kontrollstellen nicht auflösen, um einem unbeschreiblichen Durcheinander Platz zu machen. Kein Wunder auch, daß diese Grenze Angst verbreitet und die Nerven strapaziert. Alle Grenzen erzeugen eine Ambivalenz, doch diese eine ist außergewöhnlich fruchtbar. Sosehr man sich auch um Klärung bemüht, die Grenze, die das »nützliche Produkt« vom »Abfall« trennt, bleibt eine Grauzone: ein Königreich des ungenau Definierten, der Ungewißheit - und der Gefahr.

Von der richtigen Pflege der Grenze hängt zuviel ab, deshalb kann diese Aufgabe nicht den Müllmännern allein überlassen werden. Sie können sich irren, können geistesabwesend, faul oder nachlässig sein. Ihre exzentrischen Entscheidungen könnten jene Ambivalenz wiederherstellen, die eine strikt und deutlich erkennbar gezogene Grenzlinie beseitigen sollte. Die Definition der Grenze geht der Trennung der geplanten Produkte von all den übrigbleibenden, der Kategorie Abfall zugeordneten Dingen voraus. Wenn also die Grenzlinie so gezogen werden soll, daß sie dicht und undurchdringlich bleibt und keinen Spielraum für Mißverständnisse läßt, sind großer Sachverstand und großes Geschick gefragt - und noch dringender wird eine Autorität gebraucht, die hoffentlich ausgleichend wirkt, wenn beides fehlt. Es werden Einwanderungsbeamte und Qualitätskontrolleure gebraucht. Sie sollen Wache halten an der Linie, die Ordnung von Chaos trennt (es ist die Kampf- oder Waffenstillstandslinie, die immer verdächtigt wird, Unbefugte anzulocken oder jederzeit in Flammen aufgehen zu können). Diese Leute, die Wächter, sind Eliteeinheiten unter den Kampftruppen, die an vorderster Front den modernen Krieg gegen die Ambibalenz führen.

Planen »ist sinnvoll«, weil nicht alles in der bestehenden Welt so ist, wie es sein *sollte*. Und noch wichtiger ist: Es kommt erst richtig zur Geltung, wenn jene Welt nicht das ist, was sie sein *könnte*, mit Blick auf die verfügbaren oder erhofften Mittel, mit denen sich die Dinge ändern lassen. Das Planungsziel ist, mehr Platz für »das Gute« zu schaffen und »dem Bösen« weniger (oder gar keinen) Platz mehr übrigzulassen. Das Gute macht das Schlechte zu dem, was es ist: schlecht. »Das Schlechte« ist der Abfall, der bei Verbesserungen entsteht.

Die Natur hat zugegebenermaßen ihre eigenen Gesetze. Die Naturgesetze sind nicht von Menschen gemacht worden, deshalb können die Menschen sie auch nicht außer Kraft setzen. Entsprechend Bacons Rat könnten die Menschen diese Gesetze nur lernen, um sie dann zu ihrem Nutzen einzusetzen. Die Zustände, in denen die Menschen lebten, waren ein Aspekt der Welt, den der moderne Verstand als besonders widerwärtig, inakzeptabel und unerträglich empfand; und die Menschheit war ein Teil der Welt, der es fertigbrachte, die Naturgesetze zu ignorieren, durch von Menschen gemachte Gesetze zu ersetzen - und so sich selbst in Gefahr zu bringen.

Geleitet von menschengemachten Gesetzen schleppte sich die Menschheit weiter und wurde dabei von Unvernunft, Vorurteilen und Aberglauben erschüttert, verletzt und bekümmert. Im Vergleich zum nichtmenschlichen Teil des Universums, der nichts von »Fehlern« weiß, konnte die Vergangenheit des Menschen nur als

Treibhaus der Dummheit und des bösen Willens erscheinen, als eine endlose Abfolge von Fehlern und Verbrechen. Das einzige »Gesetz der menschlichen Geschichte«, das man sich denken konnte, war die Notwendigkeit, daß die Vernunft dort herrschen sollte, wo die menschliche Spontaneität so spektakulär gescheitert war. Diese Übernahme war ebenso unvermeidlich wie dringlich, historisch gesehen war sie unabwendbar. Sie mußte kommen, weil es einfach keine andere Wahl gab; sie beruhte auf der nicht zu ignorierenden Entdeckung, daß die menschliche Vernunft an einem bestimmten Punkt die Geschichte in die Hand nehmen und die natürlichen Neigungen und elementaren Anlagen des Menschen ausmerzen, zähmen oder bändigen muß, um schließlich die Verantwortung für die Gestaltung der historischen Notwendigkeit zu übernehmen.

Ein solcher Punkt schien an der Schwelle zur modernen Zeit erreicht zu sein, als die alten Muster des menschlichen Zusammenlebens nicht mehr funktionierten und die Gesellschaft zu zerfallen schien. Die Bewahrung des als Ancien régime bezeichneten Status quo wäre ein Greuel gewesen: eine Verletzung des Gesetzes der Geschichte und ein Verbrechen gegen den menschlichen Verstand. Es gab keinen Aufschub mehr: Das mangelhafte Erbe einer zügellosen, unerklärlichen und unbeherrschbaren Geschichte mußte ersetzt werden - durch neue, ganz von vorn beginnende, der Vernunft verpflichtete, genau geplante und kontrollierte (verbesserte, kultivierte, zivilisierte) Muster des menschlichen Zusammenlebens. Dieser Imperativ sollte zum wichtigsten Beweggrund des Modernisierungseifers werden.

Die Moderne, das können wir an dieser Stelle festhalten, ist ein ständiger Notstand, der angeregt und genährt wird von »einem Gefühl, daß irgendjemand Befehle geben muß, wenn nicht alles verlorengehen soll«,[19] um eine Formulierung von Geoffrey Bennington in anderem Kontext zu zitieren. Ohne uns - eine Sintflut. Ohne vorbeugendes Handeln oder Präventivschläge - eine Kata-

19 Geoffrey Bennington, *Interrupting Derrida*, S. 164.

strophe. Die Alternative zu einer vorgeplanten Zukunft ist die Herrschaft des Chaos. Dem Tun der Menschen kann man nicht einfach seinen Lauf lassen.

Die Moderne ist ein gesellschaftlicher Zustand des zwanghaften und süchtig machenden Planens.

Wo Planung ist, gibt es auch Abfall. Kein Haus ist wirklich fertig, solange die Baustelle nicht von unerwünschten Überresten gereinigt ist.

Wenn es ans Planen der Formen des menschlichen Zusammenlebens geht, besteht der Abfall aus menschlichen Wesen. Aus einigen menschlichen Wesen, die nicht ins Planungsschema passen und auch nicht dort eingefügt werden können. Oder aus solchen, die ihre Reinheit verfälschen und deshalb ihre Transparenz überschatten: Kafkas Monster und Mutanten, wie der nicht klassifizierbare Odradek oder die Kreuzung aus Kätzchen und Lamm – seltsame Gestalten, Bösewichter, Hybridformen, die scheinbar klar einschließende/ausschließende Kategorien auf die Probe stellen. Flecken in einer ansonsten schön anzusehenden und friedlichen Landschaft. Mängelwesen, deren Fehlen oder Auslöschung die beabsichtigte Form nur aufwerten würde, weil sie dadurch ebenmäßiger erschiene, harmonischer und sicherer würde und insgesamt mehr im Frieden mit sich selbst lebte.

Ein anderer Begriff für das Entwerfen neuer und verbesserter Formen menschlichen Zusammenlebens lautet »Aufbau von Ordnung«. Ordnung ist nach dem *Oxford English Dictionary* unter anderem »the condition in which everything is in its proper place, and performs its proper function« (der Zustand, bei dem alles am richtigen Ort ist und die ihm zugedachte Funktion erfüllt). Und »ordnen« (Ordnung schaffen, wo zuvor Chaos herrschte) bedeutet: »to set or keep in ordner or proper condition; to dispose according to rule; to regulate, govern, manage« (in Ordnung bringen/halten oder in gutem Zustand halten; nach Vorschrift anordnen; regeln, leiten, führen/verwalten).

Die Aussicht auf Ordnung (jede neue Aussicht auf jede neue

Ordnung) zerrt das Ungeheuer Chaos aus seinem Versteck. Chaos ist das Alter ego der Ordnung, eine Ordnung mit negativem Vorzeichen: ein Zustand, in dem etwas *nicht* am richtigen Ort ist und *nicht* die zugedachte Funktion erfüllt (das heißt: sofern ein Ort und eine Funktion für dieses Etwas überhaupt erkennbar sind). Jenes »Etwas« ohne angestammten Ort und ohne Funktion sitzt rittlings auf der Barrikade, die Ordnung von Chaos trennt. Seine Entfernung ist der letzte schöpferische Akt vor dem Abschluß der ordnungschaffenden Arbeiten.

Ohne Chaos gäbe es keine Ordnung, so wie jede Münze zwei Seiten hat und es ohne Dunkelheit kein Licht gäbe. Chaos offenbart sich selbst als chaotischer Zustand, indem es Ereignisse zuläßt, die die Ordnung bereits verboten haben muß; doch in dem Augenblick, in dem das Verbot verkündet wurde, pflegte das Chaos unverzüglich sein Gesicht zu zeigen. Chaos, Unordnung und Gesetzlosigkeit verweisen auf unendlich viele Möglichkeiten und die Unbegrenztheit dessen, was sich hinnehmen läßt; Ordnung steht für Grenzen und Endlichkeit. In einem ordentlichen (geordneten) Raum kann nicht *alles* geschehen.

Ein ordentlicher Raum ist ein Regeln unterliegender Raum, und die Regel wird zur Regel, indem sie verbietet und ausschließt. Das Gesetz wird zum Gesetz, indem es aus dem Bereich der erlaubten Handlungen das herausnimmt, was man ohne die Existenz des Gesetzes tun dürfte – und diejenigen, die es tun würden, in den Zustand der Gesetzlosigkeit verweist. »Das Gesetz«, schrieb Giorgio Agamben,

> »lebt von nichts anderem als dem Leben, das es durch die einschließende Ausschließung der *exceptio* in sich hineinzunehmen vermag: Es nährt sich davon und ist ohne es toter Buchstabe. [...] Es ist nicht die Ausnahme, die sich der Regel entzieht, es ist die Regel, die, indem sie sich aufhebt, der Ausnahme stattgibt; und die Regel setzt sich als Regel, indem sie mit der Ausnahme in Beziehung bleibt.«[20]

---

20 Giorgio Agamben, *Homo sacer*, S. 37 und S. 28.

Jegliche Initiative verbleibt unerschütterlich auf der Seite der Regel. *Die Regel geht der Realität voraus.* Die Gesetzgebung geht der Ontologie der menschlichen Welt voraus. Das Gesetz ist ein Entwurf, eine Blaupause für eine klar umschriebene, lesbar markierte, vermessene und mit Wegweisern versehene Lebenswelt. Das Gesetz ruft die Gesetzlosigkeit ins Leben, indem es eine Trennlinie zwischen Drinnen und Draußen zieht. Gesetzlosigkeit besteht nicht aus der bloßen Abwesenheit des Gesetzes; Gesetzlosigkeit entwickelt sich mit dem Rückzug, der Aufhebung, der Zurückweisung des Gesetzes. Der Anspruch des Gesetzes auf universelle Gültigkeit würde hohl klingen, gäbe es nicht zugleich auch die Einschließung der Ausnahme im Gesetz durch dessen eigenen Rückzug. Das Gesetz würde niemals universelle Gültigkeit erlangen ohne das Recht, seiner eigenen Anwendung Grenzen zu setzen, wobei es zugleich eine universelle Kategorie des Ausgenommenen/Ausgeschlossenen schafft und das Recht, ein »Außerhalb«, ein »out of bounds« zu bestimmen, was wiederum einen Abladeplatz für die Ausgeschlossenen schafft, die als menschlicher Abfall behandelt werden.

Vom Standpunkt des Gesetzes aus betrachtet ist die Ausnahme ein Akt der Selbstaufhebung. Selbstaufhebung bedeutet hier: Das Gesetz beschränkt seine Zuständigkeit für die Ausgenommenen und Ausgeschlossenen darauf, diese aus dem von Regeln beherrschten Bereich fernzuhalten, den es selbst eingegrenzt hat. Das Gesetz handelt in diesem Zusammenhang dadurch, daß es sich als für die davon Ausgenommenen nicht zuständig erklärt. Es gibt kein Gesetz für die Ausgeschlossenen. Der Zustand des Ausgeschlossenseins besteht in der Abwesenheit des Rechts, das auf ihn angewendet wird.

In Agambens Beschreibung ist das idealtypische Modell eines Ausgeschlossenen der *homo sacer*, eine Kategorie des archaischen römischen Rechts, in der »eine Person lediglich außerhalb der menschlichen Rechtsprechung gesetzt wird, ohne in die göttliche überzugehen«.[21] Das Leben eines *homo sacer* ist, aus der mensch-

---

21 Ebenda, S. 91.

lichen wie auch aus der göttlichen Perspektive, ohne Wert. Die Tötung eines *homo sacer* ist kein strafwürdiges Verbrechen, doch das Leben eines *homo sacer* kann auch nicht für ein religiöses Opfer verwendet werden. Das Leben eines *homo sacer*, dem jede menschliche und religiöse, vom Gesetz verliehene Bedeutung genommen wurde, ist wertlos. Die Tötung eines *homo sacer* ist weder Verbrechen noch Sakrileg, doch aus dem gleichen Grund kann es auch nicht als Opfer dargeboten werden.

Übersetzt man all dies in zeitgenössische, säkulare Begriffe, könnte man sagen, daß der *homo sacer* in seiner heutigen Gestalt weder durch irgendeine Gesetzessammlung noch als Träger von Menschenrechten definiert ist, die gesetzlichen Bestimmungen vorausgehen. Es liegt in der Macht des Souveräns, die Gewährung positiven Rechts und den Besitz jeglicher Rechte alternativen Ursprungs (einschließlich der »Menschenrechte«) zu verweigern. Deshalb liegt es auch in seiner Macht, die *homines sacri* auszusondern; sie werden durch die Rücknahme rechtlicher Definitionen bestimmt, die besagen, daß die »souveräne Sphäre« beansprucht, erworben, abgegrenzt und geschützt ist. »Der politische Raum der Souveränität hätte sich demnach durch eine doppelte Ausnahme [...] konstituiert.«[22]

Der *homo sacer* ist die wichtigste Kategorie menschlichen »Abfalls«, die im Verlauf der modernen Einrichtung geordneter (sich an Gesetzen orientierender, vom Recht geleiteter) und souveräner Herrschaftsbereiche entwickelt wurde. Um Agamben ein weiteres Mal zu zitieren:

»Ein jedes Volk ist heute, ungeachtet des Geschwätzes der Wohlmeinenden, nur die leere Stütze der staatlichen Identität und wird einzig als solche anerkannt. Wer daran etwa noch Zweifel hegen sollte, für den ist ein kurzer Blick auf das, was um uns herum geschieht, lehrreich: Wenn die Mächtigen der Erde sich in Waffen setzen, um einen *Staat ohne Volk* (Kuwait) zu verteidigen, dann können die *Völker ohne Staat* (Kurden, Armenier, Palästinenser, Basken, die Juden der Diaspora) ungestraft unterdrückt und ausgerottet werden, da-

22 Ebenda, S. 93.

mit auch ja klar wird, daß die Bestimmung eines Volkes nur eine staatliche Identität sein kann und daß der Begriff *Volk* lediglich dann einen Sinn hat, wenn er rechtlich in dem der Staatsangehörigkeit kodifiziert ist.«[23]

Im Zeitalter der Moderne hat der Nationalstaat durchgehend das Recht beansprucht, über die Unterscheidung von Ordnung und Chaos zu bestimmen, über Gesetz und Gesetzlosigkeit, Bürger und *homo sacer*, Zugehörigkeit und Ausschluß, nützliches (= legitimes) Produkt oder Abfall. »Ungeachtet des Geschwätzes der Wohlmeinenden« bildeten das Aussieben, Absondern und Entsorgen des beim Aufbau von Ordnung entstandenen Abfalls die Hauptbeschäftigung und Metafunktion des Staates, und zugleich lieferten sie das Fundament für seinen Anspruch auf Autorität.

Das exklusive und ungeteilte Monopol des Staates auf die Ausübung jener Funktion blieb unbestritten – es wurde zumindest nicht von anderen Staaten bestritten, die darauf erpicht sein mußten, die Aura der Natürlichkeit und des Nichtaußergewöhnlichen zu bewahren; die ein Übereinkommen umgab, das doch spezifisch war für die Ära, in der die Lebenswelt des Menschen nach vorgefertigten Entwürfen geordnet wurde. Das Monopol bleibt bis zum heutigen Tag auf den meisten Praxisfeldern unbestritten, obwohl sich die Beweise dafür häufen, daß die Ansprüche des Staates auf Souveränität fiktiver Natur sind. Es wird routiniert auf die orthodoxen Mittel und Wege zurückgegriffen, einschließlich der üblichen Legitimationen, um zu retten, was immer von der Souveränität des Staates in ihrer heutigen, phantomhaften Erscheinungsform übriggeblieben ist.

Die heutigen Nationalstaaten mögen nicht mehr der Entwicklung von Blaupausen vorstehen und auch nicht mehr das Recht des *uti et abuti* (Ge- und Mißbrauchs) von Stätten, an denen Ordnung entwickelt wird, ausüben, doch nach wie vor beanspruchen sie das grundlegende, konstitutive Vorrecht der Souveränität: ihr Recht auf Ausnahmen und die Verhängung des Ausnahmezustands.

---

23 Giorgio Agamben, *Mittel ohne Zweck*, S. 68f.

2
Gibt es zu viele von ihnen? Oder: Der Abfall des wirtschaftlichen Fortschritts

Es gibt immer zu viele von »ihnen«. »Sie«, das sind die Leute, von denen es weniger geben sollte – am besten überhaupt keinen. Und von uns gibt es nie genug. »Wir«, das sind die Leute, von denen es mehr geben sollte.

Nach dem *Oxford English Dictionary* taucht der erste Beleg für den Gebrauch des Wortes »overpopulation« (Überbevölkerung) erst spät im 19. Jahrhundert auf – im Jahr 1870, um genau zu sein. Und dies ungeachtet der Tatsache, daß Thomas Robert Malthus kurz vor Beginn jenes Jahrhunderts, im Jahr 1798, seinen *Versuch über das Bevölkerungsgesetz* veröffentlichte, das Buch, das in aller Offenheit erklärte, die Bevölkerung wachse stets schneller an als die Produktion von Nahrungsmitteln, und es werde nicht genug zu essen für alle geben, wenn die menschliche Fruchtbarkeit keine Einschränkungen erfahre.

Die Zurückweisung von Malthus' Behauptung und das Zerpflücken seiner Argumente waren ein beliebter Zeitvertreib der Wortführer des aufstrebenden, lärmenden und selbstbewußten modernen Zeitgeistes. Malthus' »Bevölkerungsgesetz« richtete sich tatsächlich gegen alles, was die Moderne versprach – gegen ihre Gewißheit, daß jegliches menschliche Elend behebbar sei, daß im Laufe der Zeit Lösungen gefunden und angewendet sowie alle bis dahin unbefriedigten menschlichen Bedürfnisse erfüllt würden und daß die Wissenschaft und ihr technologischer Arm in der Praxis die Lebenswirklichkeit der Menschen früher oder später auf das Niveau des menschlichen Potentials heben und ein für allemal Schluß machen würden mit der irritierenden Kluft zwischen dem »Ist« und dem »Sollen«. In jenem Jahrhundert glaubte man, täglich vom gut eingestimmten Chor der Philosophen und Staatsmänner in diesen Überzeugungen bestärkt, daß eine größere (vor allem industrielle und militärische) Macht des Menschen für mehr menschliches Glück sorgen könne und werde und daß die Macht und der Wohlstand der Nationen sich an der Zahl ihrer Industriearbeiter und Soldaten messen lasse. In jenem Teil der Welt, in dem Malthus' Prophezeiung entwickelt und bestritten wurde, deutete tatsächlich nichts darauf hin, daß eine Zunahme der Bevölkerung die für das Überleben der Menschen nötigen Güter verknappen werde. Im Gegenteil: Je größer das Arbeitskräfte- und Kampfpotential, desto besser – das schien das wichtigste und effektivste Heilmittel gegen den Fluch der Knappheit zu sein. Über den ganzen Globus waren unendlich weitläufige und märchenhaft reiche Länder verstreut, die wiederum mit zahlreichen weißen Flecken gesprenkelt und kaum bevölkert waren; nahezu menschenleere Territorien harrten ihrer Eroberung und Kolonisierung, doch um sie zu erobern und besetzt zu halten brauchte man riesige, voll ausgelastete Fabriken und gewaltige Armeen. »Groß« war gleichbedeutend mit »schön« – und profitabel. Eine hohe Bevölkerungszahl bedeutete große Macht. Große Macht bedeutete großen Landgewinn. Großer Landgewinn bedeutete großen Reichtum. Große Ländereien und großer Reichtum bedeuteten Platz für eine große Zahl von Menschen. *Quod erat demonstrandum.*

Wenn also der Personenkreis, der sich über den Stand der Dinge im eigenen Land Gedanken machte, jemals daran dachte, daß es dort zu viele hungrige Mäuler gab, die es zu stopfen galt, dann schien die Antwort auf der Hand zu liegen, überzeugend und glaubwürdig zu sein, auch wenn sie paradox anmutete: eine Therapie für den Bevölkerungsüberschuß ist – noch mehr Menschen. Nur die stärksten, also die bevölkerungsreichsten, Nationen werden die nötige Kraft entwickeln, um die schwachen, rückständigen und unentschlossenen oder dekadenten und degenerierenden Bewohner des Globus zu überwältigen und zu unterwerfen oder beiseite zu drängen. Nur solche Nationen werden in der Lage sein, ihre Kraft so wirkungsvoll einzusetzen. Falls das Wort »Überbevölkerung« in jener Zeit zur Verfügung stand, wurde es im Normalfall wohl als Oxymoron angesehen. Damals galt: Es kann gar nicht »zu viele von *uns*« geben – im Gegenteil, zu wenige zu sein sollte Anlaß zur Sorge bieten. Lokaler Überschuß kann global abgebaut werden. Lokale Probleme werden global gelöst.

Einer der Redner beim nationalen Kongreß der britischen Gewerkschaften im Jahr 1883, ein Mr. Toyne aus Saltburn, formulierte, was mittlerweile praktisch landesweit zum allgemeinen Gedankengut geworden war. Mit großer Sorge sprach er von

»einer Tendenz zur Monopolisierung des Landbesitzes in den ländlichen Gebieten; zur Umwandlung kleiner Bauernhöfe in große. Die kleinen Gehöfte wurden abgerissen und das Land den großen Anwesen einverleibt. Das gegenwärtige Landsystem trieb die Menschen vom Land in die Bergwerke und Fabriken und ließ sie dort auf dem Arbeitsmarkt gegen die Handwerker konkurrieren. Die arbeitenden Menschen des Landes wünschten sich sofortige Hilfe gegen diese Zustände.«[1]

Die Klage war keineswegs neu – nur die vermeintlichen Schuldigen und künftigen Angeklagten waren andere in einer Bestandsaufnahme, die in der turbulenten Geschichte der unter dem Namen »wirtschaftlicher Fortschritt« bekannten schöpferischen Zerstörung andauernd und monoton wiederholt wurde. Diesmal wurde das Überangebot auf dem Arbeitsmarkt dem Niedergang und Ruin der Kleinbauern zugeschrieben, der auf das Konto neuer Agrartechnologie ging. Wenige Jahrzehnte zuvor hatte man noch auf den von der industriellen Revolution ausgelösten Zerfall der Handwerkerzünfte als Hauptursache allen Elends verwiesen. Einige Jahrzehnte später waren die Bergwerke und Fabriken an der Reihe, in denen die Opfer der Mechanisierung der Landwirtschaft einst die Rettung vor ihren Problemen gesucht hatten. Und doch wurde in all diesen Fällen, in denen es darum ging, den Existenzdruck der Arbeitenden zu lindern und ihren Lebensstandard zu verbessern, die Lösung des Problems in der Ausdünnung der Menschenmengen gesucht, welche die Tore der über die Arbeitsplätze verfügenden Reichen und Mächtigen belagerten. Diese Lösung

1 Report of the Trade Union Congress (1883), S. 39.

schien einzuleuchten und war unumstritten, denn es fehlte nicht an Orten, an die man den Menschenüberschuß zügig umleiten konnte. Joseph Arch (A.), der legendäre Führer der Landarbeitergewerkschaft, gab 1881 vor der Kommission Ihrer Majestät für die Landwirtschaft (K.) folgendes zu Protokoll:

»K.: Wie stellen Sie sicher, daß die Arbeiter höhere Löhne erhalten?
A.: Wir haben die Zahl der Arbeiter, die sich auf dem Arbeitsmarkt bewegen, beträchtlich gesenkt.
K.: Wie haben Sie die Zahl der Arbeiter auf dem Markt gesenkt?
A.: Wir haben in den letzten acht oder neun Jahren etwa 700000 Seelen, Männer, Frauen und Kinder, in die Emigration geschickt.
K.: Wie sind diese 700000 Seelen ins Ausland geschickt worden? Mit welchen Geldmitteln?
A.: Ich reiste nach Kanada und traf Vereinbarungen mit der kanadischen Regierung, die ihnen einen bestimmten Betrag zur Verfügung stellte, und wir steuerten einen bestimmten Betrag aus unseren Mitteln bei.«[2]

Ein weiterer Faktor, der den Export innerhalb der Gesellschaft produzierter »sozialer Probleme« vermittels einer massiven Deportation des betroffenen Teils der Bevölkerung beschleunigte, war die Furcht, daß die Akkumulation der »Überflüssigen« in den großen Städten den kritischen Punkt der Selbstentzündung erreichen würde. Sporadische, immer wieder aufkommende Unruhen in den Städten drängten die politisch Verantwortlichen zum Handeln. Nach dem Juni 1848 wurden die »Unruhebezirke« von Paris kompromißlos von rebellischen *Misérables* gesäubert, und die »Ungewaschenen« wurden massenhaft nach Übersee verfrachtet, in diesem Fall nach Algerien. Nach der Pariser Kommune von 1871 wurde dieses Verfahren erneut angewendet, dieses Mal war jedoch Neukaledonien der Bestimmungsort.[3]

Die Ära der Moderne war von Anfang an eine Zeit großer Wanderungsbewegungen. Bis dahin ungekannte, möglicherweise gar

---

2 J. B. Jeffreys, *Labour's Formative Years.*

3 Vgl. Jacques Donzelot, Catherine Mével, Anne Wyvekens, »De la fabrique sociale aux violences urbaines«.

nicht zu zählende Massen entwurzelter Menschen bewegten sich um den Globus, verließen ihre Heimat, die ihnen keinen Lebensunterhalt bieten konnte, und gingen in fremde Länder, die ein besseres Schicksal versprachen. Die populären und bevorzugten Trajektorien änderten sich im Laufe der Zeit, je nach den jeweils aktuellen »Unruheherden« der Modernisierung, doch aufs Ganze gesehen wanderten die Migranten aus den »entwickelteren« (intensiver modernisierenden) Teilen der Erde in die »unterentwickelten« Gebiete aus (die von den Auswirkungen der Modernisierung noch nicht aus dem sozioökonomischen Gleichgewicht gebracht worden waren).

Die Migrationsverläufe waren sozusagen überdeterminiert. Einerseits gab es eine überzählige Bevölkerung, die kein Auskommen mehr fand oder in ihrem Herkunftsland den selbsterarbeiteten oder ererbten gesellschaftlichen Status nicht mehr halten konnte; dieses Phänomen beschränkte sich im großen und ganzen auf diejenigen Gebiete, in denen die Modernisierungsprozesse schon fortgeschritten waren. Andererseits erfreuten sich - dank desselben Einflußfaktors rascher Modernisierung - die Länder, in denen die überzählige Bevölkerung produziert wurde, einer (wenn auch nur zeitweiligen) technologischen und militärischen Überlegenheit über die Gebiete, die vom Modernisierungsprozeß noch nicht berührt worden waren. Das gestattete ihnen, solche Gebiete als »unbewohnt« zu betrachten und zu behandeln (und sie freizuräumen, falls die einheimische Bevölkerung sich gegen die Verdrängung wehrte oder eine ärgerliche Eigenmacht entwikkelte, die die Siedler beunruhigte). Es hieß dann, diese Gebiete seien verfügbar und riefen förmlich nach massiver Besiedlung. Nach offenkundig unvollständigen Schätzungen wurden 30 bis 50 Millionen Bewohner »vormoderner« Länder ausgelöscht, etwa 80 Prozent ihrer Gesamtbevölkerung, und zwar seit dem ersten Eintreffen und der Besiedlung durch europäische Soldaten und Händler bis zum Beginn des 20. Jahrhunderts, zu dem die Zahl der Ureinwohner auf einen Tiefststand sank.[4] Viele wurden ermordet,

4 Vgl. David Maybury-Lewis, »Genocide Against Indigenous Peoples«.

viele andere starben an eingeschleppten Krankheiten, und der Rest starb aus, nachdem die Lebensweise verloren war, die die Vorfahren jahrhundertelang am Leben erhalten hatte. Charles Darwin faßte die Saga des von Europa angeführten Prozesses der »Zivilisierung der Wilden« so zusammen: »Wo der Europäer seinen Fuß hingesetzt hat, scheint dem Ureinwohner der Tod auf den Fersen zu sein.«[5]

Ironischerweise geschah die Ausrottung der Ureinwohner, die Platz schaffen sollte für Europas überzählige Bevölkerung (im Klartext: die diese Länder als Abladeplatz für den menschlichen Abfall einrichtete, der vom wirtschaftlichen Fortschritt in der Heimat in wachsenden Mengen produziert wurde), im Namen genau jenes Fortschritts, der den Überschuß an Europäern in »ökonomische Migranten« recycelte. Deshalb beschrieb beispielsweise der US-Präsident Theodore Roosevelt die Ausrottung der amerikanischen Indianer als selbstlosen Dienst an der Zivilisation: »Der Siedler und der Pionier hatten letztlich die Gerechtigkeit auf ihrer Seite: Dieser großartige Kontinent konnte nicht einfach als Jagdgebiet für elende Wilde erhalten werden.«[6] General Roca, der Kommandeur in jener schändlichen Episode der argentinischen Geschichte, die euphemistisch als »Eroberung der Wüste« bezeichnet wurde, in Wahrheit aber eine »ethnische Säuberung« der Pampas von ihrer indianischen Bevölkerung war, erklärte seinen Landsleuten, ihre Selbstachtung verpflichte sie, »so bald wie möglich mit den Mitteln der Vernunft oder mit Gewalt diese Handvoll Wilder zu beseitigen, die unseren Reichtum zerstören und uns daran hindern, im Namen des Rechts, des Fortschritts und unserer eigenen Sicherheit die reichsten und fruchtbarsten Ländereien der Republik endgültig in Besitz zu nehmen«.[7]

---

5 Zitiert nach Herman Merivale, *Lectures on Colonization and Colonies*, S. 541.

6 Theodore Roosevelt, *The Winning of the West: From the Alleghenies to the Mississippi, 1769-1776*, S. 90.

7 Nach Alfredo M. Serres Gueiraldes, *La estrategia del General Roca*, S. 377f., zitiert nach Merivale, *Lectures*.

Seitdem sind viele Jahre vergangen, doch die Standpunkte und Sichtweisen, in die sie Einblick geben, sowie der Wortschatz, in dem sie erläutert werden, haben sich nicht geändert. Erst in jüngster Zeit beschloß die israelische Regierung, die Beduinenbevölkerung aus der Wüste Negev zu vertreiben, um Platz für die Siedlungen der nächsten Welle jüdischer Einwanderer zu schaffen.[8] Schon fünf Jahre zuvor erklärte Ariel Sharon (damals Innenminister), die Beduinen seien bereits fort – als ob er den zukünftigen Bedarf an ungenutztem Land, in dem man den Bevölkerungsüberschuß der überfüllten Städte im Norden abladen konnte, vorausgeahnt hätte. Der Negev sei leer, sagte er, »bis auf ein paar Ziegen und Schafe«. Die später folgenden Taten konfrontierten die Wirklichkeit mit Sharons Verdikt: Etwa die Hälfte der 140000 Negev-Beduinen wurde bisher in sogenannten anerkannten Dörfern (recognized villages) oder Erschließungsstädten (development towns) angesiedelt, »die kaum besser aussehen als unkontrolliert wuchernde städtische Müllkippen«. Shai Hermesh, der Schatzmeister der Jewish Agency, äußerte sich im Namen seiner Organisation folgendermaßen: »Das Problem mit den Beduinen ist, daß sie immer noch zwischen Tradition und Zivilisation leben. [...] Sie sagen, ihre Mütter und Großmütter möchten von Schafen umgeben sein.« Doch seine Schlußfolgerung beweist zivilisatorischen Optimismus: »Wir brauchen den Negev für die kommende Generation jüdischer Einwanderer«; im Negev »bekommt man Land für Centbeträge«.

»Überbevölkerung« ist eine Fiktion von Aktuaren: ein Codename für das Auftauchen einer bestimmten Zahl von Leuten, die nicht das reibungslose Funktionieren der Wirtschaft befördern, sondern das Erreichen – vom Anwachsen ganz zu schweigen – von Indizes, mit denen funktionierende Abläufe ermittelt und bewertet werden, allzusehr erschweren. Die Zahl dieser Menschen scheint unkontrollierbar anzuwachsen, was fortwährend zu weiteren Kosten führt, denen keine Einnahmen gegenüberstehen. In einer Ge-

8 Vgl. Chris McGreal, »Bedouin Feel the Squeeze as Israel Resettles the Negev Desert«, in: *The Guardian*, 27. Februar 2003, S. 19.

sellschaft von Produzenten sind dies die Menschen, deren Arbeitskraft nicht sinnvoll eingesetzt werden kann, da all die Waren, die von der bestehenden und zu erwartenden Nachfrage aufgenommen werden, profitabel, »wirtschaftlich« und obendrein auch noch schneller produziert werden können, ohne diese Leute im Arbeitsprozeß zu halten. In einer Konsumgesellschaft sind sie »schlechte Konsumenten« – Menschen, denen das Geld fehlt, mit dem sie die Kapazitäten des Verbrauchermarktes erweitern könnten. Gleichzeitig schaffen sie eine andere Art von Nachfrage, auf die die profitorientierte Konsumindustrie nicht reagieren, die sie nicht profitabel »kolonisieren« kann. Konsumenten sind die wichtigsten Aktivposten der Konsumgesellschaft; schlechte Konsumenten sind ihre lästigsten und kostspieligsten Passiva.

Die »überschüssige Bevölkerung« ist eine weitere Variante des menschlichen Abfalls. Anders als die *homines sacri*, die »Leben, die zu leben sich nicht lohnt«, die Opfer der ordnungstiftenden Planung, sind diese Überzähligen keine »legitimen Ziele«, die auf Geheiß des Souveräns vom Schutz durch das Gesetz ausgenommen bleiben. Sie sind die eher unbeabsichtigten und ungeplanten »Kollateralverluste« des wirtschaftlichen Fortschritts. Im Verlauf des ökonomischen Fortschritts (des wichtigsten Montage-/Demontagebandes der Modernisierung) verlieren die bestehenden Arten, um den »Lebensunterhalt zu verdienen«, nach und nach ihre Grundlage; sie werden in einzelne Komponenten zerlegt, die dann in neuer Gestalt wieder zusammenzusetzen (zu »recyceln«) sind. Bei diesem Prozeß werden jedoch einige Komponenten irreparabel beschädigt, und zugleich wird nur eine beschränkte Zahl der Bauteile, die die Zerlegungsphase überstanden haben, benötigt, um die neuen, in der Regel intelligenteren und schlankeren Arbeitsumfelder zusammenzustellen.

Anders als im Fall der legitimen Ziele beim Aufbau von Ordnung plant niemand bewußt mit Kollateralopfern des ökonomischen Fortschritts, und schon gar nicht wird von vornherein eine Linie gezogen, die die Verdammten von den Geretteten trennt. Niemand gibt die Befehle, niemand trägt die Verantwortung, wie der verblüffte, verzweifelte Kleinbauer in John Steinbecks Roman *Früchte des Zorns* (1939) zu seiner großen Bestürzung einsehen mußte: Kampfbereit hat er sich mit dem Gewehr in der Hand zur Verteidigung seiner mittlerweile »wirtschaftlich unrentablen« Farm aufgestellt, doch da ist kein einziger böswilliger Verursacher all seiner Qualen und seiner Verzweiflung, auf den er schießen könnte. Die Produktion menschlichen Abfalls ist nur eine Nebenhandlung des wirtschaftlichen Fortschritts und trägt alle Kennzeichen eines unpersönlichen, rein technischen Geschehens. Die Hauptakteure des Dramas heißen »Terms of Trade«, »Markterfordernisse«, »Konkurrenzdruck«, »Produktivitäts-« oder »Effizienz«-Erfordernisse, allesamt Begriffe, die jegliche Verbindung mit Absichten, Willen, Entscheidungen und Handlungen wirklicher Menschen mit Namen und Adresse entweder kaschieren oder explizit verneinen.

Die Gründe für den Ausschluß von Menschen mögen verschieden sein, doch für diejenigen, die ihn hinzunehmen haben, fallen die Ergebnisse jeweils ziemlich ähnlich aus. Diese Menschen stehen vor der schwierigen Aufgabe, die Mittel für ihr physisches Überleben zu sichern, während ihnen zugleich das Selbstvertrauen und die Selbstachtung genommen wurden, die für das soziale Überleben nötig sind. Sie haben keinen Anlaß, feinsinnige Unterscheidungen zwischen intendiertem Leid und selbstverschuldetem Elend anzustellen. Man kann es ihnen nachfühlen, wenn sie sich zurückgesetzt fühlen, wenn sie aufgebracht und erbost sind, vor Wut schnauben und auf Rache sinnen – und doch haben sie bereits gelernt, daß Widerstand vergeblich ist, und das Verdikt ihrer eigenen Unterlegenheit hingenommen. Sie könnten sich wohl kaum wieder aufraffen, all diese Gefühle in wirksames Handeln umzusetzen. Ob nun durch einen expliziten Urteilsspruch oder durch ein implizites, wenn doch nie offiziell publiziertes Verdikt: Sie sind überflüssig geworden, entbehrlich, werden nicht gebraucht und nicht gewollt, und ihre Reaktionen, ob sie nun neben der Sache liegen oder ganz ausbleiben, wandeln dieses Urteil zu einer sich selbst erfüllenden Prophezeiung.

Der große polnische Gelehrte Stefan Czarnowski beschreibt mit einem glasklaren Blick für die Lebensbedingungen und das Verhalten von »Überzähligen« oder »Marginalisierten« diese Menschen als *declassés*, als »deklassierte Individuen, die keinen definierten sozialen Status besitzen, vom Standpunkt der materiellen und intellektuellen Produktion für überflüssig erachtet werden und sich auch selbst so empfinden«. Die »organisierte Gesellschaft« behandelt sie wie »Schnorrer und Eindringlinge, schreibt ihnen im günstigsten Fall ungerechtfertigte Ansprüche oder Trägheit zu, häufig dagegen alle Arten von Boshaftigkeit, nennt sie Intriganten und Schwindler, die ein Leben am Rande der Kriminalität führen, sich aber auf jeden Fall als Parasiten auf Kosten der Gesellschaft durchfuttern«.[9]

Überflüssige Menschen sind in einer aussichtslosen Lage. Sobald sie versuchen, sich dem aktuell propagierten Lebensstil anzupassen, bezichtigt man sie sofort der sündhaften Arroganz, der Vorspiegelung falscher Tatsachen und der Unverschämtheit, unverdiente Vergünstigungen zu beanspruchen – wenn nicht sogar krimineller Absichten. Wenn sie dagegen den Lebensstil offen ablehnen, den die Besitzenden genießen, der aber für sie selbst, die Besitzlosen, eher Gift ist, dann dient dies prompt als Beweis für das, was die »öffentliche Meinung« (genauer: ihre gewählten oder selbsternannten Sprecher) »schon immer gewußt hat«: Die Überflüssigen sind nicht bloß ein Fremdkörper, sondern ein Krebsgeschwür, das am gesunden Gewebe der Gesellschaft nagt, und sie sind eingeschworene Feinde »unseres Lebensstils«, all dessen, »wofür wir stehen«.

Am 22. Januar 2003, 130 Jahre nachdem das Wort »Überbevölkerung« (overpopulation) in der englischen Sprache auftauchte, zeigte Altavista 70384 Websites an, auf denen es vorkam, Google »etwa 118000« (die Suche dauerte 15 Hundertstelsekunden), Lycos

9 Stefan Czarnowski, »Ludzie zbędni w służbie przemocy« (Überflüssige Menschen im Dienst der Gewalt) [1935].

meldete 336678 Sites, Alltheweb 337134. Diese Zahlen wirken nicht besonders hoch – vor allem, wenn man sie mit den Millionen von Websites vergleicht, die sich mit Abfall beschäftigen. Doch das Problem der Überbevölkerung ist, technisch gesprochen, auch nur ein Nebeneffekt der entstehenden globalen Zivilisation, die sich der Produktion und Entsorgung von Abfall widmet.

»Die Produktion überflüssiger Körper, die für keine Arbeit mehr gebraucht werden, ist eine direkte Folge der Globalisierung«, sagt Hauke Brunkhorst. Er fügt hinzu, das Besondere an der globalisierten Variante von »Überbevölkerung« sei die Art, in der sie die rasch zunehmende Ungleichheit mit dem »Ausschluß von Millionen von Körpern aus allen gesellschaftlichen Kommunikationen« überbiete.

> »Wer, in Indien, Brasilien oder Afrika, aber auch schon in manchen Vierteln von New York oder Paris, aus einem Funktionssystem herausfällt, für den sind bald auch alle anderen unerreichbar. Seine Stimme wird nicht mehr gehört und verstummt oft buchstäblich.«[10]

Demographen neigen dazu, bei dem Versuch, verläßliche Voraussagen zur künftigen Bevölkerungszahl zu treffen, den Kreis der berücksichtigten und bewerteten Variablen zu eng zu ziehen. Demographische Voraussagen spiegeln eher aktuelle Denkweisen wider und weniger das, was die Zukunft bringen wird; sie basieren notwendigerweise auf den jüngsten Trends bei den Geburten- und Sterberaten, die sich ihrerseits kurzfristig und unerwartet ändern können. Diese Voraussagen gleichen eher Prophezeiungen als den Standards, die man normalerweise mit wissenschaftlichen Vorhersagen verbindet und von ihnen erwartet. Doch die Demographen tragen natürlich nur eine Teilverantwortung für die Unzuverlässigkeit der Prognosen: Die verfügbaren Daten mögen noch so sorgfältig erhoben und noch so umsichtig ausgewertet worden sein, es bleibt dennoch dabei, daß sich »zukünftige Geschichte« nicht einer wissenschaftlichen Studie preisgibt und selbst der ausgefeiltesten

---

10 Hauke Brunkhorst, »Die Weltgesellschaft als Krise der Demokratie«, S. 899.

Methodik wissenschaftlicher Vorhersage trotzt. Angesichts des aktuellen Zustand der Erde, der durch das Fehlen fest institutionalisierter Abläufe gekennzeichnet ist, kann die Demographie allein keinen vollständigen Überblick zu den sich entwickelnden soziokulturellen Wandlungsprozessen *in statu nascendi* geben, deren Richtung und Tragweite noch längst nicht vollständig absehbar sind. Wir können uns vor allem kaum die sozialen Gegebenheiten im voraus ausmalen, die künftig die »Überflüssigkeit« definieren und die Mechanismen der Entsorgung menschlichen Abfalls festlegen werden. Unter diesem Vorbehalt sollten die folgenden demographischen Schätzungen gelesen werden. Sie müssen in erster Linie als Nachweis heutiger Befürchtungen und Sorgen interpretiert werden, und wahrscheinlich werden sie schon bald geleugnet, verworfen oder vergessen und durch andere ersetzt.

Nach einem Bericht des Earth Policy Institute vom 5. September 2002 wächst die Weltbevölkerung, die gegenwärtig 6,2 Milliarden Menschen zählt, jährlich um etwa 77 Millionen Menschen, doch dieses Wachstum ist äußerst ungleichmäßig verteilt. Die Fruchtbarkeitsraten in den sogenannten »entwickelten Ländern« (im Block der wohlhabenden Länder des Westens und in den weltweit verstreuten Nischen rascher «Verwestlichung«) sind bereits unter die magische Quote von 2,1 Kindern pro Frau gefallen, die als Meßgröße für die »Bestandssicherung« gilt (Bevölkerungs-Nullwachstum). Doch die »Entwicklungsländer« mit ihren gegenwärtig 5 Milliarden Einwohnern werden nach den aktuellen Berechnungen bis zum Jahr 2050 8,2 Milliarden Menschen zählen. Dabei wächst die Bevölkerung der ärmsten Länder, zu denen etwa Afghanistan oder Angola zählen, am schnellsten. In diesen Ländern rechnet man bis dahin mit 1,8 Milliarden statt der gegenwärtig 660 Millionen Menschen.

Wenn wir über die bloßen Berechnungen zu den heraufziehenden Problemen der »Überbevölkerung« hinausgehen und die soziokulturellen Realitäten durchschauen wollen, die die Zahlenspiele eher verbergen als enthüllen, müssen wir zunächst erkennen, wo die »Bevölkerungsbombe« vermutlich explodieren wird – in den meisten Fällen sind es diejenigen Teile der Erde, die derzeit noch die geringste Bevölkerungsdichte aufweisen. Afrika zum Beispiel zählt gegenwärtig 21 Einwohner pro Quadratkilometer, während in ganz Europa, einschließlich der Steppen und Dauerfrostböden Rußlands, durchschnittlich 101 Menschen auf einem Quadratkilometer leben. Japan zählt 331 Einwohner pro Quadratkilometer, die Niederlande 425, Taiwan 619 und Hongkong 5490. Der stellvertretende Chefredakteur der Zeitschrift *Forbes* schrieb unlängst, die Bevölkerungsdichte der USA würde diejenige Großbritanniens, der Niederlande oder Belgiens selbst dann nicht überschreiten, wenn das Land die gesamte Bevölkerung Chinas und Indiens aufnehmen würde. Doch nur wenige Menschen halten die Niederlande für ein »überbevölkertes« Land, während die Alarmrufe zur Überbevölkerung Afrikas und ganz Asiens nicht verstummen wollen. (Nur die wenigen »Tigerstaaten« Südost- und Ostasiens sind davon ausgenommen.)

Die Experten für Bevölkerungsentwicklung führen zur Erklärung dieses Paradoxons aus, es gebe nur eine schwache Verbindung zwischen der Besiedlungsdichte und dem Phänomen der Überbevölkerung: Der Grad der Überbevölkerung sei zu messen an der Zahl der Menschen, die mit den vorhandenen Ressourcen eines Landes ernährt werden müßten, und zugleich auf die Mittel zu beziehen, über die ein bestimmtes Gebiet für den Unterhalt seiner Bewohner verfügt. Doch Paul und Ann Ehrlich zeigen, daß die Niederlande ihre Rekordbevölkerungszahl ebendeshalb versorgen können, weil dies so vielen anderen Ländern nicht möglich ist … Von 1984 bis 1986 importierten die Niederlande beispielsweise 4,06 Millionen Tonnen Getreide, 132080 Tonnen Speiseöl und 488000 Tonnen Erbsen, Bohnen und Linsen, alles Güter, die auf dem weltweiten Warenmarkt relativ billig zu haben sind. Dies ermöglichte dem Land im Gegenzug den Export von Lebensmitteln, die stets hohe Preise erzielen, zum Beispiel Milch- oder Fleischprodukte. Reiche Länder können sich eine hohe Bevölkerungsdichte leisten, denn sie sind Zentren »hoher Entropie«, die vom Rest der Welt Ressourcen – an erster Stelle: Energieträger – beziehen und dafür den umweltverschmutzenden, häufig giftigen Abfall der Industrieproduktion zurückgeben, die einen großen Teil der weltweiten Energievorräte verbraucht, zunichte macht und zerstört. Die (auf den Globus bezogen) relativ kleine Bevölkerung der wohlhabenden Länder beansprucht etwa zwei Drittel des gesamten Energieverbrauchs. Paul Ehrlich faßte in einem Vortrag unter dem selbstredenden Titel »Zu viele reiche Leute« bei der vom 5. bis 13. September 1994 in Kairo tagenden Internationalen Konferenz für Bevölkerung und Entwicklung die Kernbotschaft einer gemeinsam mit Ann Ehrlich verfaßten Studie zusammen:

»Die Wirkungen, die von der Menschheit auf die Ökosysteme der Erde ausgehen, werden nicht nur von der bloßen Zahl der Menschen bestimmt, die den Planeten bewohnen. Sie hängen auch vom Verhalten dieser Menschen ab. Wird dieses Kriterium berücksichtigt, ergibt sich ein völlig anderes Bild: Das größte Bevölkerungsproblem haben wir in den wohlhabenden Ländern. Dort gibt es tatsächlich zu viele reiche Leute.«

Die Ehrlichs werfen hier in der Tat eine unangenehme Frage auf, die unser liebgewonnenes Bild von der Welt buchstäblich auf den Kopft stellt; ein Weltbild, das uns Trost spendet und von Sünden freisprechen kann, von denen wir wissen, auch von solchen Sünden, von denen wir lieber erst gar nichts wissen wollen. Sind nicht wir selbst die wahren »Parasiten« des Planeten, die »Schnorrer« und »Absahner«, die sorglos die Ressourcen der Erde verbrauchen? Verhält es sich nicht in Wahrheit so, daß die »überschüssige« oder »exzessive« Fruchtbarkeit, die wir als Hauptfaktor für die »Überbevölkerung« des Planeten ansehen, auf unseren »wunderbaren Lebensstil« zurückgeführt werden muß, den unsere führenden Politiker für »nicht verhandelbar« erklären und mit Zähnen und Klauen verteidigen wollen?

Aus Gründen, die hier kaum ausgeführt werden müssen, fällt es schwer, diese Schlußfolgerung zu akzeptieren. Es scheint in der Natur unserer Besorgnisse in Sachen »Überbevölkerung« zu liegen, daß wir uns auf »sie« konzentrieren und nicht auf »uns«. An dieser Einstellung ist nichts Rätselhaftes. Schließlich breitet der große Plan, der den »Abfall« von den »nützlichen Dingen« trennt, nicht den »objektiven Stand der Dinge« aus, sondern lediglich die Präferenzen der Planer. Nach jenen Planungsmaßstäben (und es gibt keine anderen maßgeblichen Standards) ist »ihre« Fruchtbarkeit verschwenderisch, denn sie setzt *ihre* lokalen »Lebenserhaltungssysteme« unter außerordentlichen, kaum ertragbaren Druck. Dabei sollten doch diese Systeme eher angezapft werden, um Energie und andere Ressourcen zur Erhaltung *unseres* Lebensstils zu gewinnen, der wunderlicher und gefräßiger als je zuvor anmutet und nach Treibstoff giert. Deshalb sind »sie« es, die den Planeten überbevölkern.

Es ist daher kein Wunder, daß das Earth Policy Institute - wie so viele andere gelehrte Institutionen, die der reiche Teil der Welt zu unserem Schutz gründet und finanziert - kaum daran zweifelt, daß die Einschränkung »ihrer« Fruchtbarkeit der Schlüssel zur Lösung der weltweiten Schwierigkeiten mit der »Überbevölkerung« ist. Die Aufgabe, einmal so formuliert, verlangt dann ihrerseits nach einer raschen Lösung, die um so einfacher und direkter anzugehen ist, weil sie sich ja auf »sie« bezieht. Technologie wird gebraucht, und die können wir mit Hilfe unserer allmächtigen Wissenschaft und Industrie liefern; wir würden sie gerne liefern - wenn der Preis stimmt. Deshalb erfahren wir vom Earth Policy Institute, daß »die Verfügbarkeit effektiver Empfängnisverhütung der Schlüssel ist« - obwohl die Belebung des äußerst trägen Konsumgütermarktes (mit anderen Worten: die Erzeugung potentieller Konsumenten von Verhütungsmitteln, die euphemistisch auch als »Anhebung des Bildungs- und Beschäftigungsniveaus von Frauen« bezeichnet wird) eine wesentliche Bedingung dafür ist, daß jene Ware auch nachgefragt, gekauft und bezahlt wird.

Aus diesem Grund beschloß die oben erwähnte Konferenz von Kairo auch den Start eines auf zwanzig Jahre angelegten »Bevölkerungs- und Gesundheitsprogramms«, bei dem »sie«, die »Entwicklungs«länder, zwei Drittel der Kosten bestreiten und der Rest von den »Geber«-Ländern (sic!) bezahlt wird. Unglücklicherweise erfüllten »sie« »im wesentlichen ihre Verpflichtungen«, während »wir«, die »Geber«, die unseren nicht einhielten und unseren Part in dieser vermeintlich gemeinsamen Anstrengung auf das Verschiffen pharmazeutischer Artikel beschränkten. Nach Ansicht des Earth Policy Institute wurden aufgrund dieser Säumigkeit in den Jahren 1994 bis 2000 122 Millionen Frauen schwanger ... Der Zufall wollte es, daß ein unerwarteter Verbündeter in den Kampf gegen »ihre« zügellose Fruchtbarkeit eingriff: Aids. In Botswana zum Beispiel fiel in jenem Zeitraum die durchschnittliche Lebenserwartung von 70 auf 36 Jahre, was die Bevölkerungsprognose bis zum Jahr 2015 um 28 Prozent reduzierte. Zeigten die Pharmaunternehmen nur wegen ihrer Gier und ihrer eigenmächtig angemaßten Wächterrolle in Fragen der »Rechte am geistigen Eigentum« so wenig Eifer bei der Lieferung bezahlbarer Waffen, mit denen sich die Seuche bekämpfen ließ?

Stets ist es *ihre* übergroße Zahl, die *uns* Sorgen bereitet. In der eigenen Lebenswelt stürzen uns dann eher der freie Fall der Fruchtbarkeitsraten und dessen unvermeidliche Konsequenz, die Überalterung der Bevölkerung, in große Sorgen. Wird es künftig noch eine ausreichende Zahl von »uns« geben, um »unseren Lebensstil« aufrechtzuerhalten? Wird es noch genügend Müllmänner geben, Sammler des Abfalls, den »unser Lebensstil« täglich hervorbringt, oder – wie Richard Rorty fragt – eine hinlängliche Zahl von »Menschen, die sich beim Reinigen unserer Toiletten die Finger schmutzig machen« und dafür ein Zehntel dessen bekommen, was wir erhalten, »die wir hinter unseren Schreibtischen sitzen und auf Tastaturen herumfingern«?[11] Diese andere, weniger einnehmende Seite des Krieges gegen die »Überbevölkerung« – die düstere Aussicht, eher noch mehr als weniger von »ihnen« importieren zu müssen, um »unseren Lebensstil« beibehalten zu können –, ängstigt die Bewohner der wohlhabenden Länder.

Diese Aussicht wäre weniger furchterregend – so wird sie nämlich überall tendenziell empfunden, mit Ausnahme der Vorstandsetagen von Hochsicherheitsdiensten und mit Ausnahme der Langeweile verströmenden akademischen Konferenzsäle –, wenn es

11 Richard Rorty, »Endlich sieht man Freudenthal«, in: *Frankfurter Allgemeine Zeitung,* 20. Februar 1998, S. 40.

dabei nicht um eine neue Verwendung ginge, der nutzlose Menschen (und hier ganz besonders jene, die es bis zu den Gestaden der Wohlhabenden geschafft haben) zugeführt worden sind.

Exkurs: Zur Natur der Mächte des Menschen

Michail Bachtin, einer der größten russischen Philosophen des vergangenen Jahrhunderts, begann seine Entschlüsselung der irdischen, menschlichen Macht mit einer Beschreibung der »kosmischen Furcht«, des menschlichen, allzumenschlichen Gefühls, das sich angesichts der überirdischen, vom Menschen unabhängigen Großartigkeit des Universums einstellt; es ist die Art von Furcht, die der vom Menschen geschaffenen Macht vorausgeht, und sie dient als Grundlegung, Prototyp und Inspirationsquelle. *Kosmische* Angst ist nach Bachtins Worten die Beklommenheit, die man empfindet angesichts der »Angst vor dem maßlos Großen und dem maßlos Starken - vor dem Sternenhimmel, den Materialmassen der Berge, dem Meer, vor kosmischen Umwälzungen und Naturkatastrophen [...]. Die kosmische Angst [ist] nicht im strengen Sinn mystisch (denn es ist die Angst vor dem Materiell-Großen und vor einer unbezwingbaren Kraft) [...].«[12]

Den Wesenskern der »kosmischen Furcht« bildet, das sollte man festhalten, die völlige Bedeutungslosigkeit des ängstlichen, schwachen und sterblichen Lebewesens im Vergleich zur Unermeßlichkeit des unendlichen Universums; der Anblick des »Sternenhimmels« und der »körperlichen Masse der Berge« offenbart die ungeschützte Schwäche, die Unfähigkeit zu widerstehen, die *Verwundbarkeit* des zerbrechlichen, weichen Menschenkörpers; doch hinzu kommt noch die Erkenntnis, daß es nicht im Vermögen des Menschen liegt, die ehrfurchtgebietende Macht, die sich in der Großartigkeit des Universums offenbart, zu begreifen, zu verstehen und gedanklich zu erfassen. Das Universum entzieht

---

12 Vgl. Michail Bachtin, *Rabelais und seine Welt*, S. 377, sowie die treffende Zusammenfassung von Ken Hirschkopf in: »Fear and Democracy: An Essay on Bakhtin's Theory of Carnival«, erschienen in *Associations* 1 (1997), S. 209-234.

sich jeglichem Verstehen. Seine Absichten bleiben unbekannt, seine nächsten Schritte unberechenbar. Sollte dem Geschehen dort draußen ein vorgefaßter Plan oder eine Logik zugrunde liegen, dann geht dies gewiß über die Auffassungsgabe des Menschen hinaus. Deshalb steht die »kosmische Furcht« auch für das Entsetzen vor dem Unbekannten: den Schrecken der *Ungewißheit*.

Verwundbarkeit und Ungewißheit sind die beiden Merkmale der *conditio humana*, aus denen die »offizielle Furcht« geformt wird: die Furcht vor menschlicher Macht, vor der von Menschen geschaffenen und von Menschen ausgeübten Macht. Eine solche »offizielle Furcht« wird nach dem Muster der nichtmenschlichen Macht konstruiert, die sich in der «kosmischen Furcht« widerspiegelt (oder eher: von dieser ausgeht).

Bachtin argumentiert, alle religiösen Systeme nähmen diese kosmische Furcht in Anspruch. Die Vorstellung eines Gottes, eines allmächtigen Herrschers über das Universum und seine Bewohner, wird aus einem vertrauten Gefühl entwickelt: aus der Furcht vor der Verwundbarkeit und dem Zittern im Angesicht der undurchdringlichen, unaufhebbaren Ungewißheit; und dann rechtfertigt sich die Religion durch ihre Rolle als wirksame Vermittlerin, als Fürsprecherin, die im Namen der Verwundbaren und Furchtsamen vor dem einzigen Gericht plädiert, das die willkürlichen Schicksalsschläge abwenden kann. Die Religion gewinnt ihre Macht über die Seelen der Menschen, indem sie mit dem Versprechen der Sicherheit wirbt. Doch um das zu erreichen, mußte die Religion zuerst das Universum erneut zu Gott machen – indem sie es zum Sprechen zwang ...

Der kosmische Prototyp ist in seiner ursprünglichen, spontan entstandenen Form die Furcht vor einer *anonymen* und *stummen* Gewalt. Das Universum schüchtert ein, aber es spricht nicht. Es verlangt nichts. Es gibt keine Anweisungen, was zu tun ist. Es kümmert sich nicht im geringsten darum, was die verängstigten, verletzbaren Menschen tun oder lassen wollen. Ansprachen an den Sternenhimmel, die Berge oder das Meer sind sinnlos. Diese drei hören nichts, und wenn sie denn etwas hörten, würden sie nicht hinhören, geschweige denn antworten. Es hat auch keinen Sinn, sie um Vergebung oder ihre Gunst zu bitten. Das kümmert sie nicht. Außerdem könnten sie trotz all ihrer enormen Macht den Wünschen der Büßer nicht entsprechen, selbst wenn sie dafür Interesse aufbrächten: Sie haben weder Augen, Ohren, Verstand noch Herz; sie können nichts frei entscheiden, über nichts verfügen und auch nicht nach eigenem Willen handeln; sie können nichts beschleunigen oder verzögern, aufhalten oder rückgängig machen, was ohnehin geschehen wäre. Ihre Bewegungen sind für die schwachen Menschlein ebenso unergründlich wie für sie selbst. Sie sind, so sagt es der biblische Gott zu Beginn seiner Unterhaltung mit Mose, »wie sie sind«, doch sie wären nicht imstande, das zu sagen - sinnlos, sie zu befragen ...

Das furchterregende Universum verwandelte sich in einen furchterregenden Gott, als das Wort gesprochen war (das Johannesevangelium hatte schließlich recht ...). Der entscheidende Punkt ist jedoch: Die wundersame Verwandlung des Universums in Gott machte verängstigte Menschenwesen zwar zu Sklaven göttlicher Befehle, doch indirekt verlieh sie den Menschen auch Macht. Von jetzt an hatten die Menschen fügsam, unterwürfig und willfährig zu sein - doch zugleich konnten sie auch (jedenfalls im Grundsatz) etwas unternehmen, um sicherzustellen, daß die großen Katastrophen, vor denen sie sich fürchteten, an ihnen vorübergingen. Jetzt konnten sie für alptraumfreie Nächte sorgen, im Austausch für Tage voller religiöser Hingabe.

»Als nun der dritte Tag kam und es Morgen ward, da erhob sich ein Donnern und Blitzen und eine dichte Wolke auf dem Berge [...], und der ganze Berg bebte sehr. [...] Das ganze Volk aber, das im Lager war, erschrak.« (2. Mose 19, 16-18) Doch in all dem grauenerregenden, unfaßbaren Aufruhr und Durcheinander war Gott zu vernehmen gewesen: »Werdet ihr nun meiner Stimme gehorchen und meinen Bund halten, so sollt ihr mein Eigentum sein vor allen Völkern.« »Und alles Volk antwortete einmütig und sprach: Alles, was der Herr geredet hat, wollen wir tun.« (2. Mose 19, 5 und 8) Gott gefiel offensichtlich dieser Eid, der unerschütterlichen Gehorsam gelobte, und er versprach dem Volk an anderer Stelle, es »in das Land« zu bringen, »darin Milch und Honig fließt« (2. Mose 33, 3).

Wenn dies nun so gemeint ist, wie Bachtin vorschlug, nämlich als eine Geschichte von der Verwandlung kosmischer Furcht in eine »offizielle«, dann scheint sie bis hierhin unbefriedigend oder unvollständig zu sein. Denn sie hat uns berichtet, daß das Volk von der denkwürdigen Begegnung auf dem Berg Sinai an in all seinem Handeln durch einen Gesetzeskodex eingeschränkt wurde (der nach dem Blankoversprechen, Gottes Wünschen zu gehorchen, wie auch immer die ausfallen mochten, alle Vorschriften in präzisen Details ausführte). Doch sie hat uns auch berichtet (wenngleich nicht so ausführlich), daß Gott, der jetzt die Quelle »offizieller« Furcht war, von jenem Augenblick an in ähnlicher Weise gebunden sein mußte: durch den Gehorsam seines Volkes. Gott hatte Willenskraft und Verfügungsgewalt erworben – nur, um sie gleich wieder abzutreten! Dem Volk war es durch das simple Mittel der Gefügigkeit gelungen, sich Gottes Wohlwollen zu verschaffen. Die Menschen sicherten sich so ein Patentrezept gegen ihre Verwundbarkeit und eine narrensichere Methode, das Schreckgespenst der Ungewißheit zu vertreiben. Solange sie nur buchstabengetreu Gottes Gesetz befolgten, waren sie weder verwundbar, noch wurden sie von Ungewißheit gepeinigt. Doch ohne Verwundbarkeit und Ungewißheit gab es keine Furcht. Und ohne Furcht keine Macht …

Um die Ursprünge einer »offiziellen« Macht zu belegen, die der ehrfurchtgebietenden Macht »kosmischen« Ausmaßes entspricht, mußte die Geschichte aus dem 2. Buch Mose deshalb ergänzt werden. Und dies geschah durch das Buch Hiob. Dieses Buch machte den auf dem Berg Sinai geschlossenen Bund auch einseitig durchsetzbar, indem es eine einseitige Aufkündigung zuließ.

Für die Bewohner eines modernen, als *Rechtsstaat* konzipierten Staatswesens war Hiobs Geschichte nahezu unverständlich; sie widersprach allem, was man ihnen zur Harmonie und Logik des Lebens beigebracht hatte. Die Geschichte von Hiob bereitete den Philosophen fortdauernde, nicht zu behebende Kopfschmerzen; sie machte ihre Hoffnungen zunichte, in dem als »Geschichte« bezeichneten chaotischen Ablauf von Ereignissen so etwas wie Logik und Harmonie entdecken (oder dies zuschreiben) zu können. Generationen von Theologen bissen sich an dieser rätselhaften Erzählung die Zähne aus: Wie allen anderen modernen Männern und Frauen (und allen Menschen, die die Botschaft des Buches Exodus im Gedächtnis behielten), brachte man ihnen bei, nach einer Regel und einer Norm zu suchen, doch die Botschaft des Buches Hiob lautete, daß *es keine Regel und keine Norm gibt*; genauer: keine Regel oder Norm, an welche die höhere Macht gebunden ist. Das Buch Hiob nimmt das spätere, unverblümte Verdikt Carl Schmitts vorweg: Souverän ist, wer über den Ausnahmezustand entscheidet.

Das Buch Hiob verkündet, daß Gott den Gläubigen gar nichts schuldet - und ganz gewiß keine Rechtfertigung für seine Taten. Gottes Allgewalt schließt auch die Macht ein, Launen ausleben zu können, wie auch die Macht, Wunder zu wirken und die Logik der Notwendigkeit zu mißachten, der geringere Wesen zwingend folgen müssen. Gott darf dem Menschen nach Gutdünken Schläge versetzen, und wenn er das nicht tut, dann nur, weil es sein (guter, gütiger, von Wohlwollen geleiteter, liebevoller) Wille ist. Die Vorstellung, daß die Menschen Gottes Handeln durch irgendwelche Mittel kontrollieren könnten - zu denen auch das demütige und gläubige Befolgen seiner Gebote und das buchstabengetreue Leben nach dem göttlichen Gesetz gehören -, ist Blasphemie.

Gott spricht und gibt Befehle, *im Unterschied* zu dem stummen Universum, das er ablöste. Mit der Fähigkeit, Befehle zu erteilen, ist allerdings auch eine Einschränkung verbunden: Wer spricht, kann auch hören und zuhören ... Gott hört, was die Menschen denken und wollen, und er kann auch herausfinden, ob seine Gebote befolgt worden sind, damit die Widersetzlichen bestraft werden können. Gott ist es, im Unterschied zum starren und stummen Universum, *nicht gleichgültig*, was die schwachen Menschlein denken und tun. Doch *ebenso* wie das Universum, das er ablöste, ist er durch das, was die Menschen denken und tun, *nicht gebunden*. Er kann *Ausnahmen machen* – und die Logik der Folgerichtigkeit oder Universalität unterliegt ebenfalls diesem göttlichen Vorrecht. Die Macht, Ausnahmen zu machen, begründet zugleich Gottes absolute Macht und die fortdauernde, unheilbare Furcht der Menschen. Wegen dieser göttlichen Macht zur Ausnahme bleiben die Menschen (wie in der Zeit vor den Geboten) verwundbar und unsicher.

Wenn es das ist, was die Macht des Menschen ausmacht (und das ist es), und wenn dies die Methode ist, mit der die Macht die vorhandene Disziplin ausbeutet, auf die sie sich stützt (und dem ist so), dann ist die *Produktion* »offizieller Furcht« der Schlüssel zur effektiven Ausübung von Macht. Kosmische Furcht mag ohne menschliche Vermittler auskommen; offizielle Furcht, wie alle anderen Artefakte, kann dies nicht. Offizielle Furcht kann nur *erdacht* werden. Irdische Mächte kommen den Menschen, die bereits von Furcht erfaßt sind, nicht zu Hilfe – obwohl sie alles mögliche (und mehr) versuchen, um ihre Untertanen davon zu überzeugen, daß dies tatsächlich der Fall ist. Irdische Mächte müssen sich – ganz wie die neuen Waren in einer Konsumgesellschaft – ihren eigenen Bedarf schaffen. Ihre Objekte müssen verletzbar und unsicher *gemacht* und in diesem Zustand auch *gehalten werden*, damit ihr Zugriff auch weiterhin fest bleibt.

Und so geschieht es. Siegfried Kracauer stellte einen Bezug zwischen der menschlichen Gesellschaft und Franz Kafkas Allegorie eines unterirdischen Schutzraumes her, an dessen Ausbau ein ungenanntes, sicherheitsbesessenes Tier, »das ein Maulwurf oder ein Hamster sein mag« (Kracauer), ein Leben lang arbeitet. Es gräbt immerfort, verbessert die Anlage ständig, und vertieft dabei doch nur den Schrecken, der ihn zur Arbeit antreibt.[13] Kracauer schreibt:

---

13 Vgl. Franz Kafkas Erzählung *Der Bau*.

»In der Tat, finster ist der Bau, den eine Generation nach der anderen errichtet. Finster aber darum, weil er eine Sicherheit gewährleisten soll, die für Menschen nicht zu erlangen ist. Je systematischer sie ihn anlegen, desto weniger können sie in ihm atmen, je lückenloser sie ihn aufzuführen streben, desto unvermeidlicher wird er zum Kerker. [...] Da diese Angst auch jene Unsicherheiten ausschalten will, die mit dem kreatürlichen Dasein selber gegeben sind, ist der Bau ein Werk der Verblendung.«[14]

Die Schlußfolgerung lautet: »Die Maßnahmen der Existenzangst gefährden die Existenz.« Ganz wie das rätselhafte Tier, dessen Psyche Kafka so detailliert beschreibt, verwenden die irdischen Mächte, die von den »Unsicherheiten des kreatürlichen Daseins« leben, sehr viel Mühe darauf, Bedrohungen zu erzeugen, gegen die sie später dann Schutz versprechen - und je erfolgreicher sie bei ihrer kreativen Tätigkeit sind, desto größer und intensiver fällt das Schutzbedürfnis aus.

Wenn alle zu jeder Zeit verwundbar und zudem unsicher sind, was der nächste Morgen bringen mag, dann werden Überleben und Sicherheit - nicht eine plötzliche Katastrophe - scheinbar zur Ausnahme, ja zu einem Wunder, das den Verstand eines gewöhnlichen Menschen übersteigt und übermenschliche Weitsicht, Weisheit und Tatkraft verlangt. Das *Vermeiden* der willkürlich ausgeteilten Schläge erscheint jetzt als Ausnahme, als außergewöhnliche Gabe, Demonstration der Gnade, als Nachweis von Klugheit und Wirksamkeit von Notmaßnahmen, erhöhter Wachsamkeit, außergewöhnlicher Anstrengungen und äußerst kluger Sicherheitsvorkehrungen.

Die menschliche Verwundbarkeit und Ungewißheit sind der wichtigste Daseinsgrund aller politischen Macht; und alle politische Macht muß darauf achten, die eigene Glaubwürdigkeit regelmäßig zu erneuern.

Verwundbarkeit und Unsicherheit der eigenen Existenz und die Notwendigkeit, Lebensziele unter den Bedingungen akuter und nicht aufhebbarer Ungewißheit zu verfolgen, werden in ei-

---

14 Siegfried Kracauer, *Franz Kafka. Zu seinen nachgelassenen Schriften*, S. 256f.

ner durchschnittlichen modernen Gesellschaft dadurch verstärkt, daß alle Lebensäußerungen den Kräften des Marktes ausgesetzt sind. Politische Macht muß sich nicht weiter einmischen, um eine ausreichende Menge und permanenten Nachschub von »offizieller Furcht« sicherzustellen, es genügen die Einrichtung, die Überwachung und der Schutz des rechtlichen Rahmens für einen freien Markt. Von den Untertanen verlangt sie Disziplin und Rechtstreue und bezieht dafür ihre Legitimität aus dem Versprechen, das Ausmaß der bereits vorhandenen Verwundbarkeit und Unsicherheit der Bürger zu mildern: Schäden und Verluste zu begrenzen, die vom freien Spiel der Marktkräfte verursacht werden, die Verwundbaren vor äußerst schmerzhaften Schlägen zu schützen und die Unsicheren gegen die Risiken zu versichern, die der freie Wettbewerb unweigerlich mit sich bringt. Eine solche Legitimation fand ihren bestmöglichen Ausdruck in der Selbstdefinition der modernen Regierungsform als »Wohlfahrtsstaat«.

Zur Idee eines »Wohlfahrtsstaates« (oder, präziser, »des Sozialstaates«,[15] wie Robert Castel vorschlägt – eines Staates, der entschlossen ist, gesellschaftlich produzierte Gefahren für die individuelle und kollektive Existenz zurückzudrängen und auszuschalten) gehörte die Absicht, individuelle Risiken zu »vergesellschaftlichen« und ihre Verminderung dem Verantwortungs- und Aufgabenbereich des Staates zuzuordnen. Die Unterordnung unter die Staatsmacht sollte legitimiert werden durch deren Zuständigkeit für eine Politik der Versicherung gegen individuelles Mißgeschick und Unglück.

Diese Formel politischer Macht gehört allmählich der Vergangenheit an. Institutionen des »Wohlfahrtsstaates« werden nach und nach abgebaut und ihrer Funktionen beraubt; gleichzeitig werden Einschränkungen aufgehoben, die der Geschäftstätigkeit und dem freien Spiel der Wettbewerbskräfte des Marktes früher auferlegt wurden. Die Schutzfunktionen des Staates werden auf eine kleine Minderheit von nicht Beschäftigungsfähigen

---

15 Robert Castel, *Die Metamorphosen der sozialen Frage.*

und Invaliden zurückgefahren. Doch selbst diese Minderheit wird allmählich umdefiniert und aus dem Bereich Sozialfürsorge in den Bereich Gesetz und Ordnung verschoben: Die Unfähigkeit, sich am Spiel des Marktes zu beteiligen, wird zunehmend kriminalisiert. Der Staat entledigt sich der Verwundbarkeit und Ungewißheit, die sich aus der Logik (oder Unlogik) des freien Marktes ergeben und inzwischen zur Privatsache umdefiniert werden, das heißt als eine Angelegenheit, welche die Einzelnen mit den ihnen privat zur Verfügung stehenden Ressourcen angehen und bewältigen müssen. Ulrich Beck faßte dies zusammen: »Lebensführung wird unter diesen Bedingungen zur biographischen Auflösung von Systemwidersprüchen.«[16]

Diese neuen Trends haben einen Nebeneffekt: Sie untergraben die Fundamente, auf denen die Macht des Staates - der eine Schlüsselrolle im Kampf gegen die Verwundbarkeit und Ungewißheit beanspruchte, die seine Untertanen peinigte - in modernen Zeiten zunehmend ruhte. Die weithin festgestellte Zunahme politischer Gleichgültigkeit, das Nachlassen politischen Interesses und Engagements (»Keine Erlösung mehr durch die Gesellschaft«, lautete Peter Druckers berühmtes Wort), eine zunehmende Mißachtung der Gesetze, sich vervielfachende Anzeichen zivilen (und gar nicht so zivilen) Ungehorsams und schließlich ein massiver Rückzug der Bevölkerung aus der Teilnahme an institutionalisierter Politik zeugen vom Zerbröckeln der bewährten Fundamente der Staatsmacht.

Der heutige Staat hat mittlerweile seine früheren programmatischen Eingriffe in die vom Markt geschaffene Unsicherheit aufgegeben oder sehr stark eingeschränkt, er hat die Fortdauer und Intensivierung der bestehenden Unsicherheit verkündet. Doch sein wichtigster Zweck und die Pflicht aller politischen Macht ist das Wohlergehen seiner Untertanen, weshalb er sich jetzt nach anderen, nicht von der Ökonomie bestimmten Varianten der Verwundbarkeit und Ungewißheit umsehen muß, auf die er seine

16 Ulrich Beck, *Risikogesellschaft*, S. 219.

Legitimation gründen kann. Diese Alternative scheint vor kurzem ausgemacht worden zu sein (und die US-Regierung hat sie vielleicht am spektakulärsten praktiziert, jedoch wohl eher als strukturelle Einübung und Demonstration von »Führerschaft« denn als Ausnahme), und zwar mit dem Thema der *persönlichen Sicherheit*: Bedrohungen und Ängste, die sich mit der körperlichen Unversehrtheit verbinden, mit Besitztümern und dem eigenen Wohnumfeld, Ängste, die durch kriminelle Aktivitäten ausgelöst werden, durch das antisoziale Verhalten der »Unterschicht« und, in jüngster Zeit, durch den weltweiten Terrorismus.

Während die Unsicherheit, die der Markt hervorbringt, allzu offensichtlich ist, um Trost aufkommen zu lassen, muß jene andere Unsicherheit, mit der der Staat die Hoffnung auf Wiederherstellung des verlorenen Monopols auf Erlösung verbindet, künstlich aufgebauscht, zumindest jedoch außerordentlich dramatisiert werden. Auf diese Weise soll ein Maß an »offizieller Furcht« erzeugt werden, das groß genug ist, um die Sorgen über die vom wirtschaftlichen Geschehen erzeugte Unsicherheit, gegen die die Regierung nichts unternehmen kann (und will), zu überlagern oder als nachrangig erscheinen zu lassen. Im Unterschied zu den vom Markt erzeugten Bedrohungen für den Lebensunterhalt und das Wohlergehen muß das Ausmaß der Gefahren für die persönliche Sicherheit intensiv beschworen und in den düstersten Farben geschildert werden, damit das letztliche Ausbleiben solcher Gefahren als außerordentliches Ereignis gepriesen werden kann, als Ergebnis der Wachsamkeit, Fürsorge und des guten Willens der Staatsorgane.

Während ich dies schreibe, erhöhen erfahrene Washingtoner Regierungsstellen immer wieder die offizielle Alarmstufe und warnen mit dumpfer Regelmäßigkeit davor, daß »ein weiterer Angriff in der Größenordnung des 11. September« bevorstehe, obwohl niemand sagen kann, wann, wo und wie er erfolgen wird. Den Amerikanern wird empfohlen, festes Klebeband, Plastikplanen und Wasservorräte für drei Tage zu kaufen und vorrätig zu halten sowie ein batteriebetriebenes Radio anzuschaffen.

Der Ansturm auf die Geschäfte hat bereits stattgefunden, und die Speisekammern und Gartenlauben sind vollgestopft mit Do-it-yourself-Schutzmaterial gegen den Fallout aus dem globalen Grenzgebiet.

Die von offizieller Seite angeregten und aufgebauschten Ängste spielen mit denselben menschlichen Schwächen, die auch Bachtins »kosmischer Furcht« zugrunde liegen. Prof. Robert Edelmann, der von Anna Moore, der *Observer*-Kolumnistin zu Gesundheitsfragen, als »beratender Psychologe, spezialisiert auf Angstzustände« vorgestellt wurde, zeigt auf, wie sich Kontrollverlust und Unwissenheit zu einer nervenaufreibenden Verunsicherung verbinden, die durch eine vom Staat initiierte und finanzierte Medienkampagne zu Risiken und Gefahren erzeugt wird.

Edelmann weist nach, wie die so erzeugte Angst und Unsicherheit zu weitverbreiteten Anfällen von »Streß, Schlaflosigkeit und Depression« führen, die »gemeinsam mit einer starken Zunahme des Alkohol- und Zigarettenkonsums« auftreten. »Wenn wir mit unserem Auto 160 Stundenkilometer fahren, glauben wir immer noch, daß wir alles im Griff haben, aber auf einen Terrorangriff kann man sich nicht vorbereiten.« Die gutunterrichteten Kreise, die Zugang zu allen Informationen haben, die das Volk nie erreichen (und zu allen Informationen, die vorliegen), gestehen laut und offen ein, daß sie keine Ahnung haben, wie viele Terroristen es gibt, wo diese sich befinden und was sie vorhaben, und sie erklären, es sei unmöglich, Zeit und Ort des nächsten Angriffs vorherzusagen. Edelmann faßt zusammen: Im Vergleich zu den Milliarden von Menschen, die offensichtlich von Terroranschlägen bedroht sind, »ist die Zahl derjenigen, die durch Terrortätigkeit ums Leben kommen, sehr gering. Wenn Regierung und Medien der Zahl an Toten, die der Straßenverkehr Tag für Tag fordert, ähnlich viel Aufmerksamkeit widmeten, würden wir vielleicht, vor Angst gelähmt, gar nicht mehr in unsere Autos steigen.«[17]

---

17 Vgl. Anna Moore, »Raising a False Alarm«, in: *The Observer Magazine*, 26. Januar 2003, S. 85f.

Doch CIA und FBI waren in den letzten Monaten vor allem damit beschäftigt, »die Menschen ängstlich und unsicher zu machen«: Sie warnten die Amerikaner vor unmittelbar bevorstehenden Anschlägen auf ihre Sicherheit, die höchstwahrscheinlich verübt würden, obwohl man unmöglich sagen könne, wo, wann und gegen wen. So wurden die Menschen in einen ständigen Alarmzustand versetzt und in steter Anspannung gehalten. Diese Anspannung muß sein – je größer sie ist, desto besser, so daß sich Erleichterung einstellt, wenn schließlich nichts passiert. Die Öffentlichkeit wird dann in großer Übereinstimmung das Eintreten dieser Erleichterung den Organen von Recht und Ordnung zuschreiben – auf diese Funktion werden die staatlichen Behörden und ihre offiziellen Zuständigkeiten mehr und mehr reduziert.

Der *Guardian* gab seiner jüngsten, am 24. Januar 2003 veröffentlichten Studie über die meistgelesenen britischen Tageszeitungen folgende Überschrift: »Press whips up asylum hysteria. Editors dub Britain a gangsters' heaven as they make direct links between refugees and terrorists« (Die Presse schürt die Asyl-Hysterie. Die Redaktionen bezeichnen Großbritannien als Paradies für Gangster und stellen dabei unmittelbare Verbindungen zwischen Flüchtlingen und Terroristen her). Der britische Premierminister nutzt jeden öffentlichen Auftritt, um seine Zuhörer davor zu warnen, daß ein Terroranschlag auf Großbritannien sicher sei, selbst wenn Ort und Zeit völlig ungewiß blieben. Sein Innenminister vergleicht die britische Gesellschaft wegen des brodelnden und gärenden Asylbewerberproblems mit einer »Sprungfeder«, und die Boulevardpresse ist schnell bei der Hand und verschmilzt die beiden Warnungen zu einer Asyl-/Terroristen-Hysterie. Diese Haltung findet sich allerdings nicht nur in der Boulevardpresse. Stephen Castles schrieb: »Nach den Anschlägen des 11. September 2001 wurden Flüchtlinge als unheimliche, internationale Bedrohung nationaler Sicherheitsinteressen gebrandmarkt, obwohl unter den Terroristen des 11. September kein einziger Flüchtling oder Asylbewerber war.«[18]

Gäbe es einen Wettbewerb um die beste politische Mischformel für die aktuelle Variante offiziell geförderter Angst, ginge der erste Preis möglicherweise an die *Sun* – für einen Satz, der nicht nur außerordentlich eingängig ist, sondern auch keinerlei Spielraum für Vermutungen oder Phantasien läßt: »Wir stellen Terroristen eine offene Einladung aus und bieten ihnen unsere Sozialleistungen an.« Das ist wirklich ein Meisterstück. Dieser Satz verbindet die neuentstandene Angst vor Terroristen mit dem schon vorhandenen, tiefverwurzelten, doch ständig nach neuer Nahrung verlangenden Haß auf die »Schnorrer« und schlägt zwei Fliegen mit einer Klappe. Er liefert Munition für den fortdauernden Kreuzzug gegen die »Sozialschmarotzer« und gibt ihm eine neue, unwiderstehliche Waffe zur massenhaften Einschüchterung. Während sich der Staat nicht mehr um die wirtschaftliche Ungewißheit kümmert und es eher den Einzelnen überläßt, nach individuellen Lösungen für ihre persönliche existentielle Unsicherheit zu suchen, ist eine neue Art von amtlich angeregter und aufgebauschter kollektiver Flucht in den Dienst der griffigen politischen Formel getreten. Die Sorgen der Bürgerschaft um das persönliche Wohlergehen haben sich deshalb aus dem trügerischen Feld der vom Markt geförderten *precarité* (Unsicherheit) entfernt, auf dem sich die Regierung inzwischen nicht mehr betätigen kann und will, und auf ein sehr viel tele-/fotogeneres Gebiet verlagert. Dort kann sich die ehrfurchtgebietende Macht und eiserne Entschlossenheit der Herrschenden sehr viel effektiver entfalten und zum Gegenstand öffentlicher Bewunderung werden.

Auch andere Boulevardblätter stiegen prompt auf dieses Thema ein und konkurrierten heftig um die Enthüllung der unheilvollen Verbindungen zwischen Asylbewerbern und der terroristischen Verschwörung (der *Daily Express* druckte zwanzig frühere Titelseiten mit der triumphierenden Schlußfolgerung ab: »Wir haben es

---

18 Vgl. Stephen Castles, »Towards a Sociology of Forced Migration and Social Transformation«.

euch gesagt!«). So schufen diese Blätter immer neue Variationen des Chormotivs und rangen um die schrillsten und höchsten Töne (die *Daily Mail* behauptete, daß »Hitler Asyl bekommen hätte, wenn er 1944 in Großbritannien aufgetaucht wäre«). Steven Morris, Autor der *Guardian*-Studie, stellte fest, daß *News of the World* »eine Kolumne von David Blunkett, in der er vor den Mythen warnte, die über Flüchtlinge und Terrorismus kursierten, einem Bericht über Asylbewerber gegenüber plazierte, die in der Nähe des Ortes wohnen, an dem Detective Constable Oake starb«. (Der Kriminalbeamte Stephen Oake wurde getötet, als er einen verdächtigen Immigranten festnehmen wollte.) Hier wurde tatsächlich ganze Arbeit geleistet. Fazil Kawani, der Pressechef des Refugee Council, faßte die Botschaft der Presseberichterstattung wie folgt zusammen: »Diese Berichte vermitteln den Eindruck, daß alle Asylbewerber Terroristen und Kriminelle sind.« Die *Sun* rührte in ihrem Leitartikel vom 27. Januar 2003 eine bizarre Mixtur von Klischees zusammen, die eigentlich miteinander unvereinbaren Wertesystemen entstammen: »Dieses Meer der Menschheit ist durch Terrorismus und Krankheiten verschmutzt und gefährdet unsere gesamte Lebensweise. [...] *Es reicht jetzt*, muß Blair sagen, und er muß das Human Rights Law *jetzt* zurücknehmen und *jetzt* alle illegalen Einwanderer so lange einsperren, bis sie überprüft werden können.« Der ehrenwerte und angesehene *Guardian* wurde angesichts der Auflagenrekorde, die sich mit solchen Alarmrufen erzielen ließen, möglicherweise neidisch – er verfiel in seiner Ausgabe vom 5. Februar 2003 dem Fleischervokabular und präsentierte in einer Titelschlagzeile einen »plan to slash asylum numbers«, einen Plan zur drastischen Senkung der Asylbewerberzahlen – to slash, das heißt auch »aufschlitzen« oder »zerfetzen« ... Riechen Sie Blut?

Philippe Robert fand im Rahmen seiner umfassenden Studie zur Genealogie moderner Ängste heraus, daß seit den frühen Jahren des 20. Jahrhunderts (das bedeutet zugleich: seit den frühen Jahren des Sozialstaates – was mehr als nur ein bloßer Zufall ist) die Ängste vor dem Verbrechen allmählich nachließen. Dieser Trend hielt über einen längeren Zeitraum an, bis es dann Mitte der siebziger

Jahre zu einer plötzlichen, eruptiven Panikreaktion in der Frage der »persönlichen Sicherheit« kam, die sich in Frankreich auf das kriminelle Potential konzentrierte, das sich offensichtlich in den Vorortsiedlungen entwickelte, den *banlieues*, in denen vor allem Einwanderer lebten. Nach Roberts Ansicht ging dort eine »Zeitbombe« los: Mit dem langsamen, aber stetigen Abbau der Kollektivversicherung, die der Sozialstaat bot, und der raschen Deregulierung des Arbeitsmarktes hatten sich über einen längeren Zeitraum höchst brisante Sicherheitsprobleme angesammelt. Die Einwanderer gaben in ihrer neuen Rolle als »Gefahr für die allgemeine Sicherheit« einen passenden alternativen Brennpunkt für die Besorgnisse ab, die sich aus der plötzlichen Unsicherheit und Anfälligkeit sozialer Rangstufen entwickelten. So wurden sie zu einem vergleichsweise bequemen Ventil für die Entladung von Angst und Zorn, die solche Besorgnisse unweigerlich hervorbrachten.[19]

Nach Hans-Jörg Albrechts Einschätzung ist hier nur die Verbindung zwischen Einwanderung und öffentlicher Besorgnis über die Zunahme der Gewalt und die allgemeine Sicherheit wirklich neu; ansonsten hat sich seit den Anfängen des modernen Staates nicht viel geändert – die folkloristischen Darstellungen von Teufeln und Dämonen, die einst die diffusen Sicherheitsbedenken der Menschen »aufsaugten«, »sind zu Gefahren und Risiken umgestaltet worden«. Die Dämonisierung ist durch das Konzept und die Strategie der »allgemeinen Gefährdung« (dangerisation) ersetzt worden. Politische Herrschaft ist deshalb auch teilweise vom abweichenden Anderen und der Mobilisierung von Sicherheitsbedürfnissen abhängig geworden. Politische Macht, ihre Errichtung wie auch ihre Bewahrung, hängen heute von sorgfältig ausgewählten Wahlkampfthemen ab, wobei der Sicherheit (und dem Empfinden von Unsicherheit) herausragende Bedeutung zukommt.[20]

---

19 Laurent Mucchielli und Philippe Robert, *Crime et insécurité. L'état de savoirs.* Vgl. auch »Une généalogie de l'insécurité contemporaine. Entretien avec Philippe Robert«, in: *Esprit* (Dezember 2002), S. 35–58.

20 Vgl. Hans-Jörg Albrecht, »Immigration, Crime and Safety«.

Einwanderer, das soll hier festgehalten werden, erfüllen einen solchen Zweck besser als jede andere Kategorie echter oder vermeintlicher Schurken. Es besteht eine Art »Wahlverwandtschaft« zwischen den Einwanderern (dem menschlichen Abfall aus fernen Winkeln des Planeten, der in »unserem Hinterhof« abgeladen wurde) und den unerträglichsten unter unseren eigenen, hier bei uns entstandenen Ängsten. Wenn alle Rangfolgen und sozialen Statuszuweisungen unsicher werden und nicht mehr als verläßlich gelten, reibt der Anblick von Einwanderern Salz in die offene Wunde. Einwanderer, und ganz besonders die zuletzt Angekommenen unter ihnen, verströmen den schwachen Geruch der Müllhalde, der die potentiellen Opfer zunehmender Verwundbarkeit nachts auf vielerlei Art heimsucht. Die Einwanderer verkörpern – sichtbar, greifbar, körperlich faßbar – für diejenigen Menschen, die sie öffentlich herabsetzen und mit ihrem Haß verfolgen, die zwar unausgesprochene, aber dennoch schmerzhafte Vorahnung ihrer eigenen Entbehrlichkeit. Würden die Einwanderer nicht bereits an unsere Tür klopfen, so ist man versucht zu sagen, dann müßten sie erfunden werden ... Sie liefern den Regierungen ein ideales »abweichendes anderes«, ein äußerst willkommenes Ziel für »sorgfältig ausgewählte Wahlkampfthemen«.

Die Regierungen mußten einen großen Teil ihrer hoheitlichen Vorrechte und Handlungsmöglichkeiten an die Kräfte der Globalisierung abtreten, denen sie nicht widerstehen und die sie auch nicht kontrollieren können; sie haben keine andere Wahl, als sich »sorgfältig« diejenigen Ziele »auszuwählen«, deren sie (wahrnehmbar) Herr werden, auf die sie rhetorische Salven abfeuern und denen sie ihre Muskeln zeigen können, während ihnen die dankbaren Untertanen dabei zuhören und zusehen. Adam Crawford führt dazu aus:

»Die ›Sicherheit des Gemeinwesens‹ ist, sofern sie sich mit Themen der ›Lebensqualität‹ beschäftigt, von Sorgen über Sicherheit und ›ontologischer Unsicherheit‹ durchdrungen. Sie verlangt nach einer ›Lösung‹ für Probleme wie Kriminalität, Mangel an Bürgersinn und Unordnung, was dem (jeweiligen) Staat die Gelegenheit gibt, in einem gewissen Umfang seine Souveränität geltend zu machen. Sie bestätigt in symbolischer Form die Kontrolle über ein vorhandenes, sichtbares und greifbares Territorium. [...] Die gegenwärtige Konzentration der Regierung auf die Kleinkriminalität, Störungen der öffentlichen Ordnung und unsoziales Verhalten spiegelt eine Quelle der ›Angst‹, gegen die man, in einer ansonsten unsicheren Welt, etwas tun kann.«[21]

Und die (nationalen, im Zeitalter der Globalisierung auf das Lokale zurückgestuften) Regierungen unserer Zeit »suchen nach Handlungsfeldern, auf denen sie ihre Souveränität behaupten«[22] und öffentlich und in überzeugender Manier demonstrieren können, daß ihnen dies gelungen ist.

Solche Assoziationen herzustellen kann mörderisch sein, vor allem, wenn sie in stumfsinniger Monotonie und mit ohrenbetäubendem Getöse verbreitet werden. Aus den gleichen Gründen können sie zur passenden Zeit völlig einleuchtend wirken, ohne daß noch ein Nachweis verlangt wird. Wir erinnern uns mit Nachdruck an Humes Warnung: *Post hoc* (hier besser: *apud hoc*) *non est propter hoc*[23] – doch Hume wies auch darauf hin, daß die gegenteilige Annahme zu dieser Wahrheit ein weitverbreiteter und äußerst schwer aus der Welt zu schaffender Irrtum sei. Die Assoziation von Terroristen mit Asylbewerbern und »Wirtschaftsmigranten« erfüllte ihren Zweck, so übergeneralisiert, ungerechtfertigt, ja sogar bizarr sie auch ausgefallen sein mochte: Die Gestalt des »Asylbewerbers«, die einst mitmenschliche Gefühle und große Hilfsbereitschaft auslöste, wurde mit Schmutz überzogen und verunglimpft, während der bloße Begriff des »Asyls«, einst eine Angelegenheit des zivilen und zivilisierten Stolzes, zu einer schrecklichen Mischung aus schmählicher Naivität und krimineller Verantwortungslosigkeit umdefiniert wurde. Die »Wirtschaftsmigranten« ver-

---

21 Adam Crawford, »The Governance of Crime and Insecurity in an Anxious Age«, S. 32.

22 Leon Zedner, »The Pursuit of Security«, S. 201.

23 Dies bedeutet, in groben Zügen: Wenn A vor B kommt (oder mit B zusammenfällt), beweist dies noch nicht, daß A und B wie Ursache und Wirkung zusammenhängen.

schwanden aus den Schlagzeilen und machten dort den finsteren, Gift brauenden und Krankheiten einschleppenden »Asylbewerbern« Platz. Dem Image der ersteren nützte es auch nichts, daß sie, wie Jelle van Buuren aufzeigte,[24] all das verkörpern, was der vorherrschenden neoliberalen Gesinnung heilig ist und von dieser als Leitlinie gepriesen wird, die unser aller Verhalten bestimmen sollte (dazu gehören: »Streben nach Fortschritt und Wohlstand, Verantwortung des Einzelnen, Risikobereitschaft usw.«). Das Treib- und Strandgut der planetaren Ströme menschlichen Abfalls konnte trotz aller Mühen die summarische Anklage, einer terroristischen Verschwörung anzugehören, nicht mehr abschütteln, die sich nun einmal mit »Leuten wie ihnen« verband, denn die Anklage wegen »Schnorrens« und Festhaltens an bösartigen und verrufenen Gewohnheiten und Überzeugungen bestand bereits. Dies ist, wie oben angedeutet, die neue Funktion der überflüssigen Existenzen und besonders derjenigen unter ihnen, die es bis an die Wohlstandsgestade geschafft haben.

Eifrige Fernsehzuschauer und Zeitungsleser mögen bemerkt haben, daß die »Wirtschaftsmigranten« praktisch aus der öffentlichen Diskussion verschwunden sind, während Asylbewerber zusammen mit Terroristen inzwischen einen großen Teil der Schlagzeilen und Aufmacher auf den Titelseiten beanspruchen. Bei all der Aufregung, die diese neue, in der Hölle geschlossene Verbindung der beiden letztgenannten Gruppen umgibt, blieb das Verschwinden der ersteren im großen und ganzen unbemerkt. Eine Erklärung dafür ist, daß sich zwar das Rufsignal geändert hat, nicht aber die dadurch ausgelösten Gefühle und Einstellungen. Die Vorstellungen, die sich mit »Wirtschaftsmigranten« und »Asylbewerbern« verbinden, stehen jeweils für »nutzlose Menschen«. Es spielt keine Rolle, welche der beiden Gestalten benutzt wird, um Ablehnung und Zorn zu wecken, das Objekt der Ablehnung und das Ziel, gegen den sich der Zorn richtet, sind im wesentlichen identisch. Auch der Zweck der Übung bleibt unverändert: die vermoderten und zerfal-

---

24 Jelle van Buuren, »Die Europäische Union und ihr Cordon sanitaire«.

lenden Mauern, die den geheiligten Unterschied zwischen dem »Drinnen« und dem »Draußen« schützen, sollen verstärkt (gerettet? neu aufgerichtet?) werden, und dies in einer sich globalisierenden Welt, die ihnen wenig bis keinen Respekt erweist und sie routiniert mißachtet.

Der einzige Unterschied zwischen beiden Arten »nutzloser Menschen« ist der: Asylbewerber sind tendenziell das Produkt sukzessiv ablaufender Phasen Ordnung planenden und Ordnung schaffenden Eifers, Wirtschaftsmigranten dagegen ein Nebeneffekt ökonomischer Modernisierung, die, wie bereits erläutert, den ganzen Globus inzwischen vollständig erfaßt hat. Der Ursprung beider Arten »menschlichen Abfalls« ist gegenwärtig globaler Natur, doch es gibt keine global tätigen Institutionen, die willens und in der Lage wären, das Problem wirksam an der Wurzel zu bekämpfen – die geradezu wütende Suche nach lokal umsetzbaren Antworten auf das globale Abfallentsorgungs- und/oder Recycling-Problem kann deshalb kaum überraschen.

Menschlicher Abfall kann noch eine weitere nützliche Funktion haben, damit sich in dieser Welt nichts ändern muß.

Flüchtlinge, Heimatlose, Asylbewerber, Migranten, alle Menschen *ohne Papiere* – sie sind der Abfall der Globalisierung. Doch in unserer heutigen Zeit sind sie nicht der einzige Abfall, der in immer größeren Mengen anfällt. Es gibt auch noch den »traditionellen« industriellen Abfall, der von Anfang an zur modernen Produktionsweise gehörte. Seine Entsorgung ist keineswegs einfacher als die Entsorgung des menschlichen Abfalls, und die Probleme werden immer größer – aus den gleichen Gründen wie auf der menschlichen Seite: sie begleiten den wirtschaftlichen Fortschritt, der sich bis in die letzten Ecken und Winkel dieses »vollen« Planeten ausbreitet und dabei alle verbliebenen alternativen Lebensformen jenseits der Konsumgesellschaft niedertrampelt.

Konsumenten in einer Konsumgesellschaft – wie die Bewohner von Italo Calvinos Leonia – brauchen Müllmänner, viele Müllmänner, und zwar solche, die sich nicht scheuen, das in die Hand zu nehmen und abzuarbeiten, was bereits für den Abfallhaufen bestimmt ist. Doch die Konsumenten sind nicht gewillt, die Arbeit der Müllmänner selbst zu übernehmen. Schließlich sind sie dazu erzogen worden, die Dinge zu genießen, und nicht dazu, an ihnen zu leiden. Man hat sie dazu angehalten, jede Art von Langeweile, Plackerei und ödem Zeitvertreib zurückzuweisen. Man hat sie darauf gedrillt, Gerätschaften zu benutzen, die das für sie erledigen, was sie früher selbst erledigten. Sie sind auf eine Welt eingestellt, in der alles gebrauchsfertig ist, auf eine Welt der sofortigen Bedürfnisbefriedigung. Das sind die Freuden, um die sich ein Konsumentenleben dreht. Das ist das Wesen des Konsumismus – und dazu gehören ganz gewiß keine Tätigkeiten in schmutzigen, scheußlichen, ermüdenden oder schlicht langweiligen Jobs, die »keinen Spaß« machen. Mit jedem neuen Triumph des Konsumismus wächst auch der Bedarf an Müllmännern, und die Zahl der Menschen, die in diesen Berufszweig einsteigen wollen, nimmt ab.

Menschen, deren herkömmliche Art, den eigenen Lebensunterhalt zu verdienen, zwangsweise entwertet und auf die Streichliste gesetzt, Menschen, die selbst schon dem Abfall zugeordnet wurden, können nicht wählerisch sein. In ihren Träumen mögen sie sich selbst ein Leben als Konsumenten ausmalen, doch ihr Alltag wird von der Sorge um das physische Überleben bestimmt, nicht vom Schwelgen im Konsum. Die Bühne ist bereitet für die Begegnung der abgewiesenen Menschen mit den Hinterlassenschaften des Konsumrausches. Tatsächlich scheinen beide Seiten wie füreinander bestimmt ... Hinter dem farbenfrohen Vorhang des freien Wettbewerbs und gleichberechtigten Handels wartet der *homo hierarchicus*. In der Kastengesellschaft konnten (und mußten) nur die Unberührbaren unberührbare Dinge in die Hand nehmen. In der Welt globaler Freiheit und Gleichheit sind Länder und ihre Menschen einer Kastenhierarchie zugeordnet.

Rachel Shabi zitiert den Umweltaktivisten Jim Puckett: »Giftmüll wird immer bergab transportiert, auf einem wirtschaftlichen Weg des geringsten Widerstands.« In Guiyu, einem chinesischen Dorf, das zu einer Müllhalde für Elektronikschrott umfunktioniert wurde, wird dieser Abfall aus dem Westen »recycelt«, so wie an zahllosen anderen Orten in Indien, Vietnam, Singapur oder Pakistan. Diese Orte werden alle von ehemaligen Bauern bewohnt, die im Zuge des wirtschaftlichen Fortschritts über Bord gegangen sind (oder geworfen wurden).

Plastikmüll wird entweder verbrannt, wobei große Haufen kontaminierter Asche entstehen, oder zusammen mit anderen Produktionsrückständen in Flüssen, Bewässerungskanälen oder auf Feldern abgeladen. Das ist eine primitive und gefährliche Arbeit. Der giftige Abfall kriecht unter die Haut und in die Lunge und sikkert ins Erdreich und ins Wasser. Der Bleianteil im Erdreich von Guiyu ist 200mal so hoch wie der als gesundheitsgefährdend definierte Grenzwert, und der Bleigehalt des Trinkwassers beträgt das 2400fache des von der Weltgesundheitsbehörde festgesetzten Grenzwerts.[25]

Großbritannien produziert derzeit über eine Million Tonnen Elektronikschrott pro Jahr, und man rechnet damit, daß sich diese Menge bis zum Jahr 2010 verdoppelt. Elektronische Gebrauchsgüter, die noch vor nicht allzu langer Zeit zu den wertvollsten und haltbarsten Besitztümern zählten, gehören heute zu den entbehrlichen Wegwerfwaren - und sie sollen rasch weggeworfen werden. Marketingfirmen beschleunigen ihren Verschleiß, »dabei erklären sie die Dinge unablässig für veraltet, oder sie erzeugen den Eindruck, daß man selbst, wenn man das Tempo nicht mitgeht, veralten wird« (für veraltet erklärt wird). David Walker, Geschäftsführer einer IT-Recyclingfirma, klagt: »Wenn man einen veralteten Pentium-II oder noch Langsameres anzubieten hat, wollen das nicht einmal mehr die Wohlfahrtsorganisationen haben.« Kein Wunder, daß der Bedarf an Menschen auf der untersten Stufe der sozialen Leiter steigt, auf deren Ebene sich auch die dahinkränkelnden nationalen oder die im Aufbau befindlichen globalen Hilfsorganisationen zumeist nicht begeben. Und man findet diese Menschen, dank der Kooperation der Fabriken, die sie als »Abfall« produzie-

---

25 Rachel Shabi, »The E-Waste Land«.

ren. In Guiyu leben 100000 dieser Menschen, Männer, Frauen und Kinder, die für einen Tageslohn von umgerechnet weniger als eineinhalb Euro arbeiten.

Diese Informationen sind den Seiten 36 und 39 des Hochglanz-Wochenendmagazins des *Guardian* entnommen. Zwischen diesen Seiten ist eine ganzseitige Anzeige für eine verführerisch moderne, blankpolierte Waschmaschine plaziert, mit der riesigen Bildlegende: »Wenn Ihnen jemand erzählt, daß es eine bessere Waschmaschine gibt, dann ist das gelogen.« Vielleicht. Doch wenn Ihnen jemand erzählt, die hier beworbene Maschine (die Sie laut Anzeigentext sogar an Ihr bevorzugtes Waschprogramm erinnert) solle immer noch Ihr bevorzugtes Gerät bleiben, wenn es längst eine neuere, weiter verbesserte Maschine zu bewerben gibt, dann ist das ebenfalls gelogen.

Nicht aller Industrie- und Haushaltsmüll kann an entlegene Orte transportiert werden, wo dann der menschliche Abfall für ein paar Cent den gefährlichen und schmutzigen Job der Müllentsorgung erledigen soll. Die unvermeidliche Begegnung zwischen materiellem und menschlichem Abfall kann auch näher an der Heimat arrangiert werden. Eine immer populärere Lösung ist nach Naomi Klein das »vielschichtig aufgebaute regionale Bollwerk« (bei diesem Konzept übernahm die Europäische Union eine Vorreiterrolle, doch die Vereinigten Staaten zogen rasch nach).

»Ein Festungskontinent ist ein Bündnisblock von Ländern, die ihre Kräfte vereinigen, um anderen Ländern günstige Handelsbeziehungen abzutrotzen. Zugleich kontrollieren die Verbündeten ihre gemeinsame Außengrenze scharf, um die Menschen aus jenen Ländern fernzuhalten. Wenn ein Kontinent jedoch wirklich zur Festung werden will, muß er ein oder zwei arme Länder in seine Mauern aufnehmen, weil irgend jemand die Drecksarbeit übernehmen und die schweren Lasten tragen muß.«[26]

Die Festung Amerika umfaßt das North America Free-Trade Area (NAFTA). Um diese Freihandelszone zu schaffen, wurden Kanada

---

26 Naomi Klein, »Fortress Continents«, in: *The Guardian*, 16. Januar 2003, S. 23. Der Artikel erschien zuerst in *The Nation*.

und Mexiko in den US-Binnenmarkt aufgenommen. (Naomi Klein merkt hierzu an: »Nach dem Erdöl ist die Arbeitskraft der Einwanderer der Treibstoff des Wirtschaftslebens im Südwesten« der USA.) Das Freihandelsabkommen wurde im Juli 2001 durch den »Plan Sur« ergänzt, demzufolge die mexikanische Regierung die Verantwortung für die intensive polizeiliche Bewachung der Südgrenze übernimmt; auf diese Weise soll die Flut des verarmten menschlichen Abfalls, die aus den Ländern Lateinamerikas in die USA drängt, gestoppt werden. Die mexikanische Polizei stellte seitdem Hunderttausende von Migranten, nahm sie in Haft und schob sie ab, bevor sie die US-Grenze erreichten. Und was die Festung Europa betrifft: »Polen, Bulgarien, Ungarn und die Tschechische Republik sind die postmodernen Leibeigenen. Dort stehen die Niedriglohn-Fabriken, in denen Kleidung, Elektroartikel und Automobile für 20 bis 25 Prozent der Produktionskosten in Westeuropa hergestellt werden.« Innerhalb der Festungskontinente ist »eine neue soziale Hierarchie« entstanden, im Bestreben, ein Gleichgewicht zwischen zwei kraß einander widersprechenden, doch gleich wichtigen Zielen zu finden: Es geht um absolut dichte Grenzen bei gleichzeitigem Zugang zu billigen, anspruchslosen und willigen Arbeitskräften, die alles annehmen und tun, was ihnen angeboten wird; oder um Freihandel bei gleichzeitigem Nachgeben gegenüber Anti-Einwanderer-Stimmungen. »Wie bleibt man offen fürs Geschäft und zugleich geschlossen für die Menschen?« fragt Klein. Und antwortet: »Das ist leicht. Zuerst erweitert man die Peripherie. Dann macht man dicht.«

3
Jeder Abfall an seinen Platz oder: Der Abfall der Globalisierung

Den Opfern des globalen Siegeszuges des wirtschaftlichen Fortschritts kommen nach dem aktuellen Diskussionsstand verschiedene Funktionen zu. Diese Menschen umwandern den Globus auf der Suche nach einem Auskommen und versuchen sich dort niederzulassen, wo sie ein solches Auskommen finden. So bieten sie ein leichtes Ziel für das Abreagieren von Ängsten, die von der weitverbreiteten Furcht genährt werden, an den Rand der Gesellschaft gedrängt zu werden; in dieser Dynamik müssen sie wider Willen den Regierungen dazu dienen, deren angeschlagene und schwächelnde Autorität zu stärken. Es sind, wenn auch nur knapp und andeutungsweise, noch andere Dienste benannt worden, für die sie in die Pflicht genommen wurden. Dabei wurde darauf hingewiesen, daß solche »latenten Funktionen« (so könnte sie Robert Merton kennzeichnen) eine wirksame Lösung des »Migrantenproblems« nahezu unmöglich machen.

François de Bernard untersuchte eine weitere Funktion. Eine äußerst spektakuläre und potentiell bedrohliche Konsequenz der bisher unkontrolliert und ungezügelt verlaufenden erratischen Globalisierungsprozesse ist seiner Ansicht nach die fortschreitende »Kriminalisierung des Globus und die Globalisierung des Verbrechens«.[1] Ein beträchtlicher Teil der Milliarden Dollar, Pfund und Euro, die täglich die Besitzer wechseln, stammt aus kriminellen Kreisen und ist für solche bestimmt. »Noch nie zuvor waren die Mafia-Organisationen so zahlreich, mächtig, gut bewaffnet und wohlhabend.« Die meisten politischen Mächte unserer Zeit sind weder gewillt noch imstande, sich auf einen Kampf gegen kriminelle Kräfte einzulassen, die allzu häufig über Ressourcen verfü-

---

1 Vgl. François de Bernard, *La pauvreté durable*, S. 37ff.

gen, denen keine der Regierungen, sei es allein oder im Bündnis mit anderen, etwas Adäquates entgegenzusetzen hat. Nach de Bernards Ansicht ist dies einer der Gründe dafür, warum Regierungen lieber populäre Feindseligkeiten gegen die Kleinkriminalität mobilisieren, als sich in Kämpfe verwickeln zu lassen, die sich vermutlich endlos hinziehen und mit Sicherheit enorme Ressourcen binden würden, obwohl sie eigentlich nur verlorengehen können. Es ist viel opportuner und zweckmäßiger, den Staatsfeind Nummer eins unter den unglücklichen Bewohnern der *banlieues* und der Asylbewerberlager auszumachen. Vor allem aber bringt es weniger Ärger mit sich. Einwandererviertel, in denen es von potentiellen Taschendieben und Straßenräubern nur so wimmelt, lassen sich viel effektiver und kostengünstiger als Schlachtfeld im großen Krieg um Recht und Ordnung verwenden, den die Regierungen mit großem Einsatz und noch mehr Publicity führen, wobei sie keine Vorbehalte gegen das »Subsidiaritätsprinzip« haben und Unteraufträge an private Sicherheitsfirmen und Bürgerinitiativen vergeben.

Es ist außerordentlich schwer, vielleicht sogar unmöglich, die genaue Ausbreitung und gesellschaftliche Reichweite der Mafia-Organisationen sowie den präzisen Umfang verbrecherischer Geschäfte zu bestimmen. Der Grund ist einfach genug: Die Heimtücke und Präzision der Überwachungsgeräte, die ein »Big Brother« installieren könnte, sind zwar seit Orwells Zeiten stark verbessert worden, doch kein »Big Brother« beobachtet das globale Operationsgebiet, in dem die Mafia-Gruppen tätig sind und sich bei Bedarf auch jederzeit verbergen können. Dieser Raum ist nach den Standards für Territorialität, die bei der Zuordnung und Beanspruchung politischer Souveränität nach wie vor durchgesetzt und beachtet werden, in hohem Maße extraterritorial und im Grunde ein »politikfreies Gebiet«. Richard Rorty beschrieb 1996 das aus seiner Sicht »wichtigste Faktum der Globalisierung« so:

»Die wirtschaftliche Situation der Bürger eines Nationalstaats steht nicht mehr unter der Kontrolle staatlicher Gesetze. [...] Die Gesetze Brasiliens oder der USA können niemals vorschreiben, daß Geld, das im jeweiligen Land verdient wurde, dort auch wieder ausgegeben wird, oder daß Geld, das in diesem Land gespart wurde, dort investiert wird. [...] Wir haben jetzt eine globale Herrscherschicht, die alle bedeutenden wirtschaftlichen Entscheidungen trifft, und zwar völlig unabhängig von nationaler Gesetzgebung und *a fortiori* vom Willen der Wählerschaft jedes beliebigen Landes. [...] Das Fehlen einer weltumspannenden Politik hat zur Folge, daß die Superreichen handeln können, ohne dabei an irgend etwas anderes als die eigenen Interessen denken zu müssen.«[2]

Wenn dies nun das »zentrale Faktum der Globalisierung« ist, dann ist das wahre Thema, um das es hier geht, weniger die »Globalisierung des Verbrechens«, wie de Bernard nahelegt, es ist vielmehr die Aufhebung der Unterscheidung zwischen »legal« und »illegal«, für die nur ein dauerhaft bestehendes und durchsetzbares Recht sorgen kann. Es gibt kein globales Recht, gegen das man verstoßen könnte. Es gibt kein gültiges globales Recht, das eine Unterscheidung krimineller Aktivitäten im Stile der Mafia von »normaler Geschäftstätigkeit« gestatten würde. Und es gibt kein irgendwie geartetes globales Politikkonzept, das dafür geeignet wäre, die Einführung global bindender Spielregeln auch nur zu postulieren, und schon gar keines, das auch noch den Versuch unternehmen würde, solche Regeln wirklich durchzusetzen. Im globalen Raum werden Regeln im Verlauf des Handelns aufgestellt und auch wieder aufgegeben, und es sind die Stärkeren, Geschickteren, Schnelleren, die Findigeren und von weniger Skrupeln Geplagten, die sie durchsetzen oder scheitern lassen. Im globalen »Raum der Ströme« (ein Begriff von Manuel Castells) kann der Begriff des Gesetzes im Anschluß an Jacques Derridas Verfügung nur *sous rupture* verwendet werden. Hauke Brunkhorst führt unter Verweis auf Teubner und Böckenförde[3] aus, daß sich jenes merkwürdige »Weltrecht« von dem Recht unterscheidet, an das wir uns in der Praxis der modernen Nationalstaaten gewöhnt haben: »Es ist ein politikfernes

---

2 Richard Rorty, »Globalization, the Politics of Identity and Social Hope«, S. 229-239.

3 Gunther Teubner, *Des Königs viele Leiber*; Ernst-Wolfgang Böckenförde, *Staat, Verfassung, Demokratie*.

Recht ohne Verfassung und ohne Demokratie, ohne Hierarchie von unten, ohne eine ›ununterbrochene demokratische Legitimationskette‹«. Es ist eine »Herrschaft ohne Herrscher«. Was immer auch als »Weltrecht« durchgehen mag, »[ist] nicht verläßlich einklagbar und nur in den seltensten Fällen ist es erwzingbar«.[4] Und auf eine dem alten römischen Zivilrecht vergleichbare Art ist die Durchsetzung des internationalen Rechts dem Willen derjenigen überlassen, die die *Macht* haben, es durchzusetzen.«

Alle anderen – die weniger wichtigen Partner und die untergeordneten Spieler – haben keine andere Wahl, als sich bei den Mächtigen einzuschmeicheln. Im günstigsten Fall besteht das globale »Rechtssystem« aus Patronage und Klientelwirtschaft und präsentiert sich gegenwärtig (in der Praxis, wenn auch nicht in der Theorie) als Flickenteppich aus Privilegien und Versagungen. Es sind die mächtigsten Spieler, die das Recht vergeben, unter dem Schutz des Gesetzes zu stehen; das tun sie sparsam und behalten dabei stets die Wahrung des eigenen Monopols im Auge. Das Problem besteht nicht darin, daß globale Mafia-Organisationen die Lücken der von Nationalstaaten überwachten und unterhaltenen Rechtssysteme nutzen; es geht eher um Folgendes: Alles Handeln im globalen Raum folgt (planvoll oder ganz von allein) den Mustern, die früher mit Mafia-Gruppen oder mit Rechtsbruch im Stil der Mafia assoziiert wurden, weil es in diesem Raum keinen wirksamen Rechtsrahmen mehr gibt und alles nur vom jeweils aktuellen Machtgefälle abhängt.

Daher rührt die Angst, die von der schmerzlichen Erfahrung verstärkt wird, daß man schwach und hilflos ist: Wir sind nicht die einzigen, *niemand* hat das Geschehen im Griff, niemand weiß Bescheid. Man kann auch nicht vorhersagen, wann und aus welcher Richtung der nächste Schlag kommen wird, wie weit seine Wirkung reichen und wie viele Opfer die Katastrophe fordern wird. Ungewißheit und die Qualen, die von der Ungewißheit herrühren, sind die Hauptprobleme der Globalisierung. Die Staatsmacht kann

4 Hauke Brunkhorst, »Die Weltgesellschaft als Krise der Demokratie«, S. 901.

so gut wie nichts mehr zur Abmilderung dieses Zustandes beitragen, und die Ungewißheit kann sie schon gar nicht aufheben. Was den Regierungen noch bleibt, ist die Umorientierung auf Objekte, die in Reichweite liegen; man wendet sich von den Dingen ab, an denen man nichts ändern kann, und widmet sich vorzugsweise den Themen, bei denen man öffentlichkeitswirksam Handlungsfähigkeit und Macht beweisen kann. Flüchtlinge, Asylbewerber, Einwanderer – die Abfallprodukte der Globalisierung – eignen sich vorzüglich für diesen Zweck.

Ich habe diese Zusammenhänge bereits an anderer Stelle[5] referiert: Flüchtlinge und Einwanderer, die von »weit her« kommen, sich jedoch in der Nachbarschaft niederlassen wollen, eignen sich vorzüglich für die Rolle der Strohpuppe, die als Symbol für das Schreckgespenst der »globalen Marktkräfte« verbrannt wird, denn sie treffen auf Furcht und Ablehnung, weil sie ihre Arbeit tun, ohne sich mit denen zu beraten, auf die sich ihre Präsenz auswirken wird. Asylbewerber und »Wirtschaftsmigranten« sind im Grunde kollektive Ebenbilder (ein Alter ego? Mitläufer? Spiegelbilder? Karikaturen?) der neuen Machtelite in einer globalisierten Welt, die allgemein (und zu Recht) als wahrer Schurke des Stückes verdächtigt wird. Sie sind, ebenso wie diese Elite, nicht an einen bestimmten Ort gebunden, und sie sind unstet und unberechenbar. Und wie jene Elite verkörpern sie den unergründlichen »Raum der Ströme«, in dem sich die Wurzeln der heutigen Unsicherheit befinden, die die menschliche Gesellschaft prägt. Auf der Suche nach anderen, geeigneteren Ventilen reiben sich die Sorgen und Ängste an den verfügbaren Zielen und treten als allgemeine Ablehnung und Angst vor den »Fremden nebenan« wieder ans Tageslicht. Die allgemeine Ungewißheit läßt sich nicht in einer direkten Konfrontation mit der anderen Verkörperung von Extraterritorialität entschärfen oder zerstreuen: Die globale Elite bewegt sich außerhalb der Reichweite menschlicher Kontrolle. Sie ist viel zu mächtig, um sich in direkter Konfrontation herausfordern zu lassen, selbst

5 Vgl. Zygmunt Bauman, *Society under Siege*.

wenn ihr genauer Standort bekannt wäre (was nicht der Fall ist). Flüchtlinge sind dagegen ein klar erkennbares und unbewegtes Ziel für die unbewältigten Qualen.

Ich möchte hinzufügen, daß die »Etablierten« allen Grund haben, sich bedroht zu fühlen, wenn sie mit einem Zustrom von »Außenseitern« konfrontiert werden (um Norbert Elias' denkwürdige Begriffe zu zitieren), mit dem Abfall des weltweiten Triumphs der Moderne, aber auch mit einer neuen, sich weltweit entwickelnden Unordnung. Zusätzlich zur Verkörperung des »großen Unbekannten«, das alle »Fremden in unserer Mitte« darstellen, bringen diese besonderen Außenseiter, die Flüchtlinge, fernen Kriegslärm, den Gestank verbrannter Häuser und zerstörter Dörfer mit, der die Seßhaften unweigerlich daran erinnert, wie leicht der Kokon ihrer sicheren und vertrauten (sicheren, *weil* vertrauten) Gewohnheiten durchstoßen und zermalmt werden kann und wie trügerisch die Sicherheit sein muß, die ihre Seßhaftigkeit bietet. Der Flüchtling, so drückte es Bertolt Brecht 1941 in seinem Gedicht *Die Landschaft des Exils* aus, ist »ein Bote des Unglücks«.

Aus der historischen Distanz können wir erkennen, daß es in der modernen Geschichte eine echte Wasserscheide gab, nämlich die Dekade, die die »glorreichen dreißig Jahre« des Wiederaufbaus nach dem Zweiten Weltkrieg, die Jahre der Sozialpartnerschaft und des entwicklungspolitischen Optimismus, der mit der Auflösung des Kolonialsystems und dem Aufblühen »neuer Nationen« einherging, von der »schönen neuen Welt« der aufgelösten oder löchrigen Grenzen, der Informationsflut und ungezügelten Globalisierung trennte. Es war die Welt des Konsumrausches im wohlhabenden Norden und eines »sich intensivierenden Gefühls der Verzweiflung und des Ausgeschlossenseins in einem großen Teil der übrigen Welt«, das aus »dem spektakulären Reichtum auf der einen Seite und der bitteren Armut auf der anderen« entstand.[6] In jenem Jahrzehnt änderten sich die Rahmenbedingungen, unter denen sich Männer und Frauen den Herausforderungen des Lebens

6 Stewart Hall, »The New World Disorder«.

stellen müssen, ebenso unmerklich wie radikal; traditionelle Lebensweisheiten wurden entwertet, gefragt war jetzt eine gründliche Revision und Überprüfung der persönlichen Lebenspläne.

Wir haben den vollen Umfang dieser großen Umgestaltung noch nicht erfaßt. Das heißt nicht, daß es nicht versucht worden wäre: Mit Blick auf den kurzen Zeitraum, der uns von jenen Jahren erst trennt, scheint es ratsam, alle Ergebnisse und Einschätzungen als partiell und alle Synthesen als provisorisch zu bewerten. Im Laufe der Zeit geraten nach und nach weitere Schichten dieser sich neu herausbildenden Realitäten in den Blick, und jede einzelne verlangt eine tiefere und umfassendere Revision bisher gültiger Überzeugungen und Begriffssysteme als die vorherige, wenn wir sie überprüfen und ihre Bedeutung klären wollen. Wir sind noch nicht bis zur tiefsten Schicht vorgestoßen; doch selbst wenn wir dies geschafft hätten, könnten wir niemals mit Gewißheit sagen, daß es uns gelungen ist.

Ein schicksalhafter Aspekt des Umgestaltungsprozesses zeigte sich relativ früh, und er ist seitdem auch gründlich dokumentiert worden: der Übergang von einem »Sozialstaats«-Modell einer alle Menschen umfassenden, inklusiven Gemeinschaft zu einem »das Strafrecht betonenden«, »mit Strafe drohenden«, »das Verbrechen bekämpfenden« und zum Ausschluß neigenden Staat. David Garland zum Beispiel beobachtet, daß

> »es eine deutliche Schwerpunktverlagerung gegeben hat, weg von der Wohlfahrtspflege und hin zur Strafmodalität. [...] Der Strafmodus ist mittlerweile nicht nur auffälliger, sondern auch ausgeprägter, nachdrücklicher, sicherheitsbewußter. [...] Der Wohlfahrtsmodus ist nicht nur zunehmend verstummt, er wurde auch weiter eingeschränkt, orientierte sich zunehmend an Verstößen und wurde risikobewußter. [...] Die Zuwiderhandelnden [...] können inzwischen weniger damit rechnen, im öffentlichen Diskurs als sozial benachteiligte Bürger dargestellt zu werden, die der Unterstützung bedürfen. Stattdessen führt man sie als tadelnswerte, unwürdige und irgendwie gefährliche Individuen vor.«[7]

---

7 David Garland, *The Culture of Control*, S. 175.

Loïc Wacquant hält eine »Neubestimmung des staatlichen Aufgabenbereichs« fest; der Staat »zieht sich aus der ökonomischen Arena zurück und betont selber die Notwendigkeit, seine sozialpolitische Rolle zu reduzieren und zugleich den Repressionsapparat zu verstärken«.[8]

Ulf Hedetoft beschreibt den gleichen Aspekt des zwei oder drei Jahrzehnte zurückliegenden Umwandlungsprozesses aus einem anderen Blickwinkel (vielleicht auch einen anderen, doch diesem einen sehr nahestehenden Aspekt). Er hält fest, daß »die Grenzen zwischen Uns und Ihnen gegenwärtig rigider« als je zuvor gezogen werden. Mit Bezug auf Andreas und Snyder[9] hält Hedetoft fest, daß die Grenzen – die zudem ihrer vermeintlichen Form nach noch selektiver, aufgeblähter, unterschiedlicher und diffuser geworden sind – sich zu so etwas wie »asymmetrischen Membranen« entwickelt haben, die den Ausgang gestatten, aber »gegen den unerwünschten Eintritt von Elementen der anderen Seite« schützen.

> »Die Kontrollmaßnahmen an den äußeren Grenzen sind verschärft worden, aber, und das ist genauso wichtig, auch das Verfahren bei der Visumvergabe in den Auswanderungsländern im ›Süden‹ wird strenger gehandhabt.« Die Grenzen »haben sich ausdifferenziert, ebenso die Grenzkontrollen, die nicht mehr nur an den üblicherweise dafür vorgesehenen Orten stattfinden, […] sondern auch in Flughäfen, Botschaften und Konsulaten, in Zentren für Asylbewerber und im virtuellen Raum, letzteres in Form intensiverer Zusammenarbeit zwischen Polizei und Einwanderungsbehörden in den verschiedenen Ländern.«[10]

Als wolle er Hedetofts These umgehend bestätigen, empfing der britische Premierminister Tony Blair den Hohen Flüchtlingskommissar der Vereinten Nationen, Ruud Lubbers, um ihm die *heimatnahe* Einrichtung »sicherer Zufluchtsorte« für potentielle Asylbewerber vorzuschlagen, soll heißen: in sicherer Entfernung von Großbritannien und den anderen wohlhabenden Ländern, die

---

8 Loïc Wacquant, »Die Armen bekämpfen«, S. 1.

9 Vgl. Peter Andreas/Timothy Snyder, *The Wall Around the West.*

10 Ulf Hedetoft, *The Global Turn*, S. 151f.

bis vor kurzem die begehrtesten Zielorte waren. Im typischen Newspeak (Orwell) der auf die »Great Transformation« folgenden Ära beschrieb der damalige britische Innenminister David Blunkett das Thema des Blair/Lubbers-Treffens als »neue Herausforderung für moderne Industrieländer, die von den Menschen ausgehen, die das Asylsystem als einen Weg in den Westen benutzen« (genausogut könnte man mit solcher Sprachregelung auch von der Herausforderung für seßhafte Menschen reden, die von schiffbrüchigen Seeleuten ausgeht, die das Seenotsystem als einen Weg auf trockenes Land nutzen).

Die beiden hier angezeigten Trends sind vielleicht nur zwei verwandte Manifestationen derselben gesteigerten, geradezu besessenen Sicherheitssorge; vielleicht können beide erklärt werden mit einer Verschiebung des Gleichgewichts zwischen den einschließenden und ausschließenden Tendenzen, die stets präsent sind; oder es handelt sich um Phänomene, die nichts miteinander zu tun haben, und jedes folgt seiner eigenen Logik. Dennoch läßt sich zeigen, daß beide Trends denselben Ursprung haben, was immer nur der jeweilige unmittelbare Anlaß gewesen sein mag: *die weltweite Ausbreitung des modernen Lebensstils, der inzwischen die entferntesten Winkel des Globus erreicht hat.* Sie hat die Trennung von »Zentrum« und »Peripherie« oder korrekter: von »modernen« (oder »entwickelten«) und »vormodernen« (oder »unterentwickelten« oder »rückständigen«) Lebensstilen aufgehoben – eine Trennung, die den größten Teil der modernen Geschichte begleitete, solange die moderne Umgestaltung eingefahrener Lebensweisen noch auf einen relativ kleinen, wenn auch beständig expandierenden Teil der Welt beschränkt war. Solange dieser Teil relativ klein blieb, konnte er das daraus resultierende Machtgefälle als Sicherheitsventil gegen Überhitzung nutzen – und den Rest der Erde als Müllhalde für die giftigen Abfälle seiner eigenen unablässigen Modernisierung.

Doch jetzt ist der Globus voll. Daraus folgt unter anderem, daß typisch moderne Prozesse wie der Aufbau einer gesellschaftlichen Ordnung und der wirtschaftliche Fortschritt überall stattfinden und deshalb auch überall »menschlicher Abfall« in stetig zunehmenden Mengen produziert wird – diesmal jedoch, ohne daß »naheliegende« Müllhalden für Lagerung und potentielles Recycling zur Verfügung stehen. Der Vorgang, den Rosa Luxemburg vor einem Jahrhundert vorausgesehen hat (auch wenn sie ihn hauptsächlich in ökonomischen, weniger in explizit sozialwissenschaftlichen Termini schilderte), ist an seine letzten Grenzen gestoßen.

Erinnern wir uns: Rosa Luxemburg nahm an, daß »die Kapitalakkumulation in ihren sachlichen Elementen tatsächlich an nichtkapitalistische Kreise gebunden ist«. »Nur im ständigen fortschreitenden Zerbröckeln jener sind die Daseinsbedingungen der Kapitalakkumulation gegeben«, und »[w]enn der Kapitalismus also von nichtkapitalistischen Formationen lebt, so lebt er, genauer gesprochen, von dem Ruin dieser Formationen, und wenn er des nichtkapitalistischen Milieus zur Akkumulation unbedingt bedarf, so braucht er es als Nährboden, auf dessen Kosten, durch dessen Aufsaugung die Akkumulation sich vollzieht«.[11]

Eine Schlange, die sich von ihrem eigenen Schwanz ernährt ... Mit Hilfe eines erst in jüngerer Zeit eingeführten Begriffs könnten wir auch sagen, das »asset stripping«, das Ausschlachten von Unternehmen, das nach immer neuen auszuschlachtenden Vermögenswerten verlangt, muß früher oder später seine eigenen Reserven erschöpfen oder sie unter das Niveau drücken, das für den eigenen Fortbestand nötig ist; oder bildlich gesprochen: Die Entfernung zwischen Schwanz und Magen ist zu kurz geworden, um das Überleben der Schlange zu sichern, und die selbstzerstörerischen Perspektiven des Mahles werden offensichtlich.

Rosa Luxemburg stellte sich einen Kapitalismus vor, der an Nahrungsmangel zugrunde geht, der zusammenbricht, sobald die letzte Wiese des »Andersseins« abgegrast ist, von der er sich bisher ernährte. Hundert Jahre später sieht es ganz danach aus, als sei die akute Krise der mit der Entsorgung menschlichen Abfalls befaßten Industrie ein äußerst unheilvolles, vielleicht sogar *das* unheilvollste Ergebnis des weltweiten Triumphes der Moderne. Die anfallende

---

11 Rosa Luxemburg, *Die Akkumulation des Kapitals*, S. 279 und 334f.

Menge menschlichen Abfalls übersteigt die vorhandenen Verwaltungskapazitäten, und es ist gut möglich, daß die heute weltweit präsente Moderne an ihren eigenen Abfallprodukten erstickt, die sie weder reassimilieren noch vernichten kann. Es gibt zahlreiche Hinweise auf die rasch zunehmende Toxizität des sich rasch anhäufenden Abfalls. Die düsteren Konsequenzen, die Industrie- und Haushaltsabfälle für das ökologische Gleichgewicht der Erde und die Nahrungsmittelproduktion mit sich bringen, sind bereits seit einiger Zeit Gegenstand tiefer Besorgnisse (obwohl den Debatten noch nicht sehr viele Taten folgten); doch wir sind noch längst nicht so weit, daß wir die weitreichenden Konsequenzen klar und in vollem Umfang erkennen könnten, die von den anwachsenden Massen »nutzloser Menschen« auf das weltweite politische und soziale Gleichgewicht des menschlichen Zusammenlebens ausgehen.

Die neue »Überfüllung des Planeten« – die weltumspannende Reichweite der Moderne sowie die damit verbundene weltweite Ausbreitung der modernen Lebensweise – hat zwei unmittelbare Konsequenzen, die oben bereits kurz angedeutet wurden.

Die erste Konsequenz ist die Verstopfung der Ventile, die früher eine regelmäßige und rechtzeitige Ableitung und Reinigung der relativ wenigen modernen Enklaven des Planeten von ihrem überschüssigen Abfall ermöglichten (von dem Abfall, der mit den vorhandenen Recycling-Kapazitäten nicht zu bewältigen war); die moderne Lebensweise produzierte diesen Abfall notwendigerweise in immer größeren Mengen. Sobald nun der moderne Lebensstil nicht mehr das Privileg weniger ausgewählter Länder war, verschwanden die ursprünglichen Ventile für die Entsorgung menschlichen Abfalls, die »menschenleeren Gebiete« oder »Niemandsländer« (dies waren, genauer gesagt, die Territorien, die dank des globalen Machtgefälles als »unbewohnt« und/oder »herrenlos« angesehen und behandelt werden konnten). Für die »überflüssigen Menschen«, die in den Teilen des Planeten freigesetzt wurden, die erst vor kurzem dem Moloch der Moderne zugelaufen sind oder unterworfen wurden, hat es solche Ventile nie gegeben. In den sogenannten »vormodernen« Gesellschaften, die vom Problem des (menschlichen oder nichtmenschlichen) Abfalls noch völlig unberührt waren, entwickelte sich dieser Bedarf nicht. Ein Effekt der Verstopfung oder Nichtbereitstellung externer Ventile ist, daß die Gesellschaften zunehmend harte, »ausschließende« Maßnahmen gegen sich selbst wenden.

Menschen, die der Deportation entgehen und innerhalb der bestehenden Grenzen verbleiben, werden, selbst wenn sie momentan überflüssig sind, fürs Recycling vorgemerkt, solange der Bevölkerungsüberschuß (das heißt: der Teil der Bevölkerung, der in normale Lebensweisen nicht wieder eingliederbar, der nicht mehr als »nützliche« Mitglieder der Gesellschaft verwendbar ist) routinemäßig entfernt und jenseits der Grenzen verbracht werden kann, innerhalb deren ein ökonomisches und soziales Gleichgewicht angestrebt wird. Sie sind »draußen«, aber nur vorübergehend – ihr »Draußenbleiben« ist eine Abnormität, die nach heilenden Kräften verlangt und diese auch beibringt; diese Menschen brauchen eindeutig Hilfe zur »Wiedereingliederung«, und zwar so bald wie möglich. Sie sind die »industrielle Reservearmee« und müssen in einen Zustand versetzt werden, der es ihnen erlaubt, bei der ersten Gelegenheit in den aktiven Dienst zurückzukehren.

Sobald jedoch die Kanäle für den Abfluß überzähliger Menschen verstopft sind, wird alles anders. Wenn die »entbehrliche« Bevölkerung im Land bleibt und sich am »nützlichen« und »legitimen« Rest reibt, verwischt sich tendenziell die Trennlinie, die eine vorübergehende Arbeitsunfähigkeit von der definitiven und endgültigen Zuordnung zum Abfall trennt, und wird unsichtbar. Diese Kennzeichnung als »Abfall«, einst nur das Problem eines Teils der Bevölkerung, wird heute zu einer Aussicht, die uns allen droht – sie ist einer der beiden Pole, zwischen denen das gegenwärtige und künftige soziale Ansehen eines jeden Mitglieds der Gesellschaft oszilliert. Die herkömmlichen Instrumente und Interventionsmittel greifen im Umgang mit dem »Abfallproblem« in dieser neuen Ausprägung nicht mehr; sie sind auch nicht mehr besonders adäquat. Die neuen Politikstrategien, die wohl schon bald als Reaktion auf die neue Gestalt des alten Problems entwickelt werden, setzen sehr wahrscheinlich bei einer Subsumierung der ehemals erarbeiteten Konzepte an. Um auf der sicheren Seite zu sein, werden Notmaßnahmen, die einst auf das Problem des »Abfalls im eigenen Land« ausgerichtet waren, vermutlich bevorzugt; und über kurz oder lang werden sie auch den Vorzug vor allen anderen Interventionsmodi in Sachen »Überflüssigkeit« erhalten, sei diese vorübergehend oder nicht.

All diese und ähnliche Rückschläge und ungünstigen Schicksalswendungen werden in jenen Teilen der Erde, die erst in jüngerer Zeit mit dem zuvor unbekannten Phänomen der »überschüssigen Bevölkerung« und dem Problem ihrer Entsorgung konfrontiert wurden, eher übertrieben und zugespitzt dargestellt. »In jüngerer Zeit« bedeutet in diesem Fall verspätet – zu einem Zeitpunkt, da der Planet bereits überfüllt ist, keine »menschenleeren Länder« mehr zur Verfügung stehen, die als Entsorgungsstätten dienen könnten und jede Asymmetrie an den Grenzen entschlossen gegen Neuankömmlinge in der Familie der Modernen gewendet wird. Die umgebenden Länder werden den Überschuß weder zu sich einladen, noch können sie, wie das in der Vergangenheit praktiziert wurde, dazu gezwungen werden, diese Menschen aufzunehmen und unterzubringen. Solche »Zuspätkommer der Moderne« müssen eine *lokale* Lösung für ein global erzeugtes Problem finden, und das bei sehr geringen Erfolgsaussichten.

Waren Familien- und kommunale Betriebe einst in der Lage und auch willens, alle Neugeborenen aufzunehmen, ihnen Arbeit und Lebensunterhalt zu verschaffen und zumeist auch ihr Überleben zu sichern, sind sie nach der Kapitulation vor globalen Zwängen und der Öffnung des eigenen Territoriums für die ungehinderte Zirkulation von Kapital und Waren unrentabel geworden. Die Neulinge im Kreis der Modernen durchleben erst jetzt die Phase der Trennung des Erwerbslebens vom Familienhaushalt, die die Pioniere der Moderne schon vor Hunderten von Jahren durchgemacht haben, mit all den Begleitumständen sozialer Unruhe und menschlichen Elends, aber auch mit dem Luxus globaler Lösungen für lokal erzeugte Probleme – es gab eine Fülle »menschenleerer Niemandsländer«, die als bequeme Entsorgungsstätten für die überschüssige Bevölkerung dienten, die von einer Wirtschaft, die sich aus familiären und kommunalen Bindungen emanzipiert hatte, nicht mehr aufgenommen wurde; den Zuspätkommern steht diese Luxuslösung nicht mehr zur Verfügung.

Zu den »lokalen Lösungen für globale Probleme«, zu denen sich die »Zuspätkommer der Moderne« gezwungen sehen oder die sie von selbst praktizieren, gehören Stammeskriege und Massaker sowie das verbreitete Wüten von »Guerillaarmeen« (die sich häufig kaum von schlecht verkleideten Banditenhorden unterscheiden), die sich gegenseitig dezimieren und dabei auch den »Bevölkerungsüberschuß« (zumeist die jungen Menschen, die im eigenen Land keine Chance auf Arbeit und eine lebenswerte Zukunft haben) aufnehmen und beseitigen. Das ist, kurz gesagt, ein »Nachbarschafts-Kolonialismus« oder »Imperialismus des armen Mannes«. Dabei werden Hunderttausende von Menschen aus ihren Häusern verjagt, ermordet oder, wenn sie das nackte Leben retten wollen, über die Landesgrenze getrieben.

Der einzige blühende Industriezweig in den Heimatländern dieser Verspäteten (die zur Ablenkung und Täuschung als »Entwicklungsländer« bezeichnet werden) ist möglicherweise die massenhafte Produktion von Flüchtlingen. Es sind die in immer größerer Zahl auftretenden Produkte dieser Industrie, die der britische Premierminister »in der Nähe ihrer Heimatländer« untergebracht sehen will, in provisorischen, doch zugleich auf einen langen Zeitraum angelegten Lagern (die zur Ablenkung und Täuschung als »sichere Zufluchtsorte« bezeichnet werden); so werden dann die ohnehin bereits nicht mehr zu bewältigenden Probleme, die die unmittelbaren Nachbarn mit der »überschüssigen Bevölkerung« haben, weiter verschlimmert – und diese Nachbarn betreiben bereits, wohl oder übel, eine ähnliche Industrie. Das Ziel besteht darin, »lokal erzeugte Probleme« im lokalen Bereich zu halten und dabei alle Versuche der Verspäteten, dem Beispiel der Pioniere der Moderne zu folgen, indem sie globale (und damit die einzig effektiven) Lösungen für lokal erzeugte Probleme anstreben, im Keim zu ersticken. Während ich dies niederschrieb, wurde die NATO (in einer Variante zu diesem Thema) gebeten, ihre Armeen zu mobilisieren, um die Türkei angesichts des bevorstehenden Angriffs auf den benachbarten Irak bei der Abriegelung ihrer Grenze zu unterstützen. Zahlreiche Staatsmänner aus den Pionierstaaten widersetzten sich der Aufforderung und äußerten viele imaginäre Vorbehalte, doch keiner von ihnen sagte öffentlich, die Gefahr, vor der es die Türkei zu beschützen gelte, sei der Zustrom eben erst obdachlos gemachter irakischer Flüchtlinge, nicht etwa ein Angriff zerschlagener, aufgeriebener irakischer Truppen.[12]

Die Bemühungen, den Andrang von »Wirtschaftsmigranten« aufzuhalten, sind jedoch, bei aller Ernsthaftigkeit, nicht hundertprozentig erfolgreich, können es vielleicht auch gar nicht sein. Anhaltendes Elend läßt Millionen Menschen verzweifeln, und in der Ära des »globalen Grenzlandes« und der globalisierten Kriminalität kann man kaum erwarten, daß es an »Unternehmen« mangelt, die aus dieser Verzweiflung Kapital schlagen wollen, ein paar Dollar, vielleicht auch ein paar Millionen Dollar. Daraus ergibt sich die zweite ernstzunehmende Konsequenz des gegenwärtigen Umwandlungsprozesses: Millionen von Migranten, die sich auf den Routen bewegen, die einst die aus den Treibhäusern der Moderne entlassene »Überschußbevölkerung« nahm – diesmal in umgekehrter Richtung und ohne Unterstützung (bisher jedenfalls) durch die

---

12 Während des Golfkriegs »versuchten die irakischen Kurden nach Norden über die türkische Grenze zu fliehen, als Saddam Kampfhubschrauber gegen sie einsetzte, doch die Türken ließen sie nicht ins Land. An den Grenzübergängen trieben sie die Flüchtlinge mit körperlicher Gewalt zurück. Ich hörte einen türkischen Offizier sagen: ›Wir hassen diese Leute. Das sind elende Schweine.‹ Also saßen die Kurden bei minus zehn Grad wochenlang in den Bergen fest, und oft besaßen sie nichts anderes als die Kleider, die sie bei ihrer Flucht am Leib trugen. Am meisten litten die Kinder: an Durchfall, Typhus, Unterernährung.« Vgl. Maggie O'Kane, »The Most Pitiful Sights I have Ever Seen«, in: *The Guardian*, 14. Februar 2003, S. 6–11.

Armeen der Konquistadoren, Händler und Missionare. Das ganze Ausmaß dieser Konsequenz und ihrer vielfältigen Auswirkungen muß erst noch entschlüsselt und in all seinen Verästelungen analysiert werden.

Garry Younge dachte im Rahmen eines kurzen, aber heftigen Meinungsaustausches, der sich Ende 2001 mit Bezug auf den Krieg in Afghanistan entwickelte, über den Zustand der Erde einen Tag *vor* dem 11. September nach – dem Tag, der nach allgemeiner Ansicht die Welt erschütterte und eine völlig neue Phase in der Geschichte einleitete. Younge erinnerte an »eine Schiffsladung afghanischer Flüchtlinge, die vor der australischen Küste auf dem Meer schaukelten« (was den Beifall von 90 Prozent der Australier fand), um schließlich auf einer unbewohnten Insel mitten im Pazifik ausgesetzt zu werden:

»Es ist eine interessante Geschichte, wo diese Menschen doch Afghanen sind, und angesichts der Tatsache, daß sich Australien inzwischen sehr stark in der Koalition engagiert, die Ansicht vertritt, es gehe nichts über ein befreites Afghanistan, und sich darauf vorbereitet, Bomben zur Befreiung Afghanistans zu schicken. [...] Interessant ist auch, daß wir jetzt einen Außenminister haben, der die Zustände in Afghanistan mit der Nazizeit vergleicht, der aber, als er noch Innenminister war und eine Gruppe von Afghanen [auf dem Londoner Flughafen] in Stansted landete, sagte, es gebe keine Befürchtungen wegen Verfolgung, und diese Menschen zurückschickte.«[13]

Younge folgert daraus, daß die Welt am 10. September »ein gesetzloser Ort« war, an dem Reiche wie Arme gleichermaßen wußten, daß »Macht zugleich Recht bedeutet«, daß die Hochgestellten und Mächtigen das internationale Recht (oder was auch immer als solches bezeichnet wird) ignorieren und umgehen können, wann im-

---

13 Garry Younge, »A World Full of Strangers«. Es handelte sich um 433 aus Afghanistan stammende »Boat people«, die vom norwegischen Containerschiff »Tampa« in australischen Gewässern aus Seenot gerettet wurden und nach der Weigerung Australiens, sie aufzunehmen, auf mehrere Südseeinseln verteilt wurden. Der erwähnte Außenminister ist Jack Straw (seit 8. Juni 2001). (Anm. d. Ü.)

mer es ihnen nicht in den Kram paßt, und daß Reichtum und Macht nicht nur das wirtschaftliche Geschehen bestimmen, sondern auch die Moral und die Politik im weltweiten Maßstab – und eigentlich auch alles andere, was mit den Lebensbedingungen auf diesem Planeten zu tun hat.

Während ich dies schrieb, wurde am High Court in London ein Fall verhandelt, bei dem es um die Rechtmäßigkeit der Behandlung von sechs Asylbewerbern ging, die vor Regimen geflohen waren, die offiziell als »böse« bezeichnet wurden und/oder regelmäßig die Menschenrechte verletzten oder ignorierten, wie zum Beispiel der Irak, Angola, Ruanda, Äthiopien und der Iran.[14] Der Kronanwalt Keir Starmer trug dem Richter, Mr. Justice Collins, vor, die in Großbritannien jüngst eingeführten Bestimmungen hätten Hunderte von Asylbewerbern »so mittellos gemacht, daß sie ihren Fall nicht mehr weiterbetreiben konnten«. Sie schliefen unter freiem Himmel, froren, waren hungrig, verängstigt und krank; einigen »blieben nur noch Telefonzellen und Parkplätze als Lebensraum«. Sie erhielten »weder Geld noch Unterkunft, noch Nahrung« und durften keine bezahlte Arbeit annehmen, waren aber zugleich von jeglichen Sozialleistungen ausgeschlossen. Und sie hatten keinerlei Einfluß darauf, wann und wo ihr Asylantrag behandelt wurde oder ob dies überhaupt geschah. Eine Frau, die nach mehrfacher Vergewaltigung und Mißhandlung aus Ruanda entkommen war, mußte auf einer Polizeiwache im Londoner Stadtteil Croydon die Nacht auf einem Stuhl verbringen – unter der Bedingung, daß sie nicht einschlief. Ein Mann aus Angola, der seinen erschossenen Vater und seine mehrfach vergewaltigte, nackte Mutter und Schwester vorgefunden hatte, erhielt keinerlei Unterstützung und schlief unter freiem Himmel. Zur Zeit sind bei den britischen Gerichten mehrere Hundert solcher Fälle anhängig. In dem von Kronanwalt Keir Starmer vorgetragenen Fall erklärte der Richter die Verweigerung von Sozialhilfe für ungesetzlich. Innenminister Blunkett gab zu dem Urteil einen zornigen Kommentar ab: »Ich persönlich habe

14 Vgl. Alan Travis, »Treatment of Asylum Seekers ›is Inhumane‹«.

es offen gesagt satt, mich mit einer Sache zu beschäftigen, die vom Parlament ausdiskutiert ist, aber von Richtern wieder aufgerollt wird. [...] Wir akzeptieren nicht, was Justice Collins gesagt hat. Wir werden uns um eine Aufhebung dieses Urteils bemühen.«[15]

Die Not der sechs Asylbewerber, deren Fälle Kronanwalt Kair Starmer vortrug, ist möglicherweise eine Nebenwirkung der Überbelegung und Überfüllung in den geplanten oder improvisierten Lagern, in die Asylbewerber unmittelbar nach ihrer Ankunft routinemäßig gebracht werden. Die Zahl der heimat- und staatenlosen Opfer der Globalisierung wächst zu schnell, um mit den Planungen und Baumaßnahmen für neue Lager nachzukommen.

Die Deregulierung von Kriegen ist eine der bedrohlichsten Auswirkungen der Globalisierung. Die meisten kriegsähnlichen Handlungen, zugleich auch die grausamsten und blutigsten Taten, die in diese Kategorie fallen, werden heute von nichtstaatlichen Vereinigungen ausgeführt, die weder staatlichen Gesetzen noch internationalen Konventionen unterworfen sind. Sie sind zugleich Ergebnis und Begleiterscheinung wie auch eine machtvolle Ursache der beständigen Erosion staatlicher Souveränität und fortdauernder Grenzland-Bedingungen im »zwischenstaatlichen« globalen Raum. Antagonismen zwischen verschiedenen Volksgruppen brechen offen aus, weil die Hand des Staates schwächer wird oder, im Fall »neuer Staaten«, diese Hand nie genug Zeit bekam, um kräftig zu werden; sobald die Antagonismen nicht mehr im Zaum gehalten werden, sind die noch im Entstehen begriffenen ebenso wie die vom Staat bereits verabschiedeten Gesetze nicht mehr durchsetzbar und praktisch null und nichtig.

Die gesamte Bevölkerung findet sich dann in einem rechtlosen Raum wieder; derjenige Teil, der sich für die Flucht vom Schlachtfeld entscheidet und es tatsächlich schafft zu entkommen, gerät in eine andere Art von Gesetzlosigkeit – die des globalen Grenzlandes. Sind die Flüchtlinge erst einmal jenseits der Grenzen ihres Heimatlandes, fehlt ihnen der Rückhalt durch eine anerkannte

15 Vgl. Alan Travis, »Blunkett to Fight Asylum Ruling«.

Staatsmacht, die ihnen Schutz gewähren, ihre Rechte verteidigen und sich bei fremden Regierungen für sie verwenden könnte. Flüchtlinge sind staatenlos, und dies in einem neuen Sinn: Durch das Fehlen einer staatlichen Autorität, auf die sich ihre staatliche Zugehörigkeit beziehen könnte, ist ihre Staatenlosigkeit auf ein ganz neues Niveau gehoben worden. Sie bewegen sich, so hat es Michel Agier in seiner äußerst aufschlußreichen Studie über Flüchtlinge im Zeitalter der Globalisierung[16] formuliert, *hors du nomos, außerhalb* des Gesetzes; nicht außerhalb dieses oder jenes Gesetzes des einen oder anderen Staates, sondern außerhalb *jeglichen Gesetzes.* Sie sind eine neue Art von Ausgestoßenen und Gesetzlosen, Produkte der Globalisierung und Inbegriff und vollkommene Verkörperung von deren Grenzland-Lebensgefühl. Sie sind nach Agier in einen Zustand der »Schwellen-Drift« versetzt worden und haben keine Ahnung, ob dieser nur vorübergehend oder von Dauer ist. Selbst wenn sie sich vorübergehend an einem bestimmten Ort aufhalten, sind sie dabei auf einer Reise, die nie zu Ende gehen wird, denn ihr Zielort (für Ankunft oder Rückkehr) bleibt für immer unbestimmt, während ihnen der Zugang zu einem Ort, den sie »endgültig« nennen könnten, für immer unerreichbar bleibt. Das zermürbende Gefühl, sich an jedem ihrer Wohnorte im Übergang, in der Unbestimmtheit und in einem Provisorium zu befinden, wird sie niemals loslassen.

Die Not der palästinensischen Flüchtlinge, von denen viele seit mehr als fünfzig Jahren noch niemals ein Leben außerhalb der hastig errichteten Lager kennengelernt haben, ist sehr gut dokumentiert. Die Globalisierung fordert ihren Preis und neue (weniger berüchtigte und weitgehend unbemerkte oder vergessene) Lager entstehen in großer Zahl rings um die Krisenherde. Sie nehmen das Modell vorweg, das Tony Blair durch das UN-Hochkommissariat für Flüchtlinge gerne als verbindliche Lösung eingeführt sähe. In den drei Lagern von Dahaab zum Beispiel, in denen ebenso viele Menschen wohnen wie in der gesamten kenianischen

---

16 Vgl. Michel Agier, *Aux bords du monde, les réfugiés*, S. 55f.

Provinz Garissa, in der sie 1991/92 eingerichtet wurden, deutet absolut nichts auf eine bevorstehende Schließung hin, dennoch tauchen sie bis zum heutigen Tag nicht auf der offiziellen Karte des Landes auf. Dasselbe gilt für die Lager der Ilfo (eröffnet im September 1991), Dagahaley (eröffnet im März 1992) und Hagadera (eröffnet im Juni 1992).[17]

Schon auf dem Weg in diese Lager wird den künftigen Bewohnern alles genommen, was ihre Identität ausmacht, mit einer Ausnahme: der Eigenschaft des staatenlosen, heimatlosen, funktionslosen Flüchtlings. Innerhalb der Lagerzäune werden sie in eine gesichtslose Masse verwandelt, der jeglicher Zugang zu den einfachsten Einrichtungen verwehrt ist, die identitätsstiftend wirken, genau wie das gewöhnliche Garn der Geschichten, die zu einer Identität gehören. »*Ein* Flüchtling« zu werden bedeutet,

> »die Mittel [zu verlieren], auf denen die soziale Existenz beruht, einen Bestand an vertrauten Dingen und Personen, mit denen sich Bedeutungen verbinden - Land, Haus, Dorf, Stadt, Eltern, Besitztümer, Arbeitsstellen und andere Orientierungspunkte im Alltag. Diese dahintreibenden, wartenden Kreaturen besitzen nur noch ihr ›nacktes Leben‹, dessen Fortsetzung von humanitärer Hilfe abhängig ist.«[18]

Zum letzten Punkt gibt es eine Vielzahl unterschiedlicher Vorstellungen. Ist nicht die Gestalt des humanitären Helfers selbst, ob nun gegen Bezahlung oder als Freiwilliger im Einsatz, ein wichtiges Glied in der Kette des Ausschlusses? Es bestehen Zweifel, ob die Hilfsorganisationen, die ihr Möglichstes tun, um die Menschen aus der Gefahrenzone zu bringen, dabei nicht zugleich - und gegen ihre eigentliche Absicht - die »ethnischen Säuberer« unterstützen. Agier grübelt über die Frage nach, ob nicht der humanitäre Helfer ein »Agent des Ausschlusses bei geringeren Unkosten« und (noch wichtiger) selbst ein Hilfsmittel für das Abwälzen und Zerstreuen von Ängsten der übrigen Welt ist. Wirkt er nicht mit, wenn die Schuldigen freigesprochen, die Skrupel besänftigt, das Gefühl der

17 Ebenda, S. 86.

18 Ebenda, S. 94.

Dringlichkeit und die Furcht vor unvorhergesehenen Ereignissen beschwichtigt werden? Die Flüchtlinge den »humanitären Helfern« anzuvertrauen (und die Augen vor den bewaffneten Wachen im Hintergrund zu verschließen) scheint die ideale Methode zu sein, unversöhnliche Widersprüche aufzulösen. In diesem Fall steht der äußerst dringliche Wunsch, den schädlichen menschlichen Abfall loszuwerden, dem ausgeprägten Verlangen nach moralischer Rechtschaffenheit gegenüber.

»Es kann sein, daß das schlechte Gewissen, ausgelöst vom Elend der Verdammten dieser Erde, beruhigt wird. Will man diesen Effekt erreichen, genügt es, dem Prozeß der Biosegregation seinen Lauf zu lassen, dem Heraufbeschwören und Festschreiben von Identitäten, die von Kriegen, Gewalt, Exodus, Krankheiten, Not und Ungleichheit beeinträchtigt sind, und dieser Prozeß ist bereits in vollem Gang. Die Träger des Stigmas würden definitiv auf Distanz gehalten, als minderwertige Menschen, die aufgrund ihrer physischen wie moralischen Dehumanisierung so eingestuft werden.«[19]

Flüchtlinge sind menschlicher Abfall, der dort, wo er eintrifft und sich vorübergehend aufhält, keine nützliche Rolle einzunehmen und in der neuen sozialen Umgebung weder die Absicht noch die realistische Aussicht auf Assimilation oder Eingliederung hat; es gibt keine Aussicht auf Rückkehr oder ein Fortkommen vom Müllplatz, ihrem derzeitigen Aufenthaltsort (sofern es von dort nicht an einen noch abgelegeneren Ort geht, wie im Fall der afghanischen Flüchtlinge, die von australischen Kriegsschiffen zu einer Insel fernab aller gängigen Routen eskortiert wurden). Das Hauptkriterium der Standortwahl für auf Dauer angelegte provisorische Lager ist eine Distanz, die groß genug ist, um den giftigen Ausfluß sozialer Zersetzung von den Wohnorten der einheimischen Bevölkerung fernzuhalten. Außerhalb des Lagers sind Flüchtlinge ein Hindernis und ein Ärgernis, innerhalb dessen sind sie vergessen. Indem sie dort festgehalten und alle Schlupflöcher verstopft werden, indem die Trennung endgültig und irreversibel gemacht wird, wirken »das Mitleid einiger und der Haß anderer«

---

19 Ebenda, S. 117.

zusammen und erzeugen den gleichen Effekt: Abstand gewinnen und Abstand halten.[20]

Schließlich bleiben nur noch die Mauern, der Stacheldraht, die bewachten Tore, die bewaffneten Wachen. Das Zusammenwirken dieser Faktoren bestimmt die Identität der Flüchtlinge – oder macht vielmehr ihr Recht auf Selbstbestimmung zunichte. Sämtlicher Abfall, auch der menschliche, landet tendenziell und unterschiedslos auf derselben Müllkippe. Der Akt der Zuordnung zum Abfall macht allen Unterschieden, Eigenheiten und Idiosynkrasien ein Ende. Abfall bedarf keiner feinen Unterschiede und subtilen Nuancen, es sei denn, er ist fürs Recycling vorgemerkt; doch die Aussichten der Flüchtlinge, jemals wieder zu legitimen und anerkannten Mitgliedern der menschlichen Gesellschaft recycelt zu werden, sind, um es vorsichtig auszudrücken, schwach und außerordentlich gering. Alles, was zu tun war, um ihren dauerhaften Ausschluß zu sichern, ist getan worden. Menschen ohne Eigenschaften sind in einem Gebiet ohne Namen abgesetzt worden, und alle Rückwege, die zu bedeutungsvollen Orten führen, zu den Orten, an denen sozial belangvolle Bedeutungen entstehen können und auch täglich geschaffen werden, sind für immer abgeschnitten.

Die genaue Zahl der weltweit verstreuten Flüchtlinge ist umstritten, und das wird vermutlich auch so bleiben, denn schon das Wort »Flüchtling« – das ebensoviel verbirgt, wie es enthüllt – ist ein »prinzipiell umstrittener Begriff«. Die verläßlichsten verfügbaren Daten werden auf bürokratischem Weg zusammengestellt, durch Registration und Archivierung, und die Hauptquelle ist der Hohe Flüchtlingskommissar der Vereinten Nationen (United Nations High Commissioner for Refugees, UNHCR), der einen jährlichen Bericht veröffentlicht: *The State of the World's Refugees*. Diese Berichte listen die Zahl der Menschen auf, die nach der UN-Definition bereits als »Flüchtlinge« anerkannt und somit legitime Adressaten der UNHCR-Fürsorge sind. Der aktuellste Bericht schätzte die Gesamtzahl dieser Menschen auf 22,1 Millionen (dazu zählen nicht

20 Ebenda, S. 120.

die Flüchtlinge, die von anderen Organisationen betreut werden, vor allem die vier Millionen palästinensischen Flüchtlinge, und natürlich auch die verfolgten ethnischen Minderheiten, denen ein eigener Staat verwehrt bleibt, die bei keiner Behörde gemeldet sind oder denen die amtliche Registrierung verweigert wurde). Ende 2000 lebten 40 Prozent der 22,1 Millionen vom UNHCR erfaßten Flüchtlinge in Asien, knapp 27 Prozent in Europa und etwas mehr als 25 Prozent in Afrika. Die meisten Flüchtlinge kamen aus Gebieten, in denen Stammeskonflikte herrschten, sowie aus den Zielorten globaler militärischer Operationen: aus Burundi, dem Sudan, aus Bosnien-Herzegowina und aus dem Irak.[21] Der UNHCR beklagt, daß die meisten Länder »sich der Definition nicht anschließen«, nach der das Amt arbeitet. Und noch mehr Länder bestehen darauf, daß der zeitweilige Schutz, zu dessen Gewährung sie gedrängt werden, »tatsächlich nur vorübergehend« ist und die Flüchtlinge schließlich in ihr Heimatland zurückgeschickt werden oder weiterziehen. »Unter Schutz zu stehen« bedeutet nicht, »erwünscht zu sein«, und es wird alles Nötige (und noch viel mehr) getan, damit die Flüchtlinge diese beiden Daseinsformen nicht verwechseln.

Wer einmal Flüchtling ist, bleibt es für immer. Die Rückwege ins verlorene (oder nicht mehr existierende) heimatliche Paradies sind so gut wie abgeschnitten, und alle Ausgänge aus dem Fegefeuer des Lagers führen in die Hölle ... Die perspektivlose Abfolge öder Tage im Lager mag nur schwer zu ertragen sein, doch Gott verhüte, daß die amtlich bestellten oder freiwilligen Generalbevollmächtigten der Humanität, deren Aufgabe es ist, die Flüchtlinge im Lager und zugleich vom Verderben fernzuhalten, den Stecker ziehen. Doch das tun sie immer wieder, jedesmal, wenn die maßgeblichen Stellen beschließen, die Exilierten seien keine Flüchtlinge mehr, weil die Rückkehr in ein Heimatland, das schon lange nicht mehr ihre Heimat ist und ihnen nicht das geringste zu bieten hat, »sicher ist«. Nach wie vor gibt es zum Beispiel 900000 Flüchtlinge aus

---

21 Vgl. Sharon Stenton Russell, »Refugees: Risks and Challenges Worldwide«.

Äthiopien und Eritrea, die vor den jahrzehntelang andauernden Stammesmassakern und Kriegen dort geflohen sind; diese Menschen sind über die nördlichen Regionen des Sudan verstreut, der selbst ein verarmtes und vom Krieg zerstörtes Land ist. Dort werden sie mit anderen Flüchtlingen zusammengebracht, die mit grauenhaften Erinnerungen an das Gemetzel im Südsudan leben müssen.[22] Nach UN-Beschluß, der von den regierungsunabhängigen Hilfsorganisationen gebilligt wurde, gelten sie inzwischen nicht mehr als Flüchtlinge und haben auch keinen Anspruch auf humanitäre Hilfe mehr. Doch sie weigerten sich zu gehen; offensichtlich sind sie nicht der Ansicht, es gebe noch »eine Heimat«, in die sie »zurückkehren« könnten, denn das Zuhause ihrer Erinnerung ist entweder zerstört, oder es wurde ihnen weggenommen. Die neue Aufgabe ihrer humanitären Hüter besteht deshalb darin, sie zum Gehen zu *veranlassen* ... Im Lager Kassala wurde zunächst die Wasserversorgung eingestellt, dann wurden die Bewohner gewaltsam aus dem Lager entfernt, das wie ihr früheres Zuhause in Eritrea dem Erdboden gleichgemacht wurde, um jeden Gedanken an Rückkehr auszuschließen. Das gleiche Los widerfuhr den Bewohnern der Lager Um Gulsam Laffa und Newshagarab. Nach Aussagen dortiger Dorfbewohner starben etwa 8000 Lagerinsassen, nachdem Lagerkrankenstationen geschlossen und Brunnen unbrauchbar gemacht wurden und auch die Ausgabe von Nahrungsmitteln eingestellt wurde. Was aus den Überlebenden geworden ist, läßt sich kaum in Erfahrung bringen; gewiß ist allerdings, daß Hunderttausende aus den Flüchtlingslisten und -statistiken verschwunden sind, auch wenn sie es nicht geschafft haben, aus dem Niemandsland der Nichthumanität zu entkommen.

Flüchtlinge, der menschliche Abfall des globalen Grenzlandes, sind »die Verkörperung des Außenseitertums«, die absoluten Außenseiter, die überall Außenseiter und fehl am Platz sind, mit Ausnahme der Orte, die ihrerseits fehl am Platz sind – die »Niemandsländer«,

---

22 Vgl. Fabienne Rose Émilie le Houerou: »Camps de la soif au Soudan«.

die auf den Reisekarten normaler Menschen gar nicht verzeichnet sind. Wer einmal draußen ist, bleibt es auf unbestimmte Zeit; ein Sicherheitszaun mit Wachttürmen ist die einzige erforderliche Vorrichtung, um das auf »unbestimmte Zeit« angelegte Deplaziertsein zu verewigen.

Anders steht es dagegen um die überflüssigen Menschen, die bereits »drinnen« sind und dort auch bleiben werden, denn die neuartige Überfüllung des Planeten verhindert ihren territorialen Ausschluß. Es fehlt an unbewohnten Orten, an die man sie deportieren könnte, und die Orte, an die sie freiwillig reisen würden, um dort ihren Lebensunterhalt zu finden, bleiben ihnen verschlossen. Deshalb müssen jetzt in der Gegend, die sie überzählig gemacht hat, Müllplätze ausgewiesen werden. Solche Orte gibt es in allen, zumindest in den meisten großen Städten. Es sind städtische Ghettos; Loïc Wacquant bezeichnete sie mit einem noch passenderen Begriff als »Hyperghettos«.[23]

Ghettos sind, ob sie nun einen Namen tragen oder nicht, uralte Institutionen. Sie erfüllten den Zweck einer »gemischten Stratifikation« (zugleich auch den der »multiplen Deprivation«), denn an diesen Orten überlagerten sich die Unterscheidung nach Kaste oder Klasse mit der räumlichen Trennung. Sie mochten freiwillig oder unfreiwillig entstanden sein (wobei tendenziell nur die letzteren das Stigma dieser Bezeichnung trugen), der Hauptunterschied zwischen beiden bestand darin, welcher Seite der »asymmetrischen Grenze« sie sich gegenübersahen – ob sich die aufgetürmten Hindernisse nun beim Betreten oder beim Verlassen des Ghettogebietes auftaten.

Doch selbst im Fall der »unfreiwilligen Ghettos« existierte neben den maßgeblichen »abstoßenden« Kräften eine kleine Zahl »anziehender« Faktoren. Sie waren in der Regel »Mini-Gesellschaften«, die im Kleinformat alle wichtigen Institutionen nachbildeten, die den alltäglichen Bedürfnissen und Lebensvollzügen auch der-

---

23 Vgl. Loïc Wacquant, »Was ist ein Ghetto?«, S. 145; ders., »A Black City within the White«.

jenigen dienten, die jenseits der Ghettogrenzen wohnten. Sie boten ihren Bewohnern zudem ein gewisses Maß an Sicherheit und zumindest einen Hauch von *Zugehörigkeit*, das Gefühl, zu Hause zu sein, unerreichbar für die da draußen. Wacquant beschrieb die in den afroamerikanischen Ghettos des vergangenen Jahrhunderts vorherrschenden Strukturen so:

»Die wirtschaftliche Macht der schwarzen Bourgeoisie [der Ärzte, Rechtsanwälte, Lehrer, Geschäftsleute] basierte auf der Bereitstellung von Waren und Dienstleistungen für die Angehörigen der unteren Klassen; und alle ›braunen‹ Bewohner der Stadt waren sich einig in der gemeinsamen Ablehnung von Kasten-Unterordnung sowie im fortdauernden Bestreben, ›die Rasse weiterzubringen‹. [...] Im Endergebnis war das Nachkriegsghetto *sozial und strukturell integriert* – selbst die ›zwielichtigen Gestalten‹, die ihren Lebensunterhalt mit gesetzwidrigen Tätigkeiten wie illegalem Glücksspiel, Alkoholhandel, Prostitution und anderen zweifelhaften Vergnügungen sicherten, hatten Anschluß an die verschiedenen Klassen.«[24]

Die herkömmlichen Ghettos mochten geschlossene Gebiete gewesen sein, umgeben von (auch bei immaterieller Beschaffenheit) unüberwindlichen Barrieren physischer und sozialer Art, mit wenigen verbliebenen, äußerst schwer zu passierenden Ausgängen; sie mochten Instrumente der Klassen- und Kastentrennung gewesen sein und ihre Bewohner mit dem Stigma der Minderwertigkeit und der Ablehnung durch die Gesellschaft gezeichnet haben. Und doch waren sie – im Unterschied zu den »Hyperghettos«, die sich aus diesen Stadtvierteln entwickelten und Ende des vergangenen Jahrhunderts deren Platz einnahmen – keine Abladeplätze für den überschüssigen, überflüssigen, für das Erwerbsleben untauglichen und funktionslosen Teil der Bevölkerung. Das neue Ghetto dient, anders als sein klassischer Vorgänger, in Wacquants Worten »nicht als Reservoir für frei verfügbare Industriearbeitskräfte, sondern als reiner Abladeplatz [für diejenigen Menschen, für die] die Gesellschaft draußen keine wirtschaftliche oder politische Verwendung hat«. Den Ghettobewohnern gelingt es nicht aus eigener Kraft,

---

24 Vgl. Loïc Wacquant, »Deadly symbiosis«.

neue Verwendungsweisen in Wirtschaft oder Politik zu entwikkeln, die als Ersatz für die Aufgaben dienen könnten, die ihnen der größere Teil der Gesellschaft verweigert. Sie sind von ihren eigenen Mittelschichten im Stich gelassen worden, die sich nicht mehr ausschließlich auf die schwarze Klientel verlassen wollten und es statt dessen vorzogen, sich in die sichereren freiwilligen Ghettos der »gated communities« einzukaufen, der befestigten Enklaven mit bewachtem Zugang. Wacquant beschreibt die Veränderungen so:

»Das Ghetto in seiner klassischen Form« diente teilweise auch als Schutzschild gegen brutalen rassistischen Ausschluß, doch das Hyperghetto hat diese positive Funktion als kollektiver Puffer eingebüßt und ist dadurch zur tödlichen Maschinerie für den unverhüllten Ausschluß aus der Gesellschaft geworden.«

Mit anderen Worten: Das amerikanische Schwarzenghetto hat sich schlicht und einfach in einen praktisch nur diesem einen Zweck dienenden Müllabladeplatz verwandelt. »Es ist zu einem eindimensionalen Mechanismus für den unverhüllten Ausschluß geworden, zu einem menschlichen Warenlager, in dem diejenigen Segmente der städtischen Gesellschaft abgelegt werden, die als übel beleumundet, verkommen und gefährlich gelten.«

Wacquant verzeichnet eine Reihe von parallelen und wechselseitig koordinierten Prozessen, die die amerikanischen Schwarzenghettos dem Modell gefängnisartiger »totaler Institutionen« à la Goffman stetig näherbringen: eine »Verknastung« (»prisonization«) des öffentlichen Wohnungsbaus, der immer mehr an Haftanstalten erinnert. In diesem Umfeld trifft man auf neue »Bauvorhaben«, die »eingezäunt sind und deren Umfeld durch verstärkte Sicherheitspatrouillen und autoritäre Kontrollen geprägt wird« und, wie Jerome G. Miller schrieb, durch »willkürliche Durchsuchungen, Rassentrennung, Sperrstunden und Zähldurchgänge – vertraute Prozeduren im Rahmen einer effektiven Gefängnisverwaltung«.[25] Und dann die Umwandlung vom Staat unterhaltener Schulen in »Institutionen der Einengung«, deren oberste

---

25 Jerome Miller, *Search and Destroy*, S. 101.

Ziele nicht Erziehung und Bildung, sondern »Überwachung und Kontrolle« lauten. »Es sieht wirklich ganz danach aus, als sei es der Hauptzweck dieser Schulen, Jugendliche, die man weiterer Mühen für unwürdig und zudem für aufsässig hält, einfach zu ›neutralisieren‹, indem man sie den Tag über einschließt, so daß sie sich zumindest nicht an der kriminellen Straßenszene beteiligen können.«

Es gibt auch eine Bewegung in die Gegenrichtung. Ihr Ziel ist die Umwandlung der amerikanischen Gefängnisse, ihrer manifesten und latenten Funktionen, ihrer erklärten und stillschweigenden Zwecke wie auch ihrer baulichen Beschaffenheit und alltäglichen Abläufe, damit sich städtische Ghettos und Gefängnisse in der Mitte treffen können, wobei der Treffpunkt dann explizit die Rolle der Müllhalde für den menschlichen Abfall einnimmt. Noch einmal sei hier Wacquant zitiert: »Das ›Big House‹, die Verkörperung eines Strafvollzugs, in dem die Insassen gebessert und wieder in die Gemeinschaft eingegliedert werden sollten, wurde durch eine nach Rassen getrennte und von Gewalt beherrschte ›Bewahranstalt‹ ersetzt, die einzig darauf ausgerichtet war, von der Gesellschaft abgelehnte Individuen zu neutralisieren, indem sie von dieser Gesellschaft physisch getrennt wurden.«[26]

In den Ghettos anderer Teile der Welt, besonders in den Ghettos, die in den vielen europäischen Städten mit einem großen Anteil von Einwanderern entstehen, ist ein ähnlicher Umwandlungsprozeß wohl schon recht weit fortgeschritten, aber noch nicht abgeschlossen. Rassisch oder ethnisch klar abgrenzbare städtische Ghettos sind in Europa nach wie vor sehr selten. Außerdem sind die erst vor kurzem oder vor relativ kurzer Zeit ins Land gekommenen Einwanderer, die solche Viertel bewohnen, im Unterschied zu den amerikanischen Schwarzen kein im Inland produzierter, sondern »importierter Abfall« aus anderen Ländern, bei dem noch Hoffnung auf Recycling besteht. Die Frage, ob ein solches »Recycling« möglich ist oder nicht, ob also das Verdikt, mit

---

26 Loïc Wacquant, »Deadly Symbiosis«.

dem diese Menschen dem Abfall zugeordnet werden, endgültig und allgemein verbindlich ist, bleibt weiterhin offen. Diese städtischen Ghettos, soviel kann man sagen, bleiben »Zwischenstationen«, und der Verkehr rollt in beide Richtungen. Ihre provisorischen, nicht festgeschriebenen, unzureichend definierten Strukturen sind auch die Quelle und das Ziel der akuten Spannungen, die sich täglich in Spähtruppgefechten und Grenzzusammenstößen entladen.

Es ist jedoch nicht ausgemacht, daß diese Mehrdeutigkeit, die die europäischen Einwandererghettos mit ihrer eindeutig stärker gemischten Bevölkerung von den amerikanischen »Hyperghettos« unterscheidet, von Dauer sein wird. Philippe Robert wies nach, daß städtische Ghettos in Frankreich für Neueinwanderer, von denen man erwartete, daß sie binnen kurzem von etablierten städtischen Strukturen assimiliert und aufgenommen wurden, ursprünglich den Charakter von »Transit-« oder »Durchgangsstationen« hatten, sich jedoch in dem Moment in »Ausschlußgebiete« verwandelten, als der Arbeitsmarkt dereguliert war, die Arbeit unsicher und unbeständig und die Arbeitslosigkeit ein Dauerphänomen wurde. In dem Moment verdichteten sich die Ressentiments und die Feindseligkeit der etablierten Bevölkerung zu einer quasi undurchdringlichen Mauer, mit der die zu Außenseitern gewordenen Neuankömmlinge ausgeschlossen wurden. Die in sozialer Hinsicht ohnehin bereits herabgestuften *quartiers*, die von der Kommunikation mit anderen Stadtteilen abgeschnitten blieben, waren jetzt »die einzigen Orte, an denen sich [die Einwanderer] *chez soi* fühlen konnten, geschützt vor den boshaften Blicken der übrigen Bevölkerung«.[27]

Hughes Lagrange und Thierry Pech merken in diesem Zusammenhang an, daß der Staat, sobald er die meisten seiner wirtschaftlichen und sozialen Aufgaben aufgegeben hatte, eine »Politik der Sicherheit« (konkreter: der persönlichen Sicherheit) als zentrales Thema seiner Strategie wählte, die auf das Wiedererlangen verlo-

---

27 Vgl. »Une généalogie de l'insécurité contemporaine«, Interview mit Philippe Robert.

rener Autorität und die Wiederherstellung seiner in den Augen der Bürgerschaft wichtigen Schutzfunktion ausgerichtet war. In der Folge war es der Zustrom von Neuankömmlingen, der direkt oder indirekt für die zunehmende Unruhe und die diffusen Ängste verantwortlich gemacht wurde, die von einem immer unsicherer werdenden Arbeitsmarkt ausgingen.[28] Die Einwandererviertel wurden als Brutstätten der Kleinkriminalität, der Bettelei und Prostitution beschrieben, die, so die Anschuldigung, eine wichtige Ursache der ständig zunehmenden Ängste »einfacher Bürger« seien. Der Staat ließ unter dem Beifall seiner Bürger, die verzweifelt nach den Ursachen für ihre lähmenden Ängste suchten, seine Muskeln spielen, ganz gleich, wie schwach und träge er in allen anderen Bereichen agierte, und kriminalisierte in aller Öffentlichkeit die marginalisierten Teile der Bevölkerung, die unter den anfälligsten und unsichersten Umständen lebten; er entwickelte immer noch strengere und schärfere Konzepte einer Politik der »harten Hand« und führte spektakuläre Kampagnen zur Verbrechensbekämpfung, die sich auf den menschlichen Abfall ausländischer Herkunft konzentrierten, der in den Vororten französischer Großstädte abgeladen worden war.

Loïc Wacquant hält ein Paradoxon fest:

> »Und dieselben Instanzen, die gestern noch – und mit sichtbarem Erfolg für ›weniger Staat‹ eintraten, wo es um die Vorrechte des Kapitals und die Ausnutzung der Arbeitskraft ging, fordern heute mit ebensolchem Feuereifer ›mehr Staat‹, um die verheerenden sozialen Folgen zu kaschieren und im Griff zu behalten, die in den unteren Regionen des sozialen Gefüges durch die Deregulierung des Lohnarbeitsverhältnisses und den Abbau der sozialen Sicherung entstanden sind.«[29]

Was Wacquant hier beschreibt, ist natürlich alles andere als paradox. Der offensichtliche Sinneswandel folgt konsequent der Logik des Übergangs vom Recycling zur Entsorgung des menschlichen Abfalls. Dieser Übergang war radikal genug, um den engagierten

---

28 Vgl. Hughes Lagrange und Thierry Pech, »Délinquance«.

29 Loïc Wacquant, »Die Armen bekämpfen«, S. 12.

und energischen Beistand des Staates erforderlich zu machen, und der Staat kam diesem Ansinnen nach.

Dies tat er zunächst durch die Abschaffung kollektiver Formen der Absicherung, die Einzelpersonen schützten, die - vorübergehend, wie man annahm - aus der produktiven Tretmühle herausfielen. Das war die Art von Absicherung, die sowohl dem linken wie auch dem rechten Flügel des politischen Spektrums auf den ersten Blick einleuchtete, solange der Sturz (demzufolge auch die Zuordnung zum produktiven Abfall) als ein vorübergehendes Mißgeschick galt, als Beginn einer kurzen Recyclingphase (einer »Rehabilitation«, auf die dann der aktive Wiedereinstieg in die industrielle Produktion folgte). Doch die Unterstützung »jenseits von Links- und Rechtsschemata« ging rasch verloren, als die Recycling-Aussichten mehr und mehr dahinschwanden und immer ungewisser erschienen und die Einrichtungen für routinemäßiges Recycling von ihrer Aufgabe, alle unterzubringen, die gestürzt oder noch nie so richtig auf die Beine gekommen waren, zunehmend überfordert wirkten.

Der Staat kam zweitens seiner Aufgabe nach, indem er neue und sichere Müllabladeplätze plante und errichtete - in der Gewißheit, dieses Unterfangen werde die zunehmende Unterstützung der Öffentlichkeit finden, denn die Hoffnungen auf erfolgreiches Recycling schwanden, die traditionelle Methode der Entsorgung menschlichen Abfalls (durch den Export überschüssiger Arbeitskräfte) kam immer seltener in Frage und auch die Zweifel an der universellen Verfügbarkeit des Menschen wuchsen und breiteten sich aus, zusammen mit dem Schrecken, den der Anblick »nutzloser Menschen« auslöste.

Der Sozialstaat wird nach und nach, ebenso unablässig wie konsequent, in einen »Besatzungsstaat« umgewandelt, wie Henry A. Giroux dies nennt - einen Staat, der zunehmend die Interessen globaler, transnational operierender Unternehmen schützt, »während er zugleich den Grad der Repression und Militarisierung an der Heimatfront steigert«. Soziale Probleme werden zunehmend kriminalisiert. Giroux faßt zusammen:

»Die Unterdrückung nimmt zu und ersetzt das Mitgefühl. Vorhandene Probleme, zum Beispiel ein knapper Wohnungsmarkt und hohe Arbeitslosigkeit in den Städten – als Ursachen von Obdachlosigkeit, herumlungernden Jugendbanden und verbreitetem Drogenmißbrauch –, werden ignoriert, und zwar zugunsten von politischen Konzepten, die auf Disziplin, Eindämmung und Kontrolle setzen.«[30]

Die unmittelbare Nachbarschaft zu großen und weiter anwachsenden Zusammenballungen »nutzloser Menschen« verlangt, sobald es so aussieht, als sei sie von Dauer, nach einer Politik der strikten Trennung und außergewöhnlichen Sicherheitsmaßnahmen, damit die »Gesundheit der Gesellschaft« und das »reibungslose Funktionieren« des Sozialsystems nicht in Gefahr geraten. Die allseits bekannten Aufgaben der »Bewältigung von Spannungen« und »Bewahrung von Strukturen«, die jedes soziale System nach Talcott Parsons meistern muß, um überleben zu können, beschränken sich gegenwärtig nahezu ausschließlich auf die strikte Trennung des »menschlichen Abfalls« vom Rest der Gesellschaft, auf seine Herausnahme aus dem rechtlichen Rahmen, innerhalb dessen der Rest der Gesellschaft seinen Lebenszielen nachgeht, und auf seine »Neutralisierung«. »Menschlicher Abfall« kann heute nicht mehr auf abgelegene Müllplätze geschafft und auf diese Weise zuverlässig vom »normalen Leben« ferngehalten werden. Deshalb muß dieser Abfall in fest verschlossenen Containern isoliert werden.

Das System des Strafvollzugs liefert solche Container. David Garland beschreibt in seiner knappen und präzisen Zusammenfassung des gegenwärtigen Umwandlungsprozesses die heutigen Gefängnisse – in der Ära des Recyclings »fungieren sie als unteres Ende des Besserungswesens« – als »sehr viel deutlicher auf Ausschluß und Kontrolle angelegten Mechanismus«. Die Mauern selbst (und nicht das, was innerhalb dieser Mauern geschieht) »gelten heute als wichtigster und wertvollster Bestandteil der Institu-

---

30 Vgl. Henry A. Giroux, »Global Capitalism and the Return of the Garrison State«.

tion«.[31] Im günstigsten Fall kommt es noch zu gelegentlichen Lippenbekenntnissen in Sachen »Rehabilitation«, »Besserung«, »Umerziehung« und geplanter Rückführung der versprengten Schafe zur Herde, und wenn es zu solchen Bekenntnissen kommt, kontert umgehend ein zorniger Chor mit dem Schrei nach Blut. Die führenden Boulevardblätter dirigieren ihn, und alle Soloparts sind mit führenden Politikern besetzt. Der Haupt-, vielleicht der einzige Zweck von Gefängnissen ist, um es deutlich zu sagen, nicht irgendeine Art der Menschenentsorgung, sondern eine endgültige, definitive Entsorgung. Einmal zurückgewiesen, für immer zurückgewiesen. Für einen ehemaligen Gefangenen, ob nun auf Hafturlaub oder auf Bewährung, ist eine Rückkehr in die Gesellschaft nahezu unmöglich und eine Rückkehr ins Gefängnis nahezu sicher. Die Aufgabe der Bewährungshelfer besteht nicht darin, die Gefangenen, die ihre Haftzeit abgesessen haben, anzuleiten und ihnen den Weg »zurück in die Gemeinschaft« zu ebnen; vielmehr sollen sie diese Gemeinschaft vor der ewigen, zeitweilig auf freien Fuß gesetzten Gefahr beschützen. »Die Interessen verurteilter Straftäter gelten, sofern sie überhaupt bedacht werden, als fundamental den Interessen der Öffentlichkeit entgegengesetzt.«[32]

Straftäter werden tendenziell als »von Grund auf böse und tückisch« wahrgenommen, sie »sind anders als wir« und sämtliche Ähnlichkeiten rein zufälliger Natur …

»Es kann keine gegenseitige Verständlichkeit, keine Brücke des Verstehens, keine echte Kommunikation zwischen ›uns‹ und ›ihnen‹ geben. […] Ob der Charakter des Straftäters nun auf genetische Mängel oder auf eine Erziehung in einer asozialen Umgebung zurückzuführen ist: das Ergebnis bleibt dasselbe – ein Mensch, der sich jenseits der erlaubten Grenze befindet, ohne Aussicht auf Besserung, außerhalb der bürgerlichen Gemeinschaft. […] Wer sich nicht einfügt oder nicht einfügen kann, muß exkommuniziert und gewaltsam entfernt werden.«[33]

---

31 Garland, *The Culture of Control*, S. 177f.

32 Ebenda, S. 180.

33 Ebenda, S. 184f.

Kurz und knapp: Die Gefängnisse haben sich, wie so viele andere soziale Institutionen auch, vom Recycling gelöst und auf die Abfallentsorgung verlegt. In dieser Schlacht sind sie jetzt ein Teil der Front und sollen dort die Krise beheben, in die die Müllentsorgungsindustrie als Folge des globalen Triumphs der Moderne und der neuartigen Überfüllung des Planeten geraten ist. Sämtlicher Abfall ist potentiell giftig - zumindest aber, weil als Abfall definiert, gilt er als Quelle der Verunreinigung und Störung der bewährten Ordnung. In Zeiten, in denen Recycling keinen Gewinn mehr bringt und keine realistischen Chancen mehr eröffnet (was zumindest unter den gegenwärtigen Begleitumständen gilt), geht man mit Abfall sinnvollerweise so um, daß man auf beschleunigten »biologischen Abbau« und Zerfall setzt, verbunden mit möglichst sicherer Isolierung vom alltäglichen sozialen Leben.

»Arbeit, Wohlfahrtseinrichtungen und die Unterstützung der Familie waren einst die gängigen Mittel, mit denen ehemalige Gefangene in die Gesellschaft reintegriert wurden. Durch den Niedergang dieser Stützen ist die Inhaftierung zu einer längerfristigen Prägung geworden. Die Einzelnen haben nur noch geringe Aussichten auf eine Rückkehr in die nicht überwachte Freiheit. [...] Das Gefängnis wird heute als eine Art Reservat eingesetzt, als Quarantänezone, in der vermeintlich gefährliche Individuen im Namen der öffentlichen Sicherheit abgesondert werden.«[34]

Der Bau neuer Gefängnisse, die Erweiterung von Haftstrafen auf weitere Delikte, die »Null-Toleranz«-Politik, härtere Urteile und längere Haftstrafen sind am besten zu deuten als vielfältige Bestrebungen, die scheiternde und wankende Abfallentsorgungsindustrie auf eine neue Grundlage zu stellen - auf eine Grundlage, die den neuen Bedingungen der globalisierten Welt mehr entspricht.

Es gibt noch eine weitere Art des Abfalls, die mit dem Globalisierungsprozeß in seiner gegenwärtigen Ausprägung direkt verbunden ist: eine Art von Abfall, deren Ursprünge sich bis zu den

---

34 Ebenda, S. 178.

»Grenzland«-Zuständen der Globalisierung zurückverfolgen läßt, ein Abfall, den die Globalisierung in solcher Gestalt zwangsläufig Tag für Tag hervorbringen muß, in Manuel Castells »Raum der Ströme«.

Wie bereits dargelegt worden ist, hatten Viehbarone und Banditen unter klassischen »Grenzland«-Bedingungen eine Art stillschweigendes Übereinkommen getroffen: Keine der beiden Gruppen wollte die Gesetzlosigkeit und die Herrschaft der Schnellsten, Klügsten und Skrupellosesten beendet und durch die Herrschaft des Rechts ersetzt sehen. Beide Gruppen gediehen, solange es an geregelten Abläufen fehlte, solange Bündnisse und Grenzlinien variabel und Bindungen, Rechte und Verpflichtungen insgesamt brüchig blieben. Eine solche Übereinstimmung der Interessen war kein gutes Omen für die persönliche Sicherheit sämtlicher Bewohner des Grenzlands, welche Vorsichtsmaßnahmen die Ortsansässigen oder Reisenden auch immer treffen mochten, um sich gegen die Gefahr zu schützen. Die stillschweigende Übereinkunft machte das Grenzland zu einem Schauplatz fortdauernder Ungewißheit und immunisierte diese zugleich gegen jegliche wirkungsvolle Intervention. Die Unsicherheit konnte nicht an der Wurzel angegangen werden; die sich daraus ergebende Angst war, ebenso wie die Bündnisse und die Kampfplätze, an nichts Bestimmtes gebunden, sie war sich ihrer Objekte nicht sicher und wählte diese willkürlich. Jurij Lotmans Metapher vom Minenfeld vermittelt diese Grenzland-Bedingungen am besten: Es wird dort mit hoher Sicherheit zu Explosionen kommen, doch Ort und Zeitpunkt kann man nur raten.

In der heutigen Erscheinungsform der Grenzland-Bedingungen haben die weltweit operierenden Hersteller und Handels- und Kapitalunternehmen die Rolle der Viehbarone übernommen, während die (allein oder in Gruppen) frei umherziehenden Banditen durch terroristische Netzwerke und eine unbestimmte Zahl verstreuter Individuen ersetzt werden, die in Terroranschlägen ein archetypisches Geschehen für ihre eigenen privaten Kämpfe mit individuell erlittenen Traumata sehen – oder einfach nur einen

Hinweis darauf, daß auch ein verachteter und verstoßener armer Tropf noch mit einem lauten Knall untergehen kann.

Das Handeln beider großer, im Grenzland als Gegner oder Partner agierender Gruppen sorgt für reichlichen Nachschub an menschlichem Abfall. Die Erstgenannten sind in ihrem Industriezweig für »wirtschaftlichen Fortschritt« höchst aktiv, letztere in dem Zweig »schöpferische Zerstörung der bestehenden Ordnung« - eine gründlich deregulierte Version der Zwangsmaßnahmen, in die sich moderne Staatswesen von Anfang an vertieften, auch wenn sie zugleich das Monopol für Planung und Aufbau der sozialen Ordnung beanspruchten.

Keine staatliche Autorität kann heute noch einen exklusiven Zugriff auf ihr scheinbar souveränes Territorium reklamieren. Selbst die am schärfsten bewachten Grenzen sind porös und offensichtlich leicht zu überwinden. Dank der nach schockierenden Neuigkeiten gierenden Medien erinnern die massiven Einsatzkräfte, die an den Grenzen aufgeboten werden, um Schlupflöcher zu verstopfen und Durchbrüche zu verhindern (man denke an die weltweit verbreiteten Bilder von Panzern auf dem Flughafen Heathrow), die Öffentlichkeit Tag für Tag an die letztliche Vergeblichkeit dieses Bemühens. Erstaunlich unterschiedliche und häufig nicht miteinander vereinbare Vorstellungen zur richtigen und angemessenen Ordnung der Dinge treffen auf jedem dieser angeblich souveränen Territorien aufeinander, stoßen zusammen, und ihre Fürsprecher und Fußsoldaten wetteifern miteinander, um den Rest der Welt auf das Niveau ihrer Ideen zu heben. Dies geschieht jedoch unweigerlich auf Kosten der alteingesessenen Bewohner, die im Lauf des Geschehens zu frei verfügbaren Requisiten auf dem Kampfplatz werden, zu »Kollateralschäden« bei Kriegshandlungen.

Im Zeitalter der Globalisierung entwickeln sich die »Kollateralschäden« und »Kollateralopfer«, die bei den ständig vor sich hin köchelnden und gelegentlich ausbrechenden Feindseligkeiten zwischen den flüchtig-modernen Erscheinungsformen der Viehbarone und berittenen Banditen anfallen, allmählich zu den (zugleich voluminösesten) Hauptprodukten der Abfallindustrie. Man kann sich (zumindest in der Theorie, wenn auch nicht unbedingt in der Praxis) mit Zähnen und Klauen gegen ein ungünstiges Urteil der Rechtsautoritäten wehren, kann um eine Revision des Urteils kämpfen, beweiskräftige Argumente in eigener Sache vortragen und, falls die eigenen Argumente abgewiesen werden, Berufung bei einer höheren Instanz einlegen; man kann öffentliche Empörung und breiten Protest anzustacheln versuchen und schließlich, wenn all dies nichts fruchtet, sein Heil in der Flucht aus dem Geltungsbereich des Gerichtsurteils suchen – doch keines dieser Hilfsmittel steht den Opfern der »Kollateralschäden« zur Verfügung. Es gibt keine Behörde, gegen die sie sich wehren, die sie anzeigen und verklagen oder von der sie Entschädigung verlangen könnten. Sie sind die Opfer der anhaltenden schöpferischen Zerstörung der rechtlichen, politischen und ethischen Ordnung dieser Welt.

Unter solchen Begleitumständen bleibt vermutlich keine Linie unumstritten, die zur Trennung »des Abfalls« von einem »nützlichen Produkt« gezogen wurde, und kein Urteil, das Menschen zu einem »Leben auf einem Abfallhaufen« verdammte, wird lange Bestand haben, ohne daß eine Opposition versuchen würde, es zu Fall zu bringen und zu revidieren. Und deshalb fühlt sich auch niemand wirklich sicher, inmitten dieser unzähligen miteinander konkurrierenden Planungs-und-Bau-Projekte. Niemand kann sich auf ein jüngst ergangenes oder durchgesetztes Verdikt verlassen, so mächtig die dahinterstehende Amtsgewalt auch sein mag. Niemand kann davon ausgehen, daß das Schreckgespenst des Abfallhaufens ein für allemal ausgetrieben und die Gefahr, abgewiesen und dem Abfall zugordnet zu werden, definitiv gebannt ist. Allgemein herrscht der Eindruck von Willkür vor, von reiner Zufälligkeit und blind wirkendem Schicksal. Und gegen willkürliche Abläufe, unerklärliche Zufälle und *non seguiture* gibt es keine erkennbare Gegenwehr, ebensowenig wie gegen Ad-hoc-Bündnisse der Mächtigen, die durch Bestechung oder Erpressung entstehen oder wieder zerfallen. Man kann vielleicht vermeiden, zum Opfer zu werden, doch dem Schicksal eines »Kollateralverlustes« läßt sich nicht entrinnen. Dies gibt dem Gespenst der Ungewißheit, das über der zu einem globalen Grenzland umgestalteten Welt schwebt, eine völlig neue, unheimliche Dimension.

Der »Sozialstaat«, die Krönung der langen Geschichte der europäischen Demokratie und zugleich bis vor kurzem ihre vorherrschende Form, ist gegenwärtig auf dem Rückzug. Er stützte seine Legitimation und gründete seine Ansprüche auf die Loyalität und Folgsamkeit seiner Bürger auf das Versprechen, sie gegen Arbeitslosigkeit, Ausschluß und Zurückweisung wie auch gegen unvorhersehbare Schicksalsschläge zu beschützen und abzusichern – gegen die Zuweisung zum »menschlichen Abfall«, die aus individuellen Unzulänglichkeiten oder Unglücksfällen resultieren mochte; kurz gesagt: der Sozialstaat versprach, den Lebensläufen, in denen ohne ihn Chaos und Zufälligkeit herrschen würden, Sicherheit und Gewißheit zu geben. Sollten die Glücklosen stolpern und stürzen, würde allemal jemand bereitstehen, um ihnen die Hand zu reichen und wieder auf die Beine zu helfen.

Damals wie heute war (und ist) die durch die Wettbewerbsorientierung gesteigerte undurchsichtige Lage auf dem Arbeitsmarkt die Hauptquelle für Zukunftsunsicherheit, für Ungewißheit über den eigenen Sozialstatus und schwankende Selbstachtung, die den Bürgern zusetzt(e). Der *Sozial*staat wollte seine Bürger vor allem gegen diese Form der Ungewißheit schützen, indem er ihre Arbeitsplätze sicherer machte und so die Zukunft gesicherter erscheinen ließ. Aus Gründen, die bereits erörtert wurden, trifft dies aber heute nicht mehr zu. Der heutige Staat kann das Versprechen des Sozialstaats nicht mehr einlösen, und seine Politiker wiederholen dieses Versprechen auch nicht mehr. Statt dessen verweist ihre Politik auf eine noch unsicherere Zukunft und ein von Risiken begleitetes Leben, das sehr viel Wagemut verlangt, während eine langfristige Lebensplanung nahezu unmöglich wird; sie appellieren an ihre Wähler, »flexibler« zu sein (das heißt, sich auf noch größere Unsicherheit gefaßt zu machen) und sich selbst um ihre eigenen, individuellen Lösungen für die gesellschaftlich erzeugten Probleme zu bemühen.

Die dringendste Anforderung, der sich jede Regierung zu stellen hat, die den Abbau und das Hinscheiden des Sozialstaates verwaltet, besteht deshalb im Finden oder Erfinden einer neuen »Legitimationsformel«, mit der sich die Durchsetzung staatlicher Autorität und die Forderung nach Disziplin begründen lassen. Staatsregierungen können keinen glaubwürdigen Schutz mehr bieten, wenn die Menschen als »Kollateralverluste« des wirtschaftlichen Fortschritts, der heute in den Händen freischweifender globaler ökonomischer Kräfte liegt, unter die Räder kommen. Doch sie können die Sorgen um die persönliche Sicherheit verstärken, die sich mit ähnlich frei umherziehenden terroristischen Verschwörern verbinden; sie können dann mehr Sicherheitsleute versprechen, ein dichteres Netz von Röntgenmaschinen und ein weiterreichendes System von Überwachungskameras, häufigere Kontrollen, mehr vorbeugende Zugriffe und mehr Vorbeugehaft zum Schutz der Bürger. So sieht die zweckdienliche Alternative aus.

Die Mentalität einer »belagerten Festung«, der körperlichen Bedrohung und des gefährdeten Privatbesitzes muß aktiv kultiviert werden, als Kontrast zur allzu greifbaren und täglich erfahrenen Unsicherheit, die die Märkte entstehen lassen, die ihrerseits auf Hilfe aus der Politik nicht angewiesen sind und statt dessen gern allein gelassen werden. Die Bedrohungen müssen in den düstersten Farben gemalt werden, so daß ihr *Nichtwahrwerden* der verängstigten Öffentlichkeit noch eher als *außergewöhnliches* Ereignis präsentiert werden kann als das Eintreten der vorweggenommenen Apokalypse. Ein günstiger Ausgang ist dann vor allem auf das außerordentliche Können, die Wachsamkeit, Sorgfalt und den guten Willen der staatlichen Organe zurückzuführen. Und so geschieht es auch, und zwar mit spektakulären Auswirkungen. Die CIA und das FBI warnen die Amerikaner fast täglich, mindestens aber einmal pro Woche vor bevorstehenden Anschlägen auf ihre Sicherheit, versetzen sie damit in einen permanenten Alarmzustand und halten sie darin auch dauerhaft, indem sie die persönliche Sicherheit konstant in den Brennpunkt ebenso unterschiedlicher wie diffuser Anspannungen rücken – und zugleich erinnert der amerikanische Präsident seine Wähler immer wieder daran, daß »nur ein Fläschchen, ein Kanister, eine in dieses Land geschmuggelte Kiste vonnöten ist, um uns einen Tag des Grauens zu bereiten, wie wir noch keinen erlebt haben«. Andere Regierungen, die die Beerdigung des Sozialstaats verwalten, imitieren diese Strategie eifrig, wenngleich mit etwas weniger Leidenschaft (das ist wohl eher auf Geldmangel als auf mangelnden Willen zurückzuführen). Ein neues öffentliches Verlangen nach einem starken Staat, der in der Lage ist, die schwindenden Hoffnungen auf Schutz gegen die Einsortierung zum Abfall wiederaufleben zu lassen, gründet sich auf *persönliche* Verwundbarkeit und *persönliches* Sicherheitsbedürfnis, nicht auf *soziale* Unsicherheit und *soziales* Schutzbedürfnis.

Amerika übernimmt, wie in so vielen anderen Fällen, bei der Entwicklung dieser neuen Legitimationsformel eine Vorreiterrolle und setzt die Maßstäbe. Es kann kaum überraschen, daß so manche Regierung, die sich vor diese Aufgabe gestellt sieht, mit positiven Erwartungen nach Amerika blickt, dessen Politik sie für ein nachahmenswertes Beispiel hält. Zwischen den einzelnen Regierungen scheint es, jenseits der vermeintlichen und offen geäußerten Meinungsverschiedenheiten zu den geeigneten Vorgehensweisen, eine echte »Geistesverwandtschaft« zu geben, die sich keinesfalls auf eine momentane Übereinstimmung bei kurzfristigen Interessen reduzieren läßt; sie wirkt vielmehr wie ein ungeschriebenes, stillschweigendes Abkommen der Mächtigen im Staat, das auf eine gemeinsame Legitimationspolitik abzielt. Daß dem so sein könnte, zeigt sich in dem Eifer, mit dem der britische Premierminister, der von anderen europäischen Regierungschefs mit zunehmendem Interesse beobachtet wird, alle amerikanischen Neuigkeiten aufnimmt und importiert, die mit der Herstellung eines »Staatsnotstands« zu tun haben. Dazu gehören zum Beispiel das Einsperren von »Ausländern« (die euphemistisch als »Asylbewerber« bezeichnet werden) in Lager, die unhinterfragte Priorität von »Sicherheitserwägungen« über Menschenrechte, das Abschaffen oder Außerkraftsetzen einer Vielzahl von Menschenrechten, die seit der Zeit der Magna Charta und der Habeas-Corpus-Akte gültig waren, eine

»Null-Toleranz«-Politik gegenüber vermeintlichen »Kriminellen in der Entwicklungsphase« sowie regelmäßig wiederholte Warnungen, daß *einige* Terroristen *irgendwo* und *irgendwann* ganz gewiß zuschlagen werden. Wir alle sind potentielle Kandidaten für die Rolle der »Kollateralverluste« in einem Krieg, den wir nicht erklärt und dem wir auch nicht zugestimmt haben. Die Mächtigen hoffen, daß die herkömmlichen Ängste vor sozialer Marginalisierung ganz klein erscheinen, vielleicht sogar völlig beseitigt werden, wenn sie mit jener als sehr viel unmittelbarer und dramatischer präsentierten Bedrohung verglichen werden.

Der Begriff »Kollateralschaden« hätte eigens erfunden werden können, um den menschlichen Abfall zu bezeichnen, der für die neuen, weltweiten Grenzland-Bedingungen typisch ist. Hervorgebracht hat diese der stürmische und ungezügelte Globalisierungsdrang, der sich bis heute allen Zähmungs- und Regelungsversuchen erfolgreich widersetzt hat. Die Ängste, die sich auf diese Variante moderner Abfallproduktion beziehen, scheinen die traditionelleren mit Abfall verbundenen Befürchtungen und Sorgen zu überlagern. Kein Wunder, daß sie bei der Konstruktion (und folglich auch den Versuchen zur Dekonstruktion) neuer und weltweit gültiger Machthierarchien eifrig bemüht werden.

Die neuen Ängste wirken auch zerstörerisch auf das Vertrauen ein, das Bindemittel jeglichen menschlichen Zusammenseins. Schon Epikur schrieb (im Brief an Menoikeus), daß »es nicht so sehr die Hilfe unserer Freunde ist, die uns hilft, sondern das sichere Wissen, daß sie uns helfen werden«. Ohne Vertrauen zerfällt das Netz der menschlichen Bindungen, und die Welt wird zu einem noch gefährlicheren und noch mehr Furcht einflößenden Ort. Die Ängste, die von der Grenzland-Variante des Abfalls erzeugt werden, neigen zur Selbstreproduktion, Selbstbekräftigung und Selbstvergrößerung.

Vertrauen wird durch allumfassendes Mißtrauen ersetzt. Alle Bindungen gelten als unzuverlässig, nicht vertrauenswürdig, mit Fallen und Hinterhalten verbunden – bis zum Beweis des Gegenteils; fehlt es jedoch an Vertrauen, dann ist schon der bloße Gedanke an einen »Beweis«, geschweige denn an einen endgültigen und abschließenden Beweis, alles andere als klar und überzeugend. Wie würde ein wirklich glaubwürdiger Beweis denn aussehen? Man würde ihn nicht (an)erkennen, wenn man ihn zu Gesicht bekäme; selbst bei einer direkten Konfrontation würde man nicht glauben, daß er tatsächlich ist, was zu sein er vorgibt. Deshalb muß das Anerkennen eines Beweises auf unbestimmte Zeit verschoben werden. Die Bemühungen um das Anknüpfen und Festigen von Bindungen entwickeln sich zu einer endlosen Abfolge von Experimenten. Menschliche Bündnisse, Verpflichtungen und Bindungen entwickeln kaum noch eine solche Festigkeit, daß man sie für ganz und gar verläßlich erklären kann, denn sie sind experimentell, »auf Probe« akzeptiert und stets von der Einstellung »Laß uns abwarten und sehen, wie es funktioniert« geprägt. Aus dem Mißtrauen geboren, erzeugen sie weiteres Mißtrauen.

Verpflichtungen (Arbeitsverträge, Ehebündnisse, Übereinkünfte zum »Zusammenleben«) werden mit einer »Kündigungsoption« im Hinterkopf eingegangen; ihr Wert und der Grad ihrer Erwünschtheit bemißt sich nach der Solidität ihrer »Ausstiegsklauseln«. Mit anderen Worten: Es ist von Anfang an klar, daß ihr letzter Bestimmungsort tatsächlich ein Müllplatz ist, so wie es sein sollte und unweigerlich kommen wird. Verpflichtungen werden vom Augenblick ihres Entstehens an als potentieller Abfall betrachtet und so auch behandelt; Brüchigkeit (nach Art des biologischen Abbaus) gilt deshalb als ihr Vorteil. Dabei wird leicht vergessen, daß die Verpflichtungen, die zu stabilen Bindungen führen, zuallererst angestrebt wurden und immer noch angestrebt werden, um der unfaßbaren, grauenerregenden Zerbrechlichkeit der menschlichen Existenz ein Ende zu bereiten …

Des Vertrauens beraubt und von Mißtrauen durchdrungen, ist das Leben von Widersprüchen und Mehrdeutigkeiten erfüllt, die es nicht auflösen kann. In der Hoffnung, unter dem Zeichen des Abfalls weiterzukommen, taumelt es von Enttäuschung zu Frustration, und jedesmal landet es genau an dem Punkt, dem es zu Beginn der Erkundungsreise zu entkommen hoffte. Ein in diesem Stil gelebtes Leben läßt eine ganze Reihe unerfüllter und aufgegebener Beziehungen hinter sich - den Abfall der globalen Grenzland-Lebensweise, die dafür bekannt ist, daß sie Vertrauen als Zeichen von Naivität und als Falle für die Einfallslosen und Leichtgläubigen umdeutet.

4
Kultur des Abfalls

In der unübersichtlichen Geschichte der Produktion und Entsorgung menschlichen Abfalls spielten die Vision von »Ewigkeit« und ihr gegenwärtiger Bedeutungsverlust eine entscheidende Rolle.

Nur die Unendlichkeit ist ohne Einschränkung wahrhaftig allumfassend. Unendlichkeit und Ausschluß sind inkompatibel; dasselbe gilt für Unendlichkeit und Ausgenommensein. In der Unendlichkeit von Zeit und Raum kann alles geschehen – und muß alles geschehen. Alles, was war, ist und noch Wirklichkeit werden kann, hat dort seinen Platz. Nur der Begriff eines »Nichtraums« hat keinen Platz in der Unendlichkeit. Der Begriff, der absolut nicht in die Unendlichkeit integrierbar ist, ist der der Überflüssigkeit – des Abfalls.

Joseph Cartaphilus aus Smyrna, der Held in *Der Unsterbliche*, einer Geschichte von Jorge Luis Borges, fand in der Stadt der Unsterblichen folgendes heraus:

»Belehrt durch jahrhundertelange Übung hatte die Gemeinschaft der Unsterblichen die Vollendung der Duldsamkeit, ja der Nichtachtung erlangt. Sie wußte, daß innerhalb eines unendlichen Zeitraums jedem Menschen alles widerfährt. Auf Grund seiner vergangenen oder künftigen Tugenden hat jeder Mensch Anspruch auf alle Güte. [...] Der flüchtigste Gedanke gehorcht einem unsichtbaren Plan und kann eine geheime Form krönen oder stiften. [...] Niemand ist jemand, ein einziger Unsterblicher ist die gesamte Menschheit.«[1]

In der Unendlichkeit kann nichts ohne Bedeutung sein, selbst wenn diese Bedeutung für menschliche Wesen, denen in ihrer begrenzten Lebensspanne nicht genug Zeit gegeben ist, sie zu dechiffrieren oder ihre Enthüllung zu erleben, unlesbar und unergründlich bleibt. In der Unendlichkeit *geht nichts verloren*, wie in der

---

1 Vgl. Jorge Luis Borges, *Der Unsterbliche*, S. 22f.

hinduistischen Vorstellung von ewiger Wiederkehr und Reinkarnation, oder *existiert für alle Zeit*, wie im christlichen Gedanken eines linearen Fortschreitens von der irdischen Lebenswelt des sterblichen Fleisches zur Unterwelt der Seelen, in der die wahre Bedeutung der Taten des Menschen ergründet, beurteilt und entsprechend belohnt oder bestraft wird. In der Unendlichkeit mögen einzelne Menschen aus dem Blickfeld der Sterblichen entschwinden, doch niemand versinkt unwiederbringlich im Nichts, und jedes Urteil, mit Ausnahme des letzten, unendlich entfernten, ist, sofern es sich als endgültig ausgibt, voreilig und ein Zeugnis des Betrugs oder der sündhaften Eitelkeit.

Die »Unendlichkeit« ist natürlich nur eine abstrakte Konstruktion, eine geistige Extrapolation der Erfahrung langen Zeitraums; eine Extrapolation, die durch die lähmende Kürze der körperlichen Existenz und der quälenden Unvollkommenheit des Lebenswerks ausgelöst wird. Die Vorstellung von der Unendlichkeit steht für eine imaginierte Erweiterung der Gegenwart, in der die Bedeutung aller vergangenen, gegenwärtigen und zukünftigen Augenblicke enthüllt wird und alles einen Sinn bekommt; alle Mühen werden ihre guten oder giftigen Früchte tragen, Verdienste werden belohnt und Laster bestraft – oder, besser gesagt, Taten werden aufgrund ihrer noch unbekannten Auswirkungen, also ihrer weitreichenden, letztlich endgültigen Konsequenzen, als verdienstvoll oder lasterhaft eingestuft. Das ist so, weil diese Konsequenzen nicht aus der Erfahrung zu erschließen sind und nicht vollständig bekannt sein können, wenn die Abfolge der Ereignisse in Gang kommt und alles, was geschieht, von Bedeutung ist – von Bedeutung sein *muß*. In der Unendlichkeit geschieht nichts, von dem man sagen könnte, es sei überflüssig, durch bloßen Zufall in den Strom der Ereignisse geraten, nicht wirklich notwendig, entbehrlich; es passe nicht in die (einem selbst unverständliche) Ordnung der Dinge und zähle nicht in der (für den Betrachter unerforschlichen) Fülle der Zeit. Alles, was war, muß ein Teil von Gottes Weltordnung und der göttlichen Abfolge allen Seins gewesen sein, und es lag außerhalb der Macht des Menschen, Urteile über die Angemessenheit und Weisheit von dessen Existenz abzugeben; das höchste, was Menschen zustand, war das Bemühen um ein Verständnis des verborgenen Zwecks. In Gottes Weltordnung kann nichts überflüssig sein – selbst wenn der unzulängliche menschliche Verstand das annimmt und ihr sündhafter Charakter die Menschen sich so verhalten läßt, als sei dem so. In der göttlichen Kette allen Seins ist nichts überflüssig, was immer die Menschen dahingehend unternehmen mögen.

Aus diesem Grund »zählen wir unsere Tage und sorgen wir dafür, daß sie zählen«,[2] wie Hans Jonas prägnant formuliert hat. Paradoxerweise ist es nicht die ewige Dauer als solche, sondern die Verbindung von Unsterblichkeit mit der Sterblichkeit des einzelnen Menschen, mit der Kürze individueller Existenz, was jedem einzelnen Tag Bedeutung verleiht. »Das betrifft jeden von uns: Das Wissen, daß wir nur kurz hier sind und daß unserer Lebenserwartung eine nicht zur Verhandlung stehende Grenze gesetzt ist, mag sogar ein notwendiger Ansporn dafür sein, unsere Tage zu zählen und dafür zu sorgen, daß sie zählen« – allem, was wir tun, eine anhaltende Bedeutung zuzumessen und in allem, was geschieht, nach einer tieferen Bedeutung zu suchen.

Der demütigende und schmerzhafte Widerspruch zwischen der strikt begrenzten individuellen Präsenz auf Erden und der ungerührten Beständigkeit der Welt war seit Anbeginn der Geschichte ein integraler Bestandteil der Lebenserfahrung des Menschen. Bis zum Anbruch der Moderne war das Leben eine tägliche Konfrontation zwischen der Vergänglichkeit der ersteren und der Dauerhaftigkeit der letzteren und eine tägliche Probe auf die unaufhebbare Inkommensurabilität beider Seinsweisen. In Sachen Dauerhaftigkeit lagen alle Vorteile auf seiten der Welt, die jedes lebende menschliche Individuum mit Sicherheit überleben würde.

Solange dieser Zustand anhielt, war die Idee der Unendlichkeit gesichert, ebenso wie ihre legislative und exekutive, sinnstiftende Macht über das menschliche Leben auf Erden. Ihre Sicherheit wurde untergraben, sobald sich die Menschen daranmachten, »al-

2 Hans Jonas, »The Burden and Blessing of Mortality«, S. 34-40.

les, was fest ist, einzuschmelzen« und »alles Heilige zu entweihen« (zwei verschiedene Möglichkeiten, dieselbe Denkweise und dasselbe Handeln auszudrücken). Diese Sicherheit zerfiel, sobald – in der »flüchtigen« Phase der Moderne – die Vorteile im Spiel ums Überleben sich von der Welt »dort draußen« in Richtung des individuellen Lebens verschoben. Gegenwärtig ist letzteres eine Entität mit einer *längeren* Lebenserwartung als jeder andere Bestandteil seiner Lebensumgebung und außerdem das einzige Wesen mit einer *steigenden* Lebenserwartung.

Während das vormoderne Leben noch eine tägliche Probe auf die unendliche Dauerhaftigkeit all dessen war, was sich vom sterblichen Leben unterschied, ist das flüchtige moderne Leben eine tägliche Probe auf die universelle Vergänglichkeit. Nichts auf der Welt ist mehr von Dauer, geschweige denn von ewiger Dauer. Was heute nützlich und unentbehrlich ist, wird morgen – bis auf wenige Ausnahmen – zu Abfall. Nichts ist wirklich notwendig, nichts ist unersetzlich. Alles, was geboren wird, trägt das Zeichen des bevorstehenden Todes; alles, was von den Fließbändern rollt, trägt ein Verfallsdatum; Baumaßnahmen beginnen erst, wenn eine Abrißgenehmigung vorliegt (sofern erforderlich), und Verträge werden erst unterzeichnet, wenn ihre Geltungsdauer festgelegt oder ihre Kündigungsregelung auf die Zukunftsrisiken abgestimmt ist. Keine Maßnahme und keine Entscheidung ist endgültig, nichts ist unwiderruflich. Keine Verpflichtung hält so lange an, daß nicht eine Widerrufsmöglichkeit bliebe. Alles, was auf der Welt ist, geboren oder hergestellt, menschlich oder nicht, ist auf Widerruf hier und entbehrlich. Ein Gespenst schwebt über den Bewohnern der flüchtigen modernen Welt und all ihren Tätigkeiten und Hervorbringungen: das Gespenst des Überflüssigseins.

Die flüchtige Moderne ist eine Zivilisation des Exzesses, des Überflüssigseins, des Abfalls und der Entsorgung von Abfall.

Exkurs: Kultur und Ewigkeit

Wir, die Menschen, wissen, daß wir sterblich sind – zum Sterben bestimmt. Es ist schwer, mit diesem Wissen zu leben. Mit diesem

Wissen zu leben wäre schlicht unmöglich, wenn es die Kultur nicht gäbe. Die Kultur, die große Erfindung des Menschen (vielleicht die wichtigste von allen: eine Metaerfindung, eine Erfindung, die den Erfindergeist anregte und alle weiteren Erfindungen ermöglichte), ist ein Vehikel, das die menschliche Lebensweise, eine Lebensweise, zu der das Wissen um die eigene Sterblichkeit gehört, erträglich erscheinen läßt – wider alle Logik und Vernunft.

Dies ist schon für sich genommen nach allen verfügbaren Maßstäben keine geringe Leistung. Doch zur Kultur gehört mehr als das: Irgendwie gelingt es ihr, den *Schrecken des Todes in eine treibende Lebenskraft zu verwandeln*. Sie gewinnt der *Absurdität* des Todes die *Bedeutsamkeit* des Lebens ab. »Die Gesellschaft selbst ist [...] überall in der Welt ein lebendiger und herausfordernder Mythos des Sinnes des menschlichen Daseins«,[3] schreibt Ernest Becker. Zumindest war das so, »überall in der Welt«, obwohl die konkrete Vorgehensweise von einem Ort zum anderen und von einem Zeitalter zum anderen variierte, mit verblüffend unterschiedlichen Auswirkungen auf Form und Stil des menschlichen Lebens.

All diesen Gestaltungsformen war die Urheberschaft und die Autorisierung irgendeiner Anleitung zur Transzendenz der Sterblichkeit gemeinsam. Genau dies hat Becker im Sinn, wenn er schreibt: »Die Gesellschaft selbst ist ein kodifiziertes Heldensystem«; sie ist »eine Konstruktion aus Rangordnungen und Rollen, Sitten und Verhaltensmaßregeln, um einem diesseitigen Heroismus zu dienen«, und sie ist »ein Hoffen und eine Beteuerung«: »Der Mensch schafft sich diese Dinge innerhalb der Gesellschaft, weil er sich von ihnen bleibende Werte und Bedeutungen verspricht, weil er hofft, sie würden Tod und Verfall überleben und überwinden, weil er glaubt, daß der Mensch und seine Werke zählen.«[4]

---

3 Ernest Becker, *Dynamik des Todes*, S. 28f.

4 Ebenda, S. 28, 24 und 25.

Ich möchte hier gleich anmerken, daß der Begriff »Heroismus« in die Irre führen kann. Ein angebotenes Rezept zu akzeptieren, die empfohlene Dosis der verordneten Medizin einzunehmen, sich insgesamt einzuordnen und im guten Glauben den gewohnten Abläufen zu folgen, die, so ist es versprochen, zum ewigen Leben führen sollen: nichts von alledem verlangt die Art von Mut oder die Bereitschaft zur Selbstaufopferung, die wir im allgemeinen mit unseren Vorstellungen von Heldentaten verbinden. Im günstigsten Fall ist das eifrige Bemühen, den Tod mit Hilfe bestimmter Utensilien in die Schranken zu weisen, deren einschlägige Wirksamkeit die Gesellschaft verbürgt hat, eine kunstvolle Magie gleich dem Kraftakt der Alchimisten: Sie soll Dauerhaftigkeit sichern, vielleicht sogar ewige Dauer, und setzt dabei äußerst zerbrechliches Rohmaterial und offensichtlich nur zeitweilig vorhandene Kräfte ein. Dies ist zweifellos eine herausragende, außergewöhnliche, nahezu unfaßbare Leistung in einer Größenordnung, die im Rückblick vielleicht den Anspruch auf den Titel eines Helden rechtfertigt. Der Titel hat jedoch nur als das Privileg weniger Auserwählter einen Sinn. Bezeichnet man hingegen eine ganze Gesellschaft als »Helden*system*«, ist zu bedenken, daß die Mittel und Wege für eine solche Errungenschaft ganz gewöhnlichen Leuten zur Verfügung stehen, die nicht über die erlesenen, seltenen Begabungen und den Mut der gewiß kleinen Schar tapferer Helden verfügen, für die der Begriff »Heldentum« in seiner ursprünglichen Bedeutung geprägt worden ist. Der Trick würde einfach nicht wirken, die Gesellschaft könnte kaum zum »Helden*system*« werden, solange nicht *»jedermann* dazu beitragen könnte«. Um es ganz direkt zu sagen: die Bezeichnung »Heldensystem« ist ein Oxymoron.

Selbst wenn unterschiedlichen Menschen verschiedene Vehikel für den Weg in die Ewigkeit angeboten werden, ist der wichtigste Unterschied zwischen solchen Vehikeln, das kann man wohl sagen, derjenige zwischen Privatautos und öffentlichen Bussen. Beckers Vorschlag bedarf einer Korrektur. *Die Gesellschaft – und die Kultur, die die menschliche Gesellschaft zu einem*

System macht - ist eine Einrichtung, die auch nicht heldenhaft veranlagten, gewöhnlichen Menschen eine tägliche, faktisch beobachtbare Heldentat ermöglicht.

Es gibt in der Tat zwei kulturelle Listen, die das Leben mit dem Wissen um die Unausweichlichkeit des Todes erträglich machen - nicht nur eine.

Die verbreitetste List erfordert keinerlei Heldentum, weder im engeren noch im weiteren Sinn. Die Aufgabe dieser List ist es nämlich, die reine Notwendigkeit, sich heldenhaft zu verhalten, abzuschaffen oder zumindest auszusetzen, indem wenig Raum für solche Situationen gelassen wird, die das Thema der Transzendenz zwingend auf die Tagesordnung setzen. Blaise Pascal notierte vor mehr als dreihundert Jahren den folgenden Gedanken: »Da die Menschen nicht Tod, Elend und Unwissenheit heilen konnten, sind sie, um sich glücklich zu machen, auf den Einfall gekommen, nicht daran zu denken.«[5] Denn, so fügt er hinzu: »Der Tod ist leichter zu ertragen, wenn man nicht an ihn denkt, als der Gedanke an den Tod, wenn man außer Gefahr ist.« Das heißt, daß wirkliche Gefahren das Denken ganz in Anspruch nehmen, die Gefühle erschöpfen und alle Energie für das Handeln beanspruchen, so daß man im Augenblick der Gefahr wohl weniger über den Tod nachdenkt als in einer Zeit des Müßiggangs.

Andere Zeitvertreibe, die weniger fordernd und riskant sind als der Kampf gegen tödliche Bedrohungen, auch wenn sie uns nicht weniger in Anspruch nehmen, werden mit einem sehr ähnlichen Effekt gesellschaftlich praktiziert: Sie verdrängen das Nachdenken über den Tod aus dem alltäglichen Tun. Es handelt sich dabei nach Pascals Ansicht um *Zerstreuungen*, die die verfügbare Zeit von Anfang bis Ende ausfüllen. Sie lassen keine unausgefüllten, müßigen Augenblicke zu, in denen die Gedanken ziellos umherwandern, denn diese sollen sich nicht einmal zufällig

5 Vgl. hierzu das Kapitel »Zerstreuung« in: Blaise Pascal, *Gedanken*, hier: S. 94, 103, 96, 97.

auf die elementare Vergeblichkeit unserer vermeintlich wichtigen und anspruchsvollen, Zeit und Energie verbrauchenden Lebensbesorgnisse konzentrieren. »Nicht diesen trägen und ruhigen Gebrauch, der uns an unsere unglückliche Lage denken läßt, sucht man, [...] sondern die Unruhe, die uns abhält, an unsere Lage zu denken, und die uns zerstreut.« Diese Präferenz macht uns »die Jagd lieber als die Beute«: »Dieser Hase würde uns nicht vor dem Gedanken an den Tod und dem Elend bewahren, das uns davon ablenkt, die Jagd jedoch bewahrt uns davor.« (Oder, wie Robert Louis Stevensons Erkenntnis lautete: Hoffnungsvoll zu reisen ist besser als anzukommen.) Ein toter Hase mag auf der Prioritätenliste des Jägers ganz unten stehen, doch das Jagen steht auf dieser Liste ganz oben und muß auch dort bleiben, denn so vergeblich es für sich genommen auch sein mag, seine Vergeblichkeit ist unentbehrlich für das Überdecken jener anderen Vergeblichkeit, die wirklich zählt.

Max Scheler hielt die Konsequenzen der verbreiteten Anwendung der »Zerstreuungs-List« fest. Scheler deutete jedoch, im Unterschied zu Pascal, die Flucht in die Zerstreuung eher als historische Episode denn als Ausdruck der ewigen Zwangslage des Menschen: als Ergebnis der modernen Revolution der menschlichen Daseinsweise. Er beklagte diese Neuerung als tödliche Gefahr für den Drang des Menschen nach Transzendenz.

Der Tod ist den modernen Männern und Frauen aus dem Blick geraten, sie leben nicht mehr »›angesichts des Todes‹«. Dieses »Nichtdasein des Todes« ist nach Schelers Auffassung »eine Art negativer Bewußtseinsillusion des modernen Menschentyps«.[6] Er ist kein Teil der Bestimmung des Menschen mehr, dem man sich, in all seiner Majestät, respektvoll stellen muß. Der Tod ist auf den Status einer beklagenswerten Katastrophe herabgestuft worden, einem Pistolenschuß gleich oder einem Ziegelstein, der vom Dach fällt. Das Leben hat seinen inneren Zusammenhalt verloren, seit der Gedanke an die eigene Sterblichkeit

6 Max Scheler, *Tod und Fortleben*, hier: S. 8, 26, 27, 25.

praktisch aus der Vorstellungswelt verschwunden ist und sich langfristige Vorhaben wie auch die tägliche Lebenspraxis nicht mehr an ihr ausrichten. Das Leben wird von einem Tag zum andern gelebt, »bis merkwürdigerweise plötzlich kein neuer Tag mehr da ist«. Doch die *Furcht vor dem Tod* ist im Alltag in den Hintergrund getreten oder ganz daraus verschwunden, ohne in ihrem Gefolge die erhoffte spirituelle Ruhe zu bringen. Sie wurde umgehend durch *Lebensangst* ersetzt. Diese andere Angst bringt ihrerseits ein Lebensgefühl mit sich, das die Welt zum »kalten Gegenstand der Berechnung« macht und von einem unstillbaren Durst nach immer neuen Besitztümern und vom »Fortschritts«-Kult getrieben wird, welcher für sich genommen eine bedeutungslose Idee ist, ohne Ziel und Sinn. »Das Fortschreiten selbst«, hier zitiert Scheler Werner Sombarts berühmtes Verdikt, ist sein einziger praktischer Zweck.

Die anhaltende Entwertung der »Langfristigkeit« als solcher ist ein gemeinsamer Nenner der Eigenschaften, die bereits verloren oder so bedrohlich geschwächt sind, daß ihr völliger Verlust droht: diejenigen Eigenschaften von Dingen und Staaten, die solide sind, langlebig und beständig, letztlich für die *Ewigkeit* bestimmt, an die sich all diese Phänomene zwar nur auf unvollkommene, aber dennoch hoffnungs- und sehnsuchtsvolle Art und Weise annähern ... Man ist versucht zu sagen: Die Ewigkeit ist am Ende angelangt; es war eine sehr lange Zeit, die Jahre, Jahrhunderte, Jahrtausende währte. Die Ewigkeit wirkte seit den Anfängen der Menschheit wie ein vertrauenswürdiger Begleiter/Führer des Menschen. Es sieht jedoch ganz danach aus, als hätten sich die Wege der Ewigkeit und der Menschheit bereits getrennt oder als trennten sie sich bald; Männer und Frauen müssen heute ihren Weg von der Kindheit bis ins Greisenalter gehen, ohne die geringste Ahnung vom Sinn ihrer Reise zu haben und ohne auf die Bedeutsamkeit des Ganzen zu vertrauen.

Die Ewigkeit war eines der wenigen echten Universalphänomene der Kultur. Dem nüchternen, logisch geübten Verstand mag dies seltsam erscheinen, jedenfalls auf den ersten Blick; man braucht in der Tat einige Phantasie, um sich so etwas wie »ewige Dauer« auch nur *vorstellen* zu können, doch deren *Visualisierung* übersteigt die menschliche Verstandeskraft. »Ewigkeit« kann in keiner Form der »Innenseite« menschlicher Erfahrung entnommen werden. Man kann sie weder sehen noch berühren, hören, riechen oder schmecken. Und dennoch wird man vergeblich nach einer menschlichen Kultur suchen, die die Ewigkeit nicht für etwas Selbstverständliches hielte. Sich der Ewigkeit bewußt zu sein (wir sollten vielmehr sagen: an die Ewigkeit zu glauben) kann in der Tat als ein wesentliches Merkmal der Menschlichkeit angesehen werden.

Die Auflösung dieses Paradoxons scheint in einem anderen menschlichen Universalphänomen zu liegen: in der Sprache. Vielmehr in einem weiteren Paradoxon, das unauflöslich mit dem Verfügen über Sprache verbunden ist.

Weil wir, die Menschen, Sprache haben, sind wir uns unweigerlich der Tatsache bewußt, daß alle Lebewesen sterblich sind, was auch für jeden von uns Menschen gilt; wir werden - genauer: *ich* werde - sterben, und das wird früher oder später allen anderen Menschen widerfahren, die wir kennen oder von denen wir wissen, all diesen Männern und Frauen, mit deren Leben unser Leben verknüpft ist. Doch aus dem gleichen Grund ist niemand von uns mit der unmittelbaren Wirklichkeit der Erfahrung verbunden. Die Sprache mag uns mitteilen, wie die *Dinge* sind, doch die Sprache ist zugleich auch ein Messer, das uns, die Wortproduzenten, Wortbenutzer und Geschöpfe von Wörtern, von den Dingen, wie sie sind, und ihrer unmittelbaren Gegenwart abschneidet. Wir können die Wörter als Garn benutzen und daraus Leinwand weben, doch auf diesen Leinwandstücken findet sich kein Abbild irgendeiner von uns (oder sämtlichen anderen Sprachbenutzern) erfahrenen »Realität«. Der Wahrheitsgehalt und die Vertrauenswürdigkeit solcher »nichtrepräsentativer« Leinwände unterscheidet sich nicht wesentlich von den übrigen. Dank der Sprache können wir deshalb stellvertretend eine Welt »erfahren«, von der wir, deren Welt sie ist, entfernt worden sind:

eine Welt, *die uns nicht enthält*, die Welt, wie sie sein könnte, wenn *wir nicht mehr sind*. Eine solche Welt wirkt furchteinflößend; sie verkleinert und verunglimpft alles, was wir tun oder tun mögen, während wir selbst noch ein Teil davon sind. Die unwiderrufliche Verweigerung der Zulassung zu jener Welt ist die schmerzlichste aller erniedrigenden, entwürdigenden Zurückweisungen; vielleicht ist sie sogar der Archetypus, der jeglichen müden Abklatsch, all das Zurückweisen, Verstoßen, Auf-schwarze-Listen-Setzen, Brüskieren, Verbannen und Verfemen zu den Akten äußerster Grausamkeit macht, die sie sind.

In der Apotheke der Sprache kommen die Gifttöpfchen jedoch zumeist mit einer Beimischung des Gegengiftes vor. In dem eben beschriebenen Zusammenhang tritt der Schmerz der Vergänglichkeit gemeinsam mit der Andeutung ewiger Dauer auf. Die Endlichkeit finden wir in einem Paket mit der Unendlichkeit, die Kürze mit der Ewigkeit, die Sterblichkeit mit dem Leben nach dem Tod.

George Steiner schreibt hierzu:

»Weil wir fiktive oder mathematisch-kosmologische Geschichten über ein Universum erzählen können, das eine Milliarde von Jahren vor uns liegt; weil wir [...] über den Montagmorgen nach unserer Einäscherung diskutieren, ihn uns vorstellen können; weil ›wenn‹-Sätze [...], nach Belieben ausgesprochen, Vergangenheit, Gegenwart und Zukunft leugnen, neu aufbauen oder verändern und dabei die Determinanten pragmatischer Realität *anders* abbilden können, lohnt es sich weiterhin, diese Existenz zu erfahren. Hoffnung ist Grammatik.«[7]

Kurz darauf fügt er hinzu: »Doch selbst diese Grammatologien der Emanzipation weichen dem Wunder - denn es ist gewiß nichts Geringeres - der Zukunft des englischen Verbs ›to be‹, dem des ›shall‹ und des ›will‹, deren Artikulation den Atemraum für Furcht und Hoffnung, für Erneuerung und Innovation erzeugt, welche die Kartographie des Unbekannten sind.« Das Erstaunen über die enorme, beeindruckende Errungenschaft der

---

7 George Steiner, *Errata*, S. 114.

menschlichen Erfindungsgabe ist selbst wenig erstaunlich: das Pauschalarrangement ist wahrlich verblüffend. Der Erwerb von Vergeblichkeit in Verbindung mit Werthaltigkeit, von Absurdität in Verbindung mit Sinn, von Furcht in Verbindung mit Hoffnung war vielleicht der beste Handel, den die Menschheit jemals abgeschlossen hat.

Die Erfindung der Ewigkeit liegt in der Magie der Sprache begründet; sie ist eine ebenso seltsame wie bemerkenswerte Erfindung - und zugleich auch etwas Unvermeidliches, etwas, was nicht *nicht* erfunden werden kann. Wirklich unvorstellbar wäre eine menschenähnliche, mit Sprache ausgestattete Spezies, die die Erfindung der Ewigkeit versäumte. Das wäre schon deshalb unvorstellbar, weil es bedeutete, sich seiner eigenen Sterblichkeit nicht bewußt zu sein. Für sich genommen jedoch, in ihrer ursprünglichen, rohen, unbearbeiteten Form, hätte die Vorstellung von der Ewigkeit nur die Verzweiflung gesteigert, die von der Gewißheit des Todes ausging. Es brauchte ein Band, eine starke Schnur, ein Scharnier, mit dem sich das zeitlich begrenzte, schon bald endende Leben und die immerwährende Welt verbinden ließen.

Iwan, der »intellektuellste« unter den Brüdern Karamasow in Fjodor Dostojewskijs gleichnamigem Roman, wußte, wie schwer es ist, in dem Bewußtsein der Ewigkeit zu leben, doch ihm war ebenso bewußt, wie schwer es ist, ohne dieses Bewußtsein ein Mensch zu sein ... Nach den Worten von Pjotr Alexandrowitsch Miusow, einer anderen Figur in diesem Roman, beteuerte Iwan bei einer Gesellschaft, Liebe sei gegen die Natur, »und wenn es auf Erden Liebe gebe und bisher gegeben habe, so nicht kraft eines Naturgesetzes, sondern allein deshalb, weil die Menschen an ihre Unsterblichkeit glaubten«.[8] Sobald die Menschheit jenen Glauben verlöre, »würde in ihr sofort nicht nur die Liebe versiegen, sondern auch jede lebendige Kraft, das irdische Leben fortzusetzen. Nicht genug damit:

---

8 Fjodor M. Dostojewskij, *Die Brüder Karamasow*, S. 97f., 781, 860f.

dann werde es nichts Unsittliches mehr geben, alles wäre erlaubt, sogar die Menschenfresserei.« Wenn der Glaube an Gott und die Unsterblichkeit erlischt und durch die Vernunft ersetzt wird, wird der Egoismus zur einzig vernünftigen Richtschnur. Iwan, gedrängt, seine Überzeugung preiszugeben, bekennt schließlich: »Es gibt keine Tugend, wenn es keine Unsterblichkeit gibt.«

Iwans Bruder Dmitrij bemerkt - im Gespräch mit seinem Bruder Alexej, der ihn im Gefängnis besucht - über den Seminaristen Rakitin, dieser behaupte: »›Ein kluger Mensch darf alles‹.« Und er ergänzt: »Daß mir Gott leid tut? Das alles ist Chemie, mein Lieber, Chemie! Da kann man nichts machen, Euer Hochwürden [Gott, Z.B.], rücken Sie ein wenig zur Seite, die Chemie kommt!«

»Sobald sich die Menschheit einstimmig von Gott« und der Ewigkeit lossagt (was mit erbarmungsloser Logik, »als Parallele zu den geologischen Perioden, eintreten wird«), »werden sich [die Menschen] zusammenschließen, um aus dem Leben alles herauszuholen, was das Leben geben kann, aber unbedingt für das Glück und für die Freude nur in dieser, hiesigen Welt.« Dann wird der »Gott-Mensch« erscheinen, und »[d]er Mensch wird sich im Geiste göttlichen, titanischen Stolzes erhöhen«. Das Wissen des Menschen, daß das Leben nur ein flüchtiger Augenblick und ihm keine zweite Chance gegeben ist, wird die Natur der Liebe verändern. Die Liebe wird keine Zeit mehr haben, sich auf Dauer einzurichten. Was sie an Dauerhaftigkeit verliert, wird sie an Intensität dazugewinnen. Sie wird heller als je zuvor lodern, in dem Bewußtsein, daß sie dazu verurteilt ist, in einem einzigen Augenblick aufs intensivste durchlebt und aufgebraucht zu werden, anstatt, wie früher, »in der Erwartung der jenseitigen und unendlichen Liebe« sich auszubreiten ...

Hier redet, das wollen wir festhalten, der Teufel, der Iwan in seinem Alptraum heimsucht, der Veränderung das Wort.

Alptraum? Wieso Alptraum? Weil die ganze Menschheit noch Jahrtausende brauchen wird, um dazuzulernen und den Zustand der Weisheit zu erreichen, in dem sich bisher nur Satan und die wenigen Gelehrten befinden ... Während die übrige Menschheit im Zustand des Aberglaubens verharrt und sich durch den dunklen Gang der Ewigkeit tastet, wird diese aufgeklärte Minderheit zu Göttern werden - nicht zu *unsterblichen* Göttern unter Sterblichen, sondern zu *freien* Göttern in einer Welt von Sklaven. »Für einen Gott existiert kein Gesetz! Wo Gott ist, dort ist schon Gottes Platz! Wohin ich komme, dort ist sogleich der erste Platz ... ›Alles ist erlaubt‹ und damit basta!«

Vielleicht wartet ja am Ende des Weges zur Weisheit der Vernunft ein Paradies der leidenschaftlichen Liebe. Aber die Reise dorthin kann Jahrtausende dauern. Und in der Zwischenzeit, solange wir ihn beschreiten, Kilometer für Kilometer, Jahr für Jahr, erleben wir - die Hölle. Kann die Hölle der Weg zum Paradies sein? Und ist das Paradies die in der Hölle verbrachten Jahrtausende wert?

Das sind die Fragen, die gebildete Menschen wie Iwan Karamasow oder Rakitin (oder tatsächlich Satan) immer wieder stellen, mit denen sie sich quälen. In der jüdischen Tradition war zu einem bestimmten Zeitpunkt in der Geschichte das Zeitalter der Prophezeiungen, der direkten Ansprache Gottes an die Menschen, beendet. (An der Schwelle des modernen Zeitalters sollte Pascal dieses Ende in seinem Gedanken vom *Deus absconditus* wiederentdecken. Sobald die Autorität der Kirche als kollektiver Vermittler zwischen Gott und den Menschen zu schwinden begann, fanden die Menschen heraus, daß ihre Anrufungen ohne Antwort blieben und am anderen Ende der Verbindung keine hörbare Stimme zu vernehmen war.) Lawrence Jay Young schreibt: »Gott entschied, einen früher offenstehenden Kanal zur Verständigung zu schließen. Niemand begriff, warum dies geschah.« War Er gekränkt, desillusioniert, abgestoßen angesichts seines ungehorsamen, widerspenstigen, stets zu Kapriolen aufgelegten Geschöpfes? Oder wollte er dieses Geschöpf nur auf die Probe stellen und sehen, wie gut (oder schlecht) die Menschen unterwiesen waren und wie sie mit den Versuchungen und der Widerwärtigkeit der Welt zurechtkamen, in die er sie geworfen hatte? Vielleicht war auch die Tatsache, daß die direkte Verbindung erlosch, nur

> »Gottes Art, uns mitzuteilen, es sei nicht mehr nötig, daß er uns ständig umschwebe und jede unserer Bewegungen kommentiere ... Gott muß annehmen, wir könnten jetzt auf eigenen Füßen stehen und einander ebenso Gerechtigkeit widerfahren lassen wie der Welt, die in unsere Obhut gegeben worden ist. Die einzige noch verbleibende Frage ist, ob sich die Menschen Gottes Vertrauen als würdig erweisen werden.«[9]

Die eigentliche Bedeutung des »Endes des Zeitalters der Prophezeiungen« liegt darin, daß wir, die Menschen, zu einer Entscheidung verdammt sind, zu einer Entscheidung, für deren letztliche Richtigkeit es keinerlei Gewißheit gibt; und wir werden uns dennoch immer wieder entscheiden müssen, denn es gibt nicht den geringsten Hinweis darauf, wie (oder ob!) der Fluch der Ungewißheit ausgelöscht werden kann. Die Menschen waren auf sich allein gestellt, durch gebieterische Anweisungen wie »Kein Zweifel mehr!« und »Kein Ungehorsam gestattet!«, sie litten unter dem grausamen Verdikt und ihrer daraus resultierenden gewaltigen Aufgabe, und deshalb bezeichneten sie jenen unbeschwerten, sorglosen Zustand, in dem man nicht mehr wählen mußte und von der Vorahnung frei war, daß die eigenen Taten gut *oder* böse sein können, als »Paradies«.

Zu Beginn der Moderne stellte der Mensch fest: *Deus* war *absconditus*. Mit Anbruch der Moderne wurde auch die Kultur entdeckt, und man fand heraus, daß sie sich hinter dem sprechenden Gott versteckt hatte. Jetzt war es Aufgabe der von Menschenhand geschaffenen Kultur, der bereits geschaffenen wie auch der erst noch entstehenden, das sterbliche Leben mit der Ewigkeit der Welt zu verbinden und aus dem stark dahinströmenden Fluß vergänglicher menschlicher Errungenschaften Krümel der Festigkeit und Dauerhaftigkeit zu fischen (wie Baudelaire das wohl ausgedrückt hätte).

---

9 Lawrence Jay Young, *Diminished Being*, S. 159ff.

Heutzutage verwandelt sich jegliches Abwarten, jedes Zögern, jede Verspätung in ein Stigma der Unterlegenheit.

Das Drama des Machtgefälles wird täglich in unzähligen Eingangshallen und Wartezimmern aufs neue aufgeführt (Sekretäre und persönliche Assistenten, doch immer häufiger auch Wachleute übernehmen dabei die Rolle der Inspizienten). Einige (rangniedrigere) Menschen werden dabei gebeten, Platz zu nehmen, und müssen dann warten, bis einige andere (ranghöhere) Menschen »Zeit für sie haben«. Das sichtbare Kennzeichen des Privilegs (und wohl einer der bedeutendsten schichtenbildenden Faktoren) ist der Zugang zu Schnellverfahren, zu den Mitteln, die einen unverzüglich in den Genuß der Vergünstigung bringen. Die Rangfolge in der Hierarchie wird anhand des Geschicks (oder der Unfähigkeit) festgestellt, die Zeitspanne, die einen Wunsch von seiner Erfüllung trennt, zu verringern oder ganz aufzuheben. Der Aufstieg in der sozialen Hierarchie wird anhand der gesteigerten Fähigkeit gemessen, das, was man will (was immer es sein mag), *jetzt gleich* zu haben – ohne Verzögerung.

Erinnern wir uns: Die »Ewigkeit« ist ein Werk der Einbildungskraft. Dieses Werk geht von der Erfahrung des »langen Zeitraums« aus – von einer langen, langen Zeit, die noch vor einem liegt, ohne daß ein Ende abzusehen ist; Dinge und Menschen umgeben einen und bleiben gegenwärtig, und es sieht nicht so aus, als würden sie zerfallen oder aus dem Blickfeld verschwinden. Dieses Werk geht von einer solchen Erfahrung aus: von einer endlosen, monoton wiederholten Erfahrung des »es (sie/er) ist immer da«, »es (sie/er) wird nicht weggehen«. Aus einer solchen Erfahrung wird die Vorstellung von »Ewigkeit« gebildet: aus Gesichtern und Orten, gewohnten Abläufen und Ritualen, Bildern und Klängen, die vertraut sind, vertraut bleiben und aller Erwartung nach immer so vertraut wirken werden wie jetzt in diesem Augenblick. Doch heute ist von solchen Erfahrungen nur wenig geblieben – im Treibsand der proteischen, kaleidoskopischen Bilder. In der *Lebenswelt* der Menschen ist nur wenig übriggeblieben, was man als »verläßlich« bezeichnen könnte, von »felsenfest« ganz zu schweigen.

Eine Freundin von mir, die in einem Land der Europäischen Union lebt, eine hochintelligente, hervorragend ausgebildete, einzigartig kreative Person, die mehrere Sprachen perfekt beherrscht und Einstellungstests und Vorstellungsgespräche meist mit Glanz und Gloria hinter sich bringt, beklagte sich in einem privaten Brief über den Arbeitsmarkt, der »so dünn wie Gaze und so zerbrechlich wie Porzellan« sei. Zwei Jahre lang arbeitete sie als freiberufliche Übersetzerin und Rechtsberaterin und durchlebte dabei das ganze Spektrum der Schwankungen des Marktglücks. Als alleinerziehende Mutter sehnte sie sich nach einem regelmäßigeren Einkommen und entschied sich für eine feste Stelle, die mit einer monatlichen Überweisung aufs Bankkonto entlohnt wurde. Eineinhalb Jahre lang beriet sie im Dienst einer Firma aufstrebende Unternehmer zu den Feinheiten des staatlichen und des EU-Rechts, doch weil diese neuen Unternehmen sich nur langsam entwickelten, ging die Firma prompt bankrott. Weitere anderthalb Jahre arbeitete sie dann für das Landwirtschaftsministerium und leitete eine Abteilung, die für die neu aufzubauenden Kontakte zu den seit kurzem unabhängigen baltischen Staaten zuständig war. Dann kam die nächste Wahl, die neue Regierung beschloß, dieses Arbeitsgebiet in private Hände zu geben, und löste die Abteilung auf. Der nächste Job dauerte nur ein halbes Jahr: Die staatliche Kommission für ethnische Gleichberechtigung folgte den Vorgaben zur Kürzung der Staatsausgaben und strich ihre Stelle.

Die spektakuläre, weniger als zwanzig Jahre umfassende Geschichte vom atemberaubenden Aufstieg und unfaßbaren Zusammenbruch des Energieversorgungsriesen Enron ist gut dokumentiert. Unter der Führung neuer Manager (zunächst Kenneth Lay, später Jeffrey Skilling) eilte dieses zuvor eher unauffällige provinzielle Erdgas-Vermarktungsunternehmen quasi über Nacht von einem mühelosen Erfolg zum anderen. Führende Ökonomen und Finanzexperten lobten das Unternehmen wegen seines unersättlichen Hungers nach wirtschaftlichem Wachstum. (Conal Walsh faßt die in jener Zeit herrschende Meinung zusammen: »Lay und Skilling wurden zu Helden der Deregulierung und Aposteln des freien Marktes erklärt« und für ihr Festhalten an einer »rücksichtslosen Friß-oder-stirb-Philosophie« bewundert.)[10] Doch nur wenig später machten dieselben Autoritäten ihren bisherigen Liebling nieder und wollten nichts mehr mit ihm zu tun haben. Die Folgen von Ronald Reagans Politik der Deregulierung (von »Enron als Chance betrachtet, die das Unternehmen auch nutzte«) wurden sehr viel weniger diskutiert, weil sie bei näherer Betrachtung weniger einzigartig und sensationell, dafür aber sehr viel vertrauter wirkten in bezug auf die Misere, die Moral, die Weltsicht und die Lebensplanung der sukzessive eingestellten und dann wieder gefeuerten Kohorten von Enron-Angestellten. Stellenbewerber »wurden einer rigorosen Überprüfung unterzogen und mußten bei allem, was sie taten, einen stark ausgeprägten Sinn für Dringlichkeit unter Beweis stellen«. In der Tat - bei *allem*. Dies war kein einmaliger Test - das Leben bei Enron war eine tägliche Prüfung, und der Druck ließ niemals nach. In diesem Betrieb entstand kein Vertrauenskapital, auch die Erinnerung an den eindrucksvollsten Erfolg hatte kaum bis zum nächsten Morgen Bestand, wenn auf das »Killing« (in diesem Kontext: den »Riesenreibach«) von gestern nicht gleich ein weiterer, noch verblüffenderer Knüller folgte. »Zweimal im Jahr wurden 15 Prozent des Personals rituell gefeuert und durch Neueinstellungen ersetzt. Und weitere 30 Prozent wurden gemahnt, ihre Leistungen zu verbessern.« Von den Beschäftigten, von den »alten« wie von den eben erst eingestellten, wurde absolute Hingabe an ihre Tätigkeit verlangt - und dennoch war klar, daß diese nur von kurzer Dauer sein würde. Enron war kein Ort für den Aufbau eines Lebensplans, es war nur ein Campingplatz für tragbare Zelte, die einfach aufzuschlagen und noch einfacher abzubauen waren. Wer in diesem Unternehmen arbeitete, stand unentwegt kurz vor der Entlassung, sein Leben mutete wie eine tägliche Probe für die Abfallentsorgung an. Niemand war vor dem Hinauswurf völlig sicher, und wenn der Tag dann kam, konnte man ihn in

---

10 Hier sowie im folgenden vgl. Conal Walsh, »Fallen Idols of the Free Market«, in: *The Observer*, 26. Juli 2002, S. 8f.

den meisten Fällen als willkommene Befreiung von der Anspannung begrüßen und empfand ihn keineswegs als willkürlichen Schicksalsschlag. »Die Halsabschneider-Kultur in diesem Unternehmen [...] zerstörte die Moral und den internen Zusammenhalt« ihrer Angestellten. Sie zermürbte auch die Widerstandskraft gegen die Zuordnung zum Abfall und den bestehenden Zustand, der solche Aussichten real erscheinen ließ. Wenn dann die Zeit zur Räumung des Schreibtisches gekommen ist, und sie kommt eher früher als später, dann nehmen solche Angestellten nur eine dauerhafte Erkenntnis mit nach Hause: das nüchterne, aber zweifellos hilfreiche Wissen darum, daß die Trennlinie nur sehr dünn und brüchig ist, die Linie zwischen einer Machtposition und dem Abfallhaufen, zwischen einem ruhmreichen Augenblick und einer demütigenden Niederlage, einem Ehrenzeichen und dem Stigma der Schande, einer herzlichen Umarmung und kühler Zurückweisung.

Vermutlich nehmen sie auch noch etwas anderes mit, zwei wichtige Lektionen, die sie bei Enron gelernt haben.

Erste Lektion: Jeder Tag ist genausoviel wert – und kein bißchen mehr –, wie man ihm an Befriedigendem abgewinnen kann. Die Belohnung, auf die man realistischerweise hoffen und hinarbeiten kann, liegt in einem *anderen Heute*, nicht in einem *besseren Morgen*. Die Zukunft liegt außerhalb der eigenen (eigentlich außerhalb jedermanns) Reichweite, also beendet man am besten die Suche nach dem Goldschatz am Ende des Regenbogens. »Langfristige« Sorgen sind etwas für die Einfältigen und Unbedarften. Wie die Franzosen sagen: *Le temps passe vite, il faut profiter de la vie* ... Also sieh zu, daß es dir möglichst gutgeht in den Zeiten, die zwischen den Fahrten zum Abfallhaufen liegen.

Zweite Lektion: Halte dir alle Optionen offen, was immer du sonst noch tun magst. Treueschwüre sind etwas für dieselben glücklosen Typen, die sich auch »langfristige« Sorgen machen. Lege dich niemals länger fest als unbedingt nötig. Gestalte deine Verpflichtungen oberflächlich und dürftig, so daß sie beendet werden können, ohne Wunden und Narben zu hinterlassen. Loyalität und

Hingabe haben ein »Verfallsdatum«, wie alle anderen Waren auch. Halte nicht einen Augenblick länger daran fest als nötig.

Die Erfahrungen der Männer und Frauen bei Enron konnten gar nicht so einzigartig sein, wie die auf das abrupte Ende des Unternehmens folgende Publicity suggerierte: Wäre dem so gewesen, würden nicht Forschungsinstitute im gesamten wohlhabenden Teil der Welt eifrig nach einem Medikament suchen (so berichtete vor kurzem die *Village Voice*,[11] mit dem sich die »akute Belastungsreaktion« (post-traumatic stress disorder, PTSD) heilen läßt oder mit dem deren Symptome gelindert werden können. Für eine solche Erfindung muß es einen großen Markt geben. An der Ponce School of Medicine auf Puerto Rico versuchen Wissenschaftler, das Gehirn dazu zu bringen, Angst und Hemmungen zu »verlernen«; an der Harvard-Universität experimentiert man mit Propranolol-Tabletten, die »die Auswirkungen eines Traumas im Keim ersticken« sollen. Forscher auf dem Irvine Campus der Universität von Kalifornien erzielten im Tierversuch mit Ratten bereits Erfolge bei der Unterdrückung hormoneller Angstreaktionen – eine »Dämpfung der Entwicklung von Erinnerungen und Gefühlen, die sie hervorrufen«. Was kommt als nächstes? Eine Möglichkeit wäre der Soldat, der »Flammen und Schreie« erzeugt, »ohrenbetäubende Explosionen und eine unvergeßlich beißende Luft«, der Soldat, der über ein Gelände geht, das »mit den zerschmetterten Körpern von Frauen und Kindern übersät ist«, und dann »zurückeilt, um Pillen zu schlucken, die ihn im Verlauf von zwei Wochen gegen die lebenslange, quälende Reue immunisieren«. Auf diese Weise würde es der Soldat fertigbringen, dasselbe noch einmal zu tun. Die Forscher verhalten sich zwar zu den Ursachen der »akuten Belastungsreaktion« streng neutral, doch sie verteidigen die moralischen Grundlagen ihrer Arbeit wie auch der erhofften Resultate; die Medikamente werden die Personen, die »das Killing besorgten« (ob

---

11 Hier sowie im folgenden vgl. den Artikel von Erik Baard, «The Guilt-Free Soldier«, in: *Village Voice*, 22.–28. Januar 2003, zitiert nach *The Guardian*, 8. Februar 2003.

sie nun Soldaten oder Enron-Händler waren), vor dem Trauma bewahren, das sie auf den Abfallhaufen befördern würde. Ihre Kritiker wenden ein, daß dies die unmoralische Praxis, die Menschen zu Abfall erklärt, einschließlich deren schneller und radikaler Entsorgung, nur noch einfacher und billiger machen und um so verlokkender erscheinen lassen werde. Die Forscher werden darauf vermutlich antworten, ihre Aufgabe sei es, »den Ausbruch einer Krankheit zu verhindern, nicht die sozialen Begleitumstände zu verändern, die sie hervorbringen«.

Im Interview mit Oliver Burkman, einem Mitarbeiter des *Guardian*, erklärte ein 18jähriges englisches Mädchen ihren Vater, einen Lehrer, zu ihrem Antihelden: »Ich will nicht auf mein Leben zurückblicken und dabei sehen, daß ich einen Job angenommen habe, weil er sicher war, und immer dabeigeblieben bin.«[12] Väter, die ein Leben lang die gleiche Arbeit verrichtet haben (falls es solche Väter noch gibt), dienen ihrem Nachwuchs zur Warnung und Abschrekkung: Diese Art Lebensstil müssen wir auf jeden Fall vermeiden. Ein aus Boston stammender selbständiger Berater von High-Tech-Firmen beklagte sich bei Richard Sennett aus der Perspektive des Vaters über den Wertekonflikt: »Du kannst dir nicht vorstellen, wie dumm ich mir vorkomme, wenn ich meinen Kindern etwas über Verpflichtungen erzähle. Es ist für sie eine abstrakte Tugend, sie sehen sie nirgendwo.«[13] Natürlich gibt es in den Väter-Biographien nur wenige überzeugende Belege für die segensreichen Wirkungen eingehaltener Verpflichtungen. Sie haben vielleicht versucht, sich für etwas Solideres und Dauerhafteres einzusetzen, als sie selbst individuell verkörpern konnten, für eine Berufung, eine Sache, einen Arbeitsplatz, und sind dabei (wenn überhaupt) nur auf wenige ernsthafte und ausdauernde Abnehmer gestoßen, die gewillt waren, ihr Angebot einer lebenslangen Verpflichtung anzunehmen.

---

12 Oliver Burkman, »My Dad is a Living Deterrent«, in: *The Guardian*, 21. März 2001.

13 Richard Sennett, *Der flexible Mensch*, S. 29.

Den Dingen nachzujagen und sie dynamisch anzupacken, solange sie noch frisch und attraktiv sind – so etwas ist »in«. Jedes Zögern und Sichabfinden mit dem, was schon vorhanden ist, ist »out«. »In« und »out«, das gilt auch für die jeweiligen Anhänger solch gegensätzlicher Strategien. John Kotter, ein Professor der Harvard Business School, rät seinen Lesern, langfristige Festanstellungen zu meiden; man sei gut beraten, wenn man keine Loyalität zu einer Institution entwickle und sich nicht zu intensiv auf irgendeine vorgegebene Arbeit einlasse, in einer Zeit, in der »Geschäftskonzepte, Produktdesigns, Wettbewerbsvorteile, Kapitalausstattung und *jedwedes Wissen* [Hervorhebung, Z.B.] nur noch sehr kurze Zeit Gültigkeit haben«.[14]

Benjamin Franklins Feststellung »Zeit ist Geld« entsprang einer hohen Anerkennung der Zeit: Zeit ist ein Wert, Zeit ist wichtig, Zeit ist etwas, das es zu schätzen und zu pflegen gilt, so wie dein Kapital und deine Investitionen. Das gegenwärtige »Ungeduldssyndrom« vermittelt eine gegenteilige Botschaft: Zeit ist gleichbedeutend mit Langeweile und Routine, sie steht für Mühe und eine Brüskierung der menschlichen Freiheit und ist eine Herausforderung für die Rechte des Menschen, und nichts von alledem muß frohgemut ertragen werden. Die Zeit ist ein Dieb. Stimmst du dem Warten zu, einer Verzögerung deiner Belohnung, die dir für deine Geduld zusteht, dann werden dir die Freuden und Vergnügungen entgehen, die nur einmal im Leben kommen und dann für immer verschwinden. Das Vergehen von Zeit ist auf der Soll-Seite der menschlichen Lebenspläne zu verbuchen; es bringt Verluste mit sich, keine Gewinne. Das Vergehen von Zeit verweist auf ungenutzte Chancen, die man hätte ergreifen und verwerten sollen, als sie sich boten.

Warten ist eine Schande, und die Schande des Wartens fällt auf denjenigen zurück, der wartet. Warten ist etwas, für das man sich schämen muß, weil es als Zeichen von Trägheit oder niederem Status angesehen und bewertet wird, als Symptom der Zurückwei-

---

14 John Kotter, *Die neuen Spielregeln für die Karrieren,* S. 209.

sung und Signal für den Ausschluß. Der Verdacht, nicht wirklich gefragt zu sein, eine Intuition, die dem bewußten Denken stets sehr nahe ist, drängt jetzt an die Oberfläche und sorgt dort für einige Unruhe: Warum muß ich warten auf das, was ich verlange/begehre? Haben meine Wünsche das Gewicht, das sie verdienen? Werden sie so respektiert, wie es sein sollte? Werde ich wirklich gebraucht und bin ich wirklich willkommen? Oder hole ich mir eine Abfuhr? Und wenn es dann so kommt: Ist diese Abfuhr ein Hinweis darauf, daß ich bereits vor dem Hinauswurf stehe? Bin ich der/die nächste auf der geheimen Kündigungsliste jener Leute, die mich warten lassen?

Ein Teufelskreis, wie es noch kaum einen gegeben hat. Das schwindelerregende Tempo des Wandels entwertet alles, was heute wünschenswert und erwünscht erscheinen mag, und kennzeichnet es von Anfang an als den Abfall von morgen. Andererseits weckt die Furcht, selbst auf den Abfallhaufen zu wandern, die der Lebenserfahrung dieses verwirrend schnellen Wandels entspringt, das Verlangen, noch begeisterter mitzumachen und sich einen noch zügigeren Wandel zu wünschen ...

»Schulden werden für die Mittelschicht zur Norm«, lautet die Schlußfolgerung der Autoren einer Studie, die Lucy Purdy von der Werbeagentur Publicis initiierte und leitete.[15] Man erwartete, daß mehr als 1,7 Milliarden Pfund (rund 2,54 Milliarden Euro), die in der Weihnachtszeit 2002 per Kreditkarte ausgegeben wurden, bis Ende Januar 2003 noch nicht beglichen sein und so den bereits bestehenden Schuldenrekordstand weiter in die Höhe treiben würden. Frances Walker vom Schuldenberatungsdienst teilt uns mit, der durchschnittliche Rat und Hilfe suchende Klient stehe mittlerweile mit etwa 24000 Pfund (knapp 36000 Euro) in der Kreide – eine Steigerung von 5 Prozent gegenüber dem Vorjahr. Die britischen Konsumenten scheinen hier (im Stil der britischen Politik) wie üblich

15 Vgl. den Bericht von Ben Summerskill und Tom Reilly in: *The Observer*, 19. Januar 2003, S. 13.

dem amerikanischen Vorbild zu folgen: Die Gesamtschulden der amerikanischen Privathaushalte stiegen von 200 Milliarden Dollar im Jahr 1964 auf 7,2 Billionen Dollar im Jahr 2002; Ende 2002 erreichte der Schuldenstand 40 Prozent des Pro-Kopf-Einkommens.[16]

Drei von fünf Personen, die von den Publicis-Forschern interviewt wurden, gaben an, sie hätten Schulden gemacht, um Dinge zu kaufen, deren Erwerb sie später bereut hätten; einer von drei Befragten räumte ein, Dinge erworben zu haben, die man sich eigentlich nicht leisten konnte. Die Versuchung sei jedoch zu stark gewesen. Die Autoren des Berichts gaben den Opfern solcher Begehrlichkeiten folgenden Rat: »Wenn Sie einem Kaufangebot nicht widerstehen können, dann nehmen Sie sich vor, nur 15 bis 30 Minuten in einem Geschäft zu bleiben.« Mit anderen Worten: Verkürzen Sie die geplante Bedenkzeit noch mehr; je mehr Zeit man mit dem Abwägen von Kaufentscheidungen verbringt, desto größer wird das Risiko. Die wirksame Therapie gegen den verderblichen Spontaneinkauf«, der vom Streben nach Freude motiviert ist, besteht in einer noch kürzeren Bedenkzeit …

Die Autoren des Berichts zitieren das Credo eines 29jährigen Designers aus Leeds: »Ich glaube an das Leben für den Augenblick. Wenn ich jetzt etwas haben will, dann spare ich nicht ein Jahr lang darauf: Ich kaufe per Kreditkarte. […] Ich kaufe lieber auf Kredit, statt mich zurückzuhalten und mir etwas zu versagen.« Und ein 28jähriger Beschäftigter im öffentlichen Dienst faßt seine Einstellung freimütig und nüchtern so zusammen: »Man nimmt seinen ersten Kredit auf und schöpft ihn voll aus. Dann nimmt man den nächsten auf, um den ersten abzuzahlen. Nach einiger Zeit wirkt das alles wie Monopoly-Geld. Man denkt dann: ›Ich habe schon 20000 Pfund Schulden, was ist schon dabei, wenn noch mal 200 Pfund dazukommen?‹« Und ein weiteres resigniertes Eingeständnis lautet: »Wenn man immer im Rahmen seiner Verhältnisse leben würde, könnte man nie irgendwas unternehmen.«

---

16 Vgl. Frédéric F. Clairmont, »Überschuldetes Imperium«, in: *Le Monde diplomatique* (deutschsprachige Ausgabe), 11. April 2003, S. 7.

Lucy Purdy versucht die Ergebnisse zu deuten: »Eine allgemeine Unzufriedenheit hat uns in unserem Privatleben sehr nachsichtig und zugleich ungeduldig werden lassen. Wir wollen unser Los jetzt gleich verbessern. Deshalb machen wir Schulden. Der wichtigste Punkt ist dabei: Schulden scheinen die früher übliche ungünstige moralische Bewertung vollkommen verloren zu haben.«

Es ist seltsam, erstaunlich, verblüffend: Einkäufe auf Kredit sind die einzigen langfristigen Verpflichtungen, die die Bewohner der flüchtigen modernen Welt nicht nur tolerieren und erdulden, sondern freudig eingehen. Sie sehen das Aufnehmen von Schulden allmählich sogar als eine vorteilhafte Art von Verpflichtung an, die im Kampf und beim Sieg über die anderen, bösartigen Varianten hilft. Die Kreditkartenanbieter unterstützen diesen Glauben von ganzem Herzen und versprechen, Schulden bei anderen Kreditkartenunternehmen zu übernehmen und »zurückzuzahlen« … In dieser Gedankenwelt gibt es nicht viel Logik. Doch wer außer den bezahlten oder freiwilligen Hofsängern hat jemals gesagt, die Konsumgesellschaft gedeihe auf der Basis von Logik und entsprechend logisch geleitetem Verhalten ihrer Kunden?

Warum sind Kredite und die Gelegenheit, Schulden zu machen, so sehr erwünscht, und warum werden sie so eilfertig angeboten und so freudig und dankbar angenommen? Die einfache, aus dem Ärmel geschüttelte und zudem – wie wir oben gesehen haben – allgemeinste Antwort lautet: um die Befriedigung von Bedürfnissen, Begehrlichkeiten oder Wünschen zu beschleunigen und zu verkürzen. Nach reiflichem Nachdenken – obwohl das hohe Tempo des Spiels von Angebot und Nachfrage reifliches Nachdenken nur selten zuläßt – kommt man allerdings zu folgendem Ergebnis: Der wesentliche Vorzug des bequemen Zugangs zu Krediten besteht darin, daß es leichter wird, Dinge, die man nicht mehr braucht, begehrt und wünscht, wieder loszuwerden. Denken Sie noch einmal nach, und Sie werden feststellen: Sobald der Kauf auf Kredit und das Leben mit Schulden zur Norm werden, greift dies immer tiefer in die Gestaltung des Verbraucherlebens ein. (Neil Scaife, einer der

Publicis-Forscher, stellt hierzu fest: »Man gilt als Naivling in Geldangelegenheiten, wenn man keine Schulden hat«, denn das Eingehen von Schuldverpflichtungen »scheint als kluges Handeln angesehen zu werden«.) Schulden können das Aufkommen neuer Wünsche beschleunigen und zugleich den Abstand zwischen der Entstehung dieser Wünsche und ihrer Erfüllung verkürzen - aber sie beschleunigen auch das Dahinschwinden von Wünschen und deren Ersetzung durch Unmut und Zurückweisung. Insgesamt verkürzen sie die Lebensdauer der Objekte der Begierde und erleichtern und beschleunigen deren Transfer auf den Abfallhaufen. Warum sollte man, solange man jederzeit über Kredit- und Schuldenoptionen verfügt, eine Sache behalten, die »einem keine vollständige Befriedigung verschafft«? (Was immer unter einer »vollständigen Befriedigung« zu verstehen sein mag.) Kredite und Schulden sind die Hebammen des Abfalls, und diese Funktion ist die Hauptursache ihrer spektakulären Karriere in der Konsumgesellschaft.

Über Los Angeles, die Stadt, nach deren Vorbild die meisten Bewohner anderer Städte ihren eigenen Wohnort liebend gern umbauen würden, schreibt Michelle Ogundehin, es habe »ein Geschick dafür, den Ruhm von heute zur vergessenen Modeerscheinung morgen zu machen«.[17] Erst vor kurzem kam das dortige Architektenbüro Marmol Radziner and Associates zu blitzartigem Ruhm, und zwar dank der (nach den Maßstäben ihres städtischen Geschäftssitzes erstaunlichen, schockierenden und äußerst kuriosen) Idee, ein 1946 erbautes Haus, das zuletzt Barry Manilows Wohnsitz gewesen war, von mehreren Schichten späterer Modestile zu befreien und den ursprünglichen, längst verachteten und vergessenen »Modern Style« wiederherzustellen. Dieses spektakuläre Schaustück für die Kunst des Abfallrecyclings muß den richtigen Ton getroffen haben. Zwei Partner setzten zumindest einen kurzen Augenblick lang den Geschmacksmaßstab für die Reichen

17 Michelle Ogundehin, »California Dreams«, in: *The Observer Magazine*, 12. Januar 2003, S. 36f.

der Stadt. Sie »verschreiben sich [jetzt] einer romantischen Vorstellung«: sie träumen von »etwas Zeitlosem«. Zeitlos? Ihr Traum ist, »schöne Gebäude zu errichten, die auch in zwanzig Jahren noch stehen«.

Die Kolumnen in den Lifestyle-Zeitschriften, die den Dingen gewidmet sind, die »neu« oder »in« sind (dem, was man haben und tun, in dessen Besitz oder bei dessen Ausführung man gesehen werden muß), stehen in unmittelbarer Nachbarschaft der Kolumnen zu dem, »was out ist«, was man nicht haben oder tun und in dessen Besitz oder bei dessen Tun man sich nicht ertappen lassen darf. Informationen zu den neuesten Moden erhält man im Verbund mit den Nachrichten zum neuesten Abfall: Der zweite Teil des Informationspakets wächst mit jeder neuen Ausgabe der Zeitschrift beständig an.

Caroline Roux räumt unter der Überschrift »The look of 2003« ein (Vorsicht, wenn Sie dies hier lesen, sind die folgenden Informationen vielleicht schon stark veraltet): »Ich habe nicht darum gebeten, daß die Inneneinrichtung demselben hektischen Wandlungsprozeß unterworfen werden soll wie die Kleidermode, aber es ist so gekommen. Und wenn Sie sagen: Unter keinen Umständen der Burberry vom letzten Jahr – warum sollten Sie dann die Bodenbeläge vom letzten Jahr kaufen?« Deshalb müssen zum Beispiel »diese großen Schalen mit den Lilien weichen. Das ist Glamour im alten Stil.« »Geben Sie sich nicht mehr mit lichtdurchlässigem Plastik ab.« »Riesige Protzsofas im zeitgenössischen Stil sind einfach keine Lösung.« »Gummi- und Linoleumböden erinnern ein bißchen an die vergangene Saison.« Dann folgt die Sahne obendrauf – damit die Leserschaft aus diesen Geschmacksurteilen nicht etwa irrtümlicherweise so etwas wie Endgültigkeit ableitet und annimmt, man habe jetzt alles Notwendige begriffen und es sei Zeit für eine dringend benötigte Pause: »Zum jetzigen Zeitpunkt würde ich mich für einen gebrauchten Parkettboden entscheiden. Aber fragen Sie mich in sechs Monaten noch einmal.«[18]

---

18 Vgl. Caroline Roux, »To Die For«, in: *The Guardian Weekend*, 1. Februar 2003.

Peter Paphides erinnert sich mit Wehmut an die alten 45er Single-Schallplatten: die Scheiben mit kurzer Spielzeit bieten uns jene Art von glückseliger Erfahrung, nach der sich unsere Zeitgenossen sehnen, ohne ihr Kapital an Zeit und Gefühlen über Gebühr zu belasten. Eine mögliche Deutung des nostalgischen Tonfalls lautet: Erst jetzt sind wir reif genug, um würdigen zu können, wie sehr die Oldies ihrer Zeit voraus waren – sie sprechen, an unseren Ohren vorbei, direkt den heutigen Lebensstil an und versuchen, den Standards zu entsprechen, um die wir uns heute bemühen. »Eine Single hat etwas Ehrliches an sich. Sie verkauft dir einen Song. Sie bleibt nicht länger, als zur Begrüßung nötig ist.« »Die Single ist ein billiges Date. Sie verlangt nur wenig menschliche Verpflichtung. Sie bittet nur um einen kleinen Anteil von deinem Taschengeld.«[19] Man könnte sagen: Wie gewonnen, so zerronnen. Es tut nicht sehr weh, wenn es Zeit ist, loszulassen; das ist ein tröstlicher Gedanke. Denk daran: Dieses Date verlangt keine *Verpflichtung*. Es ist einfach nur ein Date ... Dates dauern nur so lange, wie sie eben dauern, und wenn sie beendet sind, sind sie beendet.

Der entscheidende Punkt ist allerdings, daß selbst ein »billiges Date« mit hohen Kosten verbunden sein wird, sobald sich diese Art Treffen von einem seltenen und festlichen Vergnügen zu einem anhaltenden Zwang entwickelt – wenn es eine lebenslange Gewohnheit hervorbringt. An diesem Punkt kommen die Kreditkarten und die Möglichkeiten, Schulden zu machen, ins Spiel. Sie schaffen, ganz nach dem Versprechen der ausgebenden Banken, das Warten ab, das dem Wollen folgt. Doch zugleich holen sie (obgleich die Kreditunternehmen sich zu diesem Punkt weniger offen äußern) die Schuld aus dem Abfallhaufen heraus; sie nehmen der Trennung die seelischen Qualen und einer flüchtigen Begegnung die Gefahr einer überlangen Begrüßung. Jetzt kann man mit allen Dates, so teuer sie auch sein mögen, so umgehen, als wären sie billig ...

---

19 Vgl. Peter Paphides, »Seven Inches of Heaven«, in: *The Guardian Weekend*, 16. November 2002, S. 54ff.

Die Schönheit war, neben dem Glück, eines der aufregendsten Versprechen und Leitbilder des rastlosen modernen Geistes. Die unübersichtliche Geschichte und die semantischen Abenteuer des Traumes vom Glück habe ich an anderer Stelle kurz beschrieben.[20] Jetzt ist die Schönheit an der Reihe; ihre Geschichte kann als paradigmatisch für die Entstehung und Entwicklung der flüchtigen modernen Kultur des Abfalls gelten.

Die Begriffe, die in der Frühphase der modernen Debatte über das, »was schön ist«, am häufigsten fielen, lauteten Harmonie, Proportion, Symmetrie, Ordnung oder ähnlich - alles drehte sich um das Ideal, das Leon Battista Alberti (1404–1472) am prägnantesten formuliert hatte: das Ideal eines Arrangements, bei dem jede weitere Veränderung nur eine Veränderung zum Schlechteren sein konnte; ein Zustand, den Alberti als Vollkommenheit bezeichnete. Schönheit war gleichbedeutend mit Perfektion; und das Perfekte, das Vollkommene wurde zu Recht als schön bezeichnet. Viele moderne Künstler bemühten sich darum, einen solchen Zustand der Vollkommenheit heraufzubeschwören: sie machten das Streben danach im Sinne Albertis sogar zum Hauptthema ihres Werks. Man denke zum Beispiel an Mondrian, Matisse, Arp oder Rothko … Man schneide die bunten Rechtecke aus Mondrians Gemälden heraus und versuche anschließend, sie anders anzuordnen als Mondrian - die Chancen stehen gut, daß man die eigene Anordnung, ja *alle anderen* Lösungen ausnahmslos als unterlegen empfinden wird, als weniger ansprechend und, im direkten Vergleich, »häßlich« … Oder man schneide die Gestalten aus Henri Matisses Gemälde *Der Tanz* aus und versuche, andere Bezüge zwischen ihnen herzustellen - das wird mit großer Sicherheit zu ähnlicher Frustration führen.

Doch worin besteht letztlich die Bedeutung von »Perfektion«? Sobald das Objekt die »perfekte« Gestalt angenommen hat, ist jede weitere Änderung weder wünschenswert noch ratsam. Perfektion bedeutet, daß alle Veränderung ihren Zweck erfüllt hat und jetzt

---

20 Vgl. hierzu das 4. Kapitel meines Buches *Society under Siege*.

ein Ende haben sollte. Keine Veränderungen mehr. Ab jetzt wird alles so bleiben, wie es ist – für immer. Etwas Vollkommenes wird niemals seinen Wert verlieren, niemals überflüssig, niemals weggeworfen und deshalb auch nie zu Abfall werden, statt dessen wird jedes weitere Suchen und Experimentieren von nun an überflüssig. Deshalb müssen wir unsere Vorstellungskraft aufs äußerste anstrengen, wenn wir nach Perfektion streben, und dabei all unsere schöpferischen Kräfte einsetzen – aber nur, um die Vorstellungskraft letztlich zu einem überflüssigen Zeitvertreib und die Kreativität nicht einfach nur unnötig, sondern zu etwas Unerwünschtem zu machen ... Wenn Schönheit gleichbedeutend mit Perfektion und das Erreichen der Perfektion das Ziel der Suche ist, dann wird, sobald der Zustand der Schönheit erreicht ist, nichts Weiteres mehr geschehen. *Nach* der Schönheit kommt nichts mehr.

Lassen Sie mich wiederholen, was zu Beginn dieses Kapitels gesagt wurde: Wir, die Menschen, sind »grenzüberschreitende«, »transzendierende« Wesen und können uns gar nicht anders verhalten. Wir sind der Gegenwart voraus. Unsere Vorstellungen können, von den Sinnesempfindungen abgelöst, diesen vorauseilen. Die Welt, in der wir leben, ist der Welt unserer sinnlichen Erfahrung stets um einen Schritt, einen Kilometer oder ein ganzes Lichtjahr voraus. Diesen Teil der Welt, der die gelebte Erfahrung überragt, nennen wir »Ideale«. Die Aufgabe der Ideale besteht darin, uns auf bisher unerforschtes und nicht vermessenes Gebiet zu führen.

»Schönheit« ist eines der Ideale, die uns über die Welt, wie sie ist, hinausführen. Ihr Wert ist ganz und gar in ihrer lenkenden Kraft eingekapselt. Hätten wir ihn jemals erreicht, hätte sie jene Kraft und somit auch ihren Wert verloren. Unsere Reise wäre an ihr Ende gekommen. Es wäre nichts mehr zu überschreiten, nichts mehr zu transzendieren gewesen, also hätte es auch kein menschliches Leben mehr gegeben, wie wir es kennen. Doch vielleicht bleibt dieser Punkt für immer unerreichbar, dank der Sprache und dank der Vorstellungskraft, die durch Sprache ermöglicht wird und sie mit ihrer Hilfe zwangsläufig entwickelt.

Wir nennen viele Dinge »schön«, doch darunter gibt es keinen Gegenstand, von dem wir allen Ernstes behaupten könnten, er sei nicht mehr zu verbessern. »Perfektion« *bedeutet für alle Zeit das »noch nicht Erreichte«*, das einen Schritt oder noch weiter voraus ist, nach dem man greift und das man doch nicht richtig zu fassen bekommt. Einen Zustand, in dem weitere Verbesserungen nicht mehr wünschenswert sind, können sich wohl tatsächlich nur Menschen erträumen, die eine Menge zu verbessern haben. Die *Vision* von der Vollkommenheit mag eine Lobrede auf die Stille sein, doch die *Aufgabe* dieser Vision besteht darin, uns vom bestehenden Zustand wegzubringen und fortzudrängen … *Stille* gehört den Friedhöfen, und dennoch ist es paradoxerweise der *Traum von der Stille*, der uns am Leben hält und das Leben geschäftig macht. Solange dieser Traum unerfüllt bleibt, zählen wir die Tage, und die Tage zählen: Das Leben hat einen Sinn, es gibt noch eine Arbeit, die zu beenden ist … Die große polnische Wissenschaftlerin Marie Curie-Skłodowska vertraute ihrem Bruder in einer Mischung aus Scham und Stolz die folgende Erkenntnis an: Man nimmt niemals wahr, was schon erledigt ist; man sieht immer nur, was noch zu tun ist …

Es ist nun nicht so, daß derart verstandene Arbeit, die sich stur und ärgerlicherweise der Fertigstellung verweigert, ein reiner Segen ist und für ungetrübte Freude sorgt. Der Zustand »unbeendeter Arbeit« hat viele Reize, doch wie alle anderen Zustände ist auch er nicht perfekt …

Der große italienische Soziologe Alberto Melucci pflegte zu sagen: »Wir werden gequält von der Fragilität des Gegenwärtigen, das nach einer festen Grundlage verlangt, die es nicht gibt.« Deshalb »sind wir, wenn wir an Veränderung denken, stets hin und her gerissen zwischen Sehnsucht und Furcht, Antizipation und Ungewißheit«.[21] Das Schlüsselwort lautet: *Ungewißheit*. Ulrich Beck

21 Vgl. Alberto Melucci, *The Playing Self*, S. 43ff. Die englische Ausgabe ist eine erweiterte Fassung der 1991 unter dem Titel *Il gioco dell'io* erschienenen italienischen Originalausgabe.

spricht vorzugsweise von *Risiko* und meint damit jenen unerwünschten, unangenehmen und lästigen, zugleich auch hartnäckigen, aufdringlichen, nicht abzuschüttelnden Gefährten (oder doch eher: lästigen Schatten?!) aller Antizipation – ein bedrohliches Gespenst, das die unablässig Entscheidungen treffenden Menschen, die wir nun einmal sind, plagt. Melucci hat diesen Zusammenhang prägnant formuliert: Uns »wurde die freie Wahl zum Schicksal«.

»Wurde« ist hier vielleicht nicht das richtige Wort. Aus den zuvor bereits genannten Gründen waren die Menschen immer auch Wählende. Doch man kann wohl sagen, daß die Notwendigkeit, Entscheidungen zu treffen, niemals zuvor so tief und mit so schrecklichen Wirkungen empfunden wurde, und dies täglich und begleitet von schmerzlicher und doch unaufhebbarer Ungewißheit. Dabei haben das Ziel des Handelns und die Maßstäbe für das eigene Vorgehen selten so lange Bestand, wie es nötig wäre, um das Ziel zu erreichen und die Handlung zu vollenden, und zudem ist da die beständige Drohung, »zurückgelassen zu werden«, »neuen Anforderungen nicht zu genügen« und (größter aller Schrecken) aus dem Spiel geworfen zu werden. Es ist genau dieser nagende Zweifel, der die heutige Agonie des Entscheidens von den Sorgen unterscheidet, die den *homo eligens*, den »auswählenden Menschen«, zu allen Zeiten geplagt haben. Es ist die schmerzliche Entdeckung, daß es keine klar umrissenen Regeln und keine verläßlichen, allgemein anerkannten Ziele mehr gibt, die die Entscheidenden vollständig (oder zumindest teilweise) von der Verantwortung für die nachteiligen – falsch eingeschätzten oder unerwarteten – Folgen ihrer Wahl befreien könnten. Es gibt keine unmißverständlichen Orientierungspunkte oder narrensicheren Richtlinien mehr, und Bezugspunkte und Richtlinien, die heute noch zuverlässig erscheinen, werden schon morgen wahrscheinlich als irreführend oder fehlerhaft entlarvt.

Alles, was es in der »real existierenden Welt« gibt, scheint tatsächlich nur »bis auf weiteres« zu bestehen. Donald Rumsfeld ist noch im Jahr 2000 Aufsichtsratsmitglied des mächtigen europäischen Technologiekonzerns ABB, der an die Regierung Nordkoreas Baupläne und zentrale Baukomponenten für Atomreaktoren verkauft; in der Weihnachtszeit 2002 bezeichnet Donald Rumsfeld, Verteidigungsminister der Vereinigten Staaten von Amerika, Nordkorea als »Terrorregime, […] das kurz vor dem Zusammenbruch steht«. Einige Monate später, nach der Einnahme von Bagdad durch amerikanische Truppen, fordert er dieses Regime auf, daraus die »entsprechenden Lehren«[22] zu ziehen. Angeblich kerngesunde Unternehmen werden als Truggebilde enttarnt, die der Phantasie von Buchhaltern entsprungen sind. Was immer heute noch als »gut für Sie« gilt, kann schon morgen als Gift eingestuft werden. Vorgeblich feste Verpflichtungen und feierlich unterzeichnete Abkommen können über Nacht verworfen werden. Und Versprechen, jedenfalls die meisten, scheinen nur noch abgegeben zu werden, damit sie verraten oder gebrochen werden können. Im Wechsel der Gezeiten scheint es keine stabile, sichere Insel mehr zu geben. Um Melucci ein weiteres Mal zu zitieren: »Wir haben kein Zuhause mehr; wir werden wiederholt dazu aufgefordert, eines zu bauen und dann umzubauen, wie die drei kleinen Schweinchen im Märchen, oder wir müssen es wie Schnecken auf dem Rücken mit uns tragen.«

Insgesamt kann man sagen: Zu keiner anderen Zeit klang Robert Louis Stevensons denkwürdige Erkenntnis »Hoffnungsvoll zu reisen ist besser als anzukommen« wahrer als in unserer flüchtigen, von Vorläufigkeit geprägten modernen Welt. Wenn sich die Bestimmungsorte bewegen oder ihren Reiz schneller verlieren, als Beine gehen, Autos fahren oder Flugzeuge fliegen können, ist das In-Bewegung-Bleiben wichtiger als der Bestimmungsort. Man macht keine Gewohnheit mehr aus dem, was man gerade tut, man bindet sich nicht mehr an das Vermächtnis der eigenen Vergangenheit, man trägt die gegenwärtige eigene Identität wie ein Hemd, das prompt ersetzt werden kann, wenn es außer Gebrauch oder aus der Mode kommt; man lehnt ohne jede Hemmung oder Reue

---

22 Vgl. Randeep Ramesh, »The Two Faces of Rumsfeld«, in: *The Guardian*, 9. Mai 2003, S. 1.

die Lehren aus der Vergangenheit ab und entledigt sich früherer Qualifikationen – so sehen die Markenzeichen der heutigen, flüchtigen, modernen Lebensführung aus, dies sind die Attribute der flüchtigen modernen Rationalität. Die flüchtige moderne Kultur versteht sich nicht mehr als eine Kultur des Lernens und der Akkumulation von Wissen, im Sinne der Kulturen, die in den Berichten der Historiker und Ethnologen geschildert werden. Vielmehr sieht es nach einer *Kultur der Unverbindlichkeit, der Zusammenhanglosigkeit und des Vergessens* aus.

In dieser Art von Kultur und in den Strategien der Lebensführung, die sie bevorzugt und propagiert, ist nicht viel Platz für Ideale. Noch weniger Platz gibt es für Ideale, die ein langfristiges, fortlaufendes und nachhaltiges Bemühen um kleine Schritte vorschlagen, die hoffentlich zu eingestandenermaßen entfernten Ergebnissen führen. Und es ist überhaupt kein Platz für ein Ideal der Perfektion, das seine ganze Faszination aus dem Versprechen bezieht, all dem Entscheiden, Verändern und Verbessern *ein Ende* zu bereiten. Um es noch genauer zu sagen: Solch ein Ideal mag zwar immer noch über der Lebenswelt eines flüchtigen modernen Mannes oder einer flüchtigen modernen Frau schweben – doch nur als Traum, dessen Verwirklichung nicht mehr erwartet wird und, wenn es wirklich darauf ankommt, auch nur noch selten erwünscht ist; es ist ein nächtlicher Traum, der sich bei Tageslicht rasch verflüchtigt.

Die Schönheit scheint deshalb, in ihrer herkömmlichen Bedeutung als Ideal, nach dem zu streben und für das zu sterben sich lohnt, schwere Zeiten durchzumachen.

In dem Kontext, den George Steiner als »Kasinokultur« bezeichnete, ist jedes kulturelle Produkt auf maximale Wirkung (das heißt, es soll die kulturellen Produkte von gestern zerstören, verdrängen und entsorgen) und sofortiges Veralten angelegt (das heißt, die Zeitspanne zwischen dem Status als Neuigkeit und dem Abfalleimer wird verkürzt, denn es ist darauf zu achten, daß die Begrüßung nicht zu lange dauert und die Bühne rasch wieder freigemacht wird, so daß den kulturellen Produkten von morgen nichts mehr im Wege steht). Die Künstler, die einst die Bedeutung ihres Werks mit ewiger Gültigkeit verbanden und sich deshalb um eine Perfektion bemühten, die dem Wandel ein Ende setzen und in die Ewigkeit eingehen würde, glänzen heute mit Installationen, die wieder abgebaut werden, wenn die Ausstellung schließt. Sie inszenieren Happenings, die in dem Augenblick zu Ende sind, in dem die Schauspieler beschließen, sich etwas anderem zuzuwenden. Sie verhüllen Brücken, bis der Verkehr wieder rollt, und halb fertiggestellte Bauwerke, bis die Bautätigkeit wiederaufgenommen wird, und sie schaffen »Raumskulpturen«, die anschließend der Einwirkung der Naturkräfte ausgesetzt sind und so einen weiteren Beweis für die lächerliche Kurzlebigkeit aller Werke und für die Vergänglichkeit der Spuren der Menschen liefern – als ob noch ein weiterer Beweis dieser Art nötig wäre. Es wird von niemandem mehr erwartet (und schon gar nicht werden die Menschen ermutigt), sich heute noch an das gestrige Stadtgespräch zu erinnern, doch andererseits soll man (und darf man) sich keineswegs aus dem heutigen Stadtgespräch heraushalten.

Man darf nicht wählerisch und muß zugleich Allesfresser sein, um zur Kasinokultur der flüchtigen modernen Ära zugelassen zu werden, man sollte Abstand nehmen von einer zu engen Definition des eigenen Geschmacks und auch nicht längere Zeit an irgendeinem bestimmten Geschmack festhalten; man sollte bereit sein, alles, was aktuell angeboten wird, auszuprobieren und zu genießen, und man sollte bei den persönlichen Vorlieben alles andere als konsequent und berechenbar sein. Ablehnung des Neuen gilt als Zeichen schlechten Geschmacks, und alle, die Risiken ablehnen, riskieren, selbst abgelehnt zu werden. Doch die Treue zum Alten ist gleichermaßen unkorrekt und gefährlich. Und der Alterungsprozeß des Neuen, früher ein langfristiger Vorgang, verläuft immer rascher. Das »Neue« neigt mittlerweile zum unverzüglichen Altern, es wird übergangen und überholt.

Unmerklich erfährt das Wort »Schönheit« einen schicksalhaften Bedeutungswandel. Philosophen würden im gegenwärtigen Gebrauch des Wortes kaum die Konzepte wiedererkennen, die sie im

Laufe der Jahrhunderts so ernsthaft und fleißig aufgebaut haben. Mehr als alles andere würden sie die Verbindung zwischen Schönheit und Ewigkeit, ästhetischem Wert und Dauerhaftigkeit, vermissen. Bei allem heftigen Streit pflegten sich die Philosophen darin einig zu sein (wohlgemerkt: *in der Vergangenheit!*), daß die Schönheit über den vergänglichen und unbeständigen persönlichen Launen stehe und daß – auch wenn es »Schönheit auf den ersten Blick« gebe – es der Lauf der Zeit sei, der sie der einzig zuverlässigen, definitiven und entscheidenden Prüfung unterziehe. Die heutigen Philosophen würden zudem den »Anspruch auf universelle Gültigkeit« vermissen, der einst als unentbehrliches Attribut jedes angemessenen ästhetischen Urteils galt. Diese beiden Attribute blieben bei der Entstehung der »Kasinokultur« auf der Strecke, und ihr Fehlen im gegenwärtigen populären Gebrauch des Wortes »Schönheit« ist auffällig.

Der Verbrauchermarkt und das Verhaltensmuster, das er voraussetzt und kultiviert, werden zum Bestandteil der flüchtigen modernen »Kasinokultur«, die im Gegenzug zu einem Bestandteil der Zwänge und Verführungen des Marktes wird. Die beiden passen gut zusammen; sie nähren und bestärken einander. Die Verbrauchermärkte wollen weder die Zeit ihrer Kunden verschwenden noch deren Zukunft mit ihren noch nicht vorhersagbaren Freuden beeinflussen oder in irgendeiner Form prägen, also bieten sie Produkte für den unmittelbaren Gebrauch an (vorzugsweise für den Einmalgebrauch), die rasch entsorgt und ersetzt werden können, so daß der Lebensraum nicht von den Dingen verstopft wird, die einst bewundert und begehrt wurden, aber heute aus der Mode kommen. Der Wirbelwind der Modetrends, die unfaßbare Vielfalt des Angebots und das schwindelerregende Tempo des Wandels verwirren die Kunden. Sie können sich nicht mehr auf ihre Lernfähigkeit und ihr Gedächtnis verlassen, und deshalb müssen sie den Zusicherungen vertrauen (das tun sie auch voller Dankbarkeit), daß das aktuell angebotene Produkt *»die* Sache« sei, die *»heiße* Sache«, das, *»was man unbedingt haben muß«*, die Sache, *in* oder *mit* der *»man gesehen werden muß«*.

Der »objektive«, immerwährende oder universell gültige ästhetische Wert des Produkts ist das letzte, um das man sich Sorgen machen sollte. Dasselbe gilt für die Schönheit »im Auge des Betrachters«. Die Schönheit ist vielmehr in der aktuellen Mode zu Hause, deshalb wird das Schöne tendenziell häßlich, sobald die aktuelle Mode ersetzt wird, was mit Sicherheit bald der Fall sein wird. Verfügte der Markt nicht über die wundersame Fähigkeit, dem vermeintlich individuellen und sich deshalb potentiell unberechenbar und diffus entwickelnden Kundengeschmack ein übersichtliches, wenn auch kurzlebiges Muster aufzunötigen, wäre die Kundschaft vollkommen desorientiert und handlungsunfähig. Geschmack ist kein sicherer Leitfaden mehr, und etwas zu lernen und sich auf das bisher erworbene Wissen zu verlassen erweist sich eher als Falle denn als Hilfe. Das *comme il faut* von gestern kann sich rasch und ohne Vorwarnung in ein *comme il ne faut pas* verwandeln.

Yves Michaud wendet sich in seinem präzisen Bericht zum Zustand der Künste in der flüchtigen modernen Welt den »Schönheitsregeln« zu. »In jeglicher Hinsicht ist dies zum Imperativ geworden: Sei schön oder verschone uns wenigstens mit deiner Häßlichkeit.«[23] Häßlich zu sein bedeutet, dem Abfallhaufen zugeordnet zu werden. Und umgekehrt: Für den Abfalleimer bestimmt zu sein ist der definitive Nachweis der eigenen Häßlichkeit.

Die »Herrschaft der Schönheit« – war das nicht die ganze Zeit das Thema der Träume moderner Künstler und der gelehrten Philosophen der Ästhetik, die über deren Werke nachdachten? Was also erleben wir zur Zeit: den endgültigen Triumph des Schönen? Die Vollendung zumindest eines der vielen ehrgeizigen »modernen Projekte«?

Nein, würde Michaud sagen. Die Ästhetik hat tatsächlich triumphiert – aber über ihren eigenen Gegenstand ... Die Ästhetik siegte, indem sie Kunstwerke (»wertvolle und seltene«, »mit einer Aura und magischen Qualitäten«, »einzigartige, raffinierte und sublime«) überflüssig machte. »Die ›Ästhetik‹ wird heute kultiviert,

---

23 Yves Michaud, *L'art à l'état gazeux*, S. 7, 9, 77, 120f.

verbreitet, unter die Leute gebracht und konsumiert in einer Welt, die frei von Kunstwerken ist.« Die Kunst hat sich in eine Art »ästhetischen Äther« verflüchtigt, der (ähnlich dem Äther der Pioniere der modernen Chemie) alle Dinge unterschiedslos durchdringt und nirgendwo kondensiert. »Schön« sind: die Pullover mit dem momentan gefeierten Designer-Markenzeichen; Körper, die in Sporthallen sowie durch plastische Chirurgie und Make-up nach der neuesten Mode geformt wurden; abgepackte Produkte auf Supermarktregalen. »Selbst die Leichen sind schön – hübsch in Plastikhüllen verpackt und vor den Krankenwagen nebeneinandergelegt.« Auf dem Weg zum Abfallhaufen hat alles – kann das zumindest haben oder sollte sich darum bemühen – seine fünfzehn Minuten, vielleicht sogar fünfzehn Tage der Schönheit.

Wir können sagen, was Friedhöfe für lebende Menschen sind, das sind die Museen für das Leben der Kunst: Einrichtungen, in denen man die Dinge loswird, die nicht mehr wichtig und mit Leben erfüllt sind. Einige menschliche Leichname werden in Gräber gelegt und mit Grabsteinen markiert, damit sie von denjenigen Menschen, die sich durch ihr Verschwinden als Waisen oder Hinterbliebene empfinden, besucht werden können; einige andere wiederum sind für immer in nicht gekennzeichneten Massengräbern verschwunden oder haben sich in niedergebrannten Dörfern, Verbrennungsöfen oder am Grund des Rio de la Plata aufgelöst, ohne Spuren zu hinterlassen. Einige Kunstwerke sind in Museen untergebracht worden, wo ihre einst so gepriesene Schönheit zum Zwecke der Erhaltung entschärft, sterilisiert und einbalsamiert wurde. Dasselbe gilt für archäologische Ausgrabungsstätten, an deren Anblick sich historisch Interessierte oder die Passagiere von Touristenbussen erfreuen. Friedhöfe und Museen sind gleichermaßen vom täglichen Trubel entfernt, separat von den Alltagsgeschäften, in ihrem eigenen umschlossenen Raum mit eigenen Öffnungszeiten. In Museen wie auch auf Friedhöfen spricht man nicht laut, ißt nicht, trinkt nicht, rennt nicht, man berührt die Objekte nicht, die Anlaß des Besuches sind, und hält Kinder an der Leine.

Das Alltagsleben sieht anders aus. Dies ist der Schauplatz der Ästhetik, nicht der *objets d'art*. Es ist die Bühne der kurzlebigen Auftritte und Happenings, der Installationen, die aus augenscheinlich ganz bewußt gewählten, vergänglichen Materialien gestaltet oder aus den Flicken belangloser Gedanken zusammengenäht sind. Nichts, was auf diese Bühne gebracht wird und dort zu sehen ist, ist auf Dauerhaftigkeit angelegt oder zur Erhaltung bestimmt, wenn die Zeit um ist, Zerbrechlichkeit und Vergänglichkeit bestimmen das Geschehen. Was immer dort oben geschieht, kann nur soviel Bedeutung enthalten, wie seine eigene winzige Tragfähigkeit zulassen und bewahren kann. Diese Bedeutung wird letztlich von Menschen gesucht und zusammengetragen, die in der Kunst des Zappens geschult sind – und Zapper treten »nach dem Redakteur und bevor das ›Ende‹-Zeichen auf dem Bildschirm erscheint« auf den Plan.[24] Michaud schreibt über die »neue Herrschaft einer Aufmerksamkeit, die Scannen gegenüber dem Lesen und der Entzifferung von Bedeutungen bevorzugt. Das Bild ist flüchtig und beweglich, es ist weniger ein Spektakel oder ein Datum als ein Element in der Handlungskette.« Nachdem es sich von der Bezugssequenz, der es einst angehörte, abgelöst hat, »ist das Bild frei und kann beliebig für jede Abfolge oder Sequenz von Phantasmen eingesetzt werden«.

Die Neuzuordnung von Bildern, der Wechsel von konzentrierter Betrachtung zum Abfallhaufen der eigenen Aufmerksamkeit – in die Bedeutungslosigkeit und Unsichtbarkeit –, ist willkürlicher Natur. Der Unterschied zwischen »dem Objekt« und seiner gleichgültigen Umgebung ist so gut wie ausgelöscht, ähnlich wie der Zeitunterschied, der den Augenblick, in dem etwas im Mittelpunkt des Interesses steht, von der Nichtbeachtung trennt. Kunstobjekte und Abfall tauschen mühelos die Plätze. In einer Kopenhagener Kunstgalerie bewunderte ich eine Installation, die aus einer Reihe von Fernsehbildschirmen mit riesigen Schriftzügen bestand: »Das Gelobte Land«. Ich empfand diese Installation als gut durchdacht

---

24 Serge Daney, *La salaire du zappeur*, S. 12.

und anregend – nicht zuletzt, weil am Ende der Bilderreihe Besen und Eimer in der Ecke standen. Doch noch bevor ich der Bedeutung des Ganzen auf den Grund gehen konnte, kam eine Putzfrau und holte sich ihr Arbeitsgerät, das sie während der Kaffeepause in dieser Ecke abgestellt hatte.

Die verwirrten Kunstbetrachter sind auf ihrer Suche nach Schönheit ins Chaos geraten, das von einer freischwebenden Ästhetik ohne feste Gegenstände heraufbeschworen wurde. Nur die Statistik mag ihnen noch Rettung bieten. Das Heil liegt in den Zahlen. Die vielen Leute, die voller Stolz ihre neuesten Erwerbungen herzeigen, können sich nicht alle zugleich irren ... Wundersamerweise adelt übergroßer Zuspruch sein Objekt. Dieses Objekt *muß* schön sein, sonst hätten sich nicht so viele Leute dafür entschieden. Die Schönheit drückt sich in hohen Verkaufszahlen aus, in Kassenrekorden, Platinplatten, gewaltigen Fernseh-Einschaltquoten. (Andy Warhol sinnierte einst: »Man stelle sich vor: einen Haufen Geldscheine, die an einer Wäscheleine hängen – 160 000 Dollar ... Was für ein schönes Bild!«) Vielleicht existiert die Schönheit auch noch an einem anderen Ort, wie einige Philosophen hartnäckig versichern – aber wie könnte man das wissen? Und wer würde die Funde loben, wenn man sie an seltsamen Orten aufgespürt hätte, von denen niemand mehr spricht? Selbst die Alten Meister, deren Ruf (so würde man jedenfalls meinen) aufgrund ihres verehrungswürdigen Alters und der Vielzahl von Prüfungen, die sie im Lauf der Jahrhunderte bravourös bestanden haben, unerschütterlich ist, stehen nicht über den neuen Regeln des Schönheitsspiels. Heute ist es Vermeer, neulich war es Matisse, am Tag danach Picasso, den »man sehen muß und bei dessen Betrachtung man gesehen werden muß«. Das richtet sich nach der jeweils letzten hochgespielten Ausstellung, über die »alle reden, die etwas auf sich halten«. Die Schönheit ist, wie in allen anderen Fällen auch, keine qualitative Beschaffenheit der ausgestellten Gemälde, sondern der (quantitativ bewerteten) Qualität des *Ereignisses.*

Die Schönheit hat in unserer flüchtigen modernen Gesellschaft dasselbe Schicksal erlitten wie all die anderen Ideale, die einst die

Ruhelosigkeit und den Widerspruchsgeist der Menschen antrieben. Die Suche nach vollkommener Harmonie und ewiger Beständigkeit ist zu einer unratsamen Angelegenheit verkommen. Werte sind Werte, sofern sie sich zur augenblicklichen, unverzüglichen Konsumtion eignen. Werte sind Attribute von *Augenblickserfahrungen*. Dasselbe gilt für die Schönheit. Und das Leben ist eine Abfolge von Augenblickserfahrungen.

»Ein Nutzen der Schönheit liegt nicht klar zutage, ihre kulturelle Notwendigkeit ist nicht einzusehen, und doch könnte man sie in der Kultur nicht vermissen«, schrieb Freud. »Wir merken bald, das Unnütze, dessen Schätzung wir von der Kultur erwarten, ist die Schönheit; wir fordern, daß der Kulturmensch die Schönheit verehre, wo sie ihm in der Natur begegnet, und sie herstelle an Gegenständen, soweit seiner Hände Arbeit es vermag.« »Schönheit, Reinlichkeit und Ordnung nehmen offenbar eine besondere Stellung unter den Kulturanforderungen ein.«[25]

Es bleibt festzuhalten, daß alle drei Ziele, die Freud als »Kulturanforderungen« benennt, *imaginäre Horizonte* des Zivilisationsprozesses sind. Es wäre deshalb vielleicht besser, weniger irreführend und auch weniger kontrovers, von *Verschönerung, Reinigung und Ordnen* zu sprechen. Heute sehen wir klarer, als dies früheren Generationen vor siebzig Jahren möglich war, daß der »Zivilisationsprozeß« kein zeitlich begrenztes Übergangsstadium ist, das zu einem abgeschlossenen zivilisatorischen Zustand führt. Er ist vielmehr der Kernbestand der »Zivilisation«. Die Vorstellung von einer Zivilisation, die die Anstrengung des Zivilisierens abgeschlossen hat (das Reinigen ebenso zu einem Ende gebracht hat wie das geschäftige Ordnen und die Suche nach Schönheit), ist ebenso abwegig wie das Bild vom Wind, der nicht weht, oder vom Fluß, der nicht fließt.

Die Zivilisationen (das heißt, die Anstrengungen des »Zivilisierens«, die »Zivilisationsprozesse«) sind aus einem Hunger nach Schönheit entstanden. Sie sind weit davon entfernt, diesen Hunger zu stillen, sie haben ihn vielmehr ins Unersättliche gesteigert.

---

25 Sigmund Freud, *Das Unbehagen in der Kultur*, S. 49, 58 und 59.

»Ihr Auto muß jedes Jahr zum TÜV; warum nicht auch Ihre Partnerschaft?« fragt Hugh Wilson.[26] Stimmt. Was für das Auto gilt, das gilt auch für die Partnerschaft. Beide sind nur sinnvoll, wenn sie die damit verbundenen Bedürfnisse befriedigen und solange man in dieser Hinsicht mit ihnen zufrieden ist … Es wäre dumm, davon auszugehen, daß sie diese Aufgabe für alle Zeiten gut erledigen werden und daß die eigene Zufriedenheit auf ewig gesichert ist.

Autos werden schließlich älter, sie verlieren allmählich ihren Glanz und Prunk, sie funktionieren nicht mehr, es reicht nicht mehr aus, den Zündschlüssel umzudrehen, um sie zum Laufen zu bringen; sie erfordern mehr Aufmerksamkeit wenn sie verkehrstüchtig bleiben sollen. Die Aufmerksamkeit, die sie verlangen, kostet uns viel Zeit und Energie. Hier scheint ein Gesetz der abnehmenden Erträge zu gelten. Zunächst bringt die geringste Bewegung eine ganze Menge neuer, bisher unbekannter, erfreulicher Wahrnehmungen hervor, doch für jede dieser aufeinanderfolgenden glückseligen Wahrnehmungen ist immer mehr Denkarbeit, Hingabe und Arbeitskraft aufzubringen. Ist all dies die Mühe wert? Es gibt inzwischen so viele neuere, bessere Autos, die schöner sind, attraktiver, leichter zu bedienen, weil sie leichter reagieren. Es ist Zeit, an einen Wechsel zu denken. Es ist Zeit, das alte Auto auf den Schrottplatz zu bringen. Es war sowieso nicht für den ewigen Gebrauch bestimmt – oder etwa doch?

Wir sind Konsumenten in einer Konsumgesellschaft. Die Konsumgesellschaft ist eine marktwirtschaftlich verfaßte Gesellschaft; wir alle bewegen uns im und auf dem Markt, in austauschbaren Rollen oder als Kunden und Waren zugleich. Kein Wunder, daß sich der Ge- und Verbrauch von Beziehungen dem Muster des Auto-Ge- und Verbrauchs angleicht, und zwar rasch. Dies ist eine Wiederholung des Kreislaufs, der mit dem Kauf beginnt und mit der Abfallentsorgung endet. Das »Zusammenleben« währt in

---

26 Hierzu und zum Folgenden vgl. Hugh Wilson, »This Year's Love«, in: *The Observer Magazine*, 10. November 2002, S. 74f.

Großbritannien durchschnittlich bis zu zwei Jahren. Vierzig Prozent der Ehen in Großbritannien enden durch Scheidung. In den USA liegt diese Quote bei 50 Prozent, Tendenz steigend. Hugh Wilson schlägt passenderweise vor, ein jährlicher oder halbjährlicher TÜV wäre angesichts dieser Tatsachen für viele Menschen eine vernünftige Maßnahme, denn »eine Beziehung in Sechs-Monats-Blöcken einzugehen [...] ist Teil eines Trends hin zum kurzfristigen Denken bei scheinbar unzertrennlichen Paaren«. Das Vorhaben, Eheverträge zu institutionalisieren, die alle zwei, zumindest aber alle zehn Jahre zu erneuern sind, erfährt in den USA einen immer lautstärkeren und stetig wachsenden Zuspruch. Wilson zitiert Dr. Elayne Savage, die Autorin eines Buches mit dem sprechenden Titel *Breathing Room: Creating Space to be a Couple*, mit der Botschaft, daß »erneuerbare Beziehungen für solche Menschen, die sich in einer totalen Verpflichtung zunehmend unwohl fühlen, eine Lösung sein könnten«. Savage billigt diese Lösung und empfiehlt Übereinkünfte, die jährlich »zur Verhandlung anstehen«, was sehr dem Vorbild der »Verlängerungsverträge« (»rolling contracts«) ähnelt, die auf dem Arbeitsmarkt immer beliebter werden.

Eine wachsende Zahl von Beobachtern weist Freunden und Freundschaften in unserer ganz und gar individualisierten Welt mit einigem Grund eine große Bedeutung zu. In einer Zeit, in der die traditionellen Strukturen, die für den sozialen Zusammenhalt sorgten, rasch zerfallen, könnten auf Freundschaft beruhende Beziehungen unsere Schwimmwesten und Rettungsboote werden. Ray Pahl zeigt, daß in unseren Zeiten freier Entscheidung Freundschaften »die archetypische, selbstgewählte soziale Beziehung«, unsere naheliegende Wahl sind. Er bezeichnet Freundschaft als »sozialen Geleitzug« des Lebens in der späten Moderne.[27] Die Wirklichkeit scheint jedoch weniger einfach auszufallen. In diesem »spätmodernen« oder flüchtigen modernen Leben sind die zwischenmenschlichen Beziehungen eine mehrdeutige Angelegenheit, tendenziell

---

27 Vgl. Ray Pahl, *On Friendship*.

werden sie zum Mittelpunkt einer äußerst kritischen, nervenaufreibenden Ambivalenz: Der Preis für die Gemeinschaft, nach der wir uns alle so sehr sehnen, besteht unweigerlich aus einer (zumindest teilweisen) Aufgabe von Unabhängigkeit, sosehr man sich auch das erstere ohne das letztere wünschen mag …

Fortdauernde Ambivalenz führt zu einer kognitiven Dissonanz, zu einem Bewußtseinszustand, der bekanntermaßen erniedrigend, lähmend und schwer zu ertragen ist. Er bringt dann das übliche Repertoire von Tricks hervor, mit dem diese Befindlichkeit abgeschwächt werden soll. Das Abwerten, Herunterspielen und Herabsetzen eines der beiden unversöhnlichen Werte kommt dabei am häufigsten vor. Viele der Beziehungen, die ohnehin nur »bis auf weiteres« Bestand haben sollen, zerbrechen unter den sich widersprechenden Anforderungen. Das Auseinandergehen ist eine vernünftige Erwartung, etwas, an das man im voraus denken, auf das man sich vorbereiten muß. Vernünftige Partner legen deshalb (so hat Wilson es formuliert) »von Anfang an« Wert auf »den Einbau einfacher ›Ausstiegs‹-Klauseln«; »wir wollen den Ausstieg so schmerzlos wie möglich gestalten«.

Wenn schon beim Anknüpfen von Beziehungen der Abfall mit hoher Wahrscheinlichkeit einkalkuliert werden muß, legen Weitblick und Besonnenheit nahe, sich schon sehr früh um die Abfallbeseitigung zu kümmern. Nüchtern denkende Bauunternehmer wagen sich schließlich auch erst an ein Bauprojekt, wenn eine Abrißgenehmigung vorliegt; Generäle schicken ihre Truppen nicht ohne ein plausibles Rückzugsszenario in die Schlacht; und die Arbeitgeber beklagen allenthalben, die verbrieften Arbeitnehmerrechte und die Bestimmungen zum Kündigungsschutz machten ihnen die Schaffung zusätzlicher Arbeitsplätze so gut wie unmöglich.

Anushka Asthana berichtet »über die Mode des Speed-Dating« (oder über eine Art »Dating-Fließband«), die vor kurzem Amerika und wenig später auch London im Sturm eroberte. »Elf Tische sind nebeneinander aufgereiht, die Mädchen setzen sich an den Tisch, der ihnen zugewiesen wird, und die Jungs sitzen ihnen abwechselnd gegenüber. Nach drei Minuten läutet eine riesige Glocke, und man muß weiterziehen, ob nun mitten im Satz oder nicht.«[28] Ist man an einem weiteren Treffen interessiert, kreuzt man das entsprechende Kästchen auf einem vorbereiteten Zettel an. Wenn die Person auf der anderen Seite des Tisches dasselbe empfindet und tut, wird es ein weiteres Treffen geben. Wenn nicht, ist die Sache damit beendet. Adele Testani, die Chefin eines Unternehmens, das diese vereinfachte kundenfreundliche Form einer Partnerwerbung anbietet – Motti: »Laß das Unwesentliche weg«, »Bei Unzufriedenheit Rückgabe an den Händler« –, sagt: »Das ist mittlerweile gesellschaftlich akzeptiert.« Drei Minuten reichen aus, denn »man entwickelt ein Gespür für die Persönlichkeit eines Menschen und wird ihn wieder los, wenn es der Falsche ist«. Das Allerwichtigste: Sicherheit ist garantiert, denn der Austausch von Telefonnummern ist nicht erlaubt. (Wenn man es nicht selbst will, werden diese drei Minuten nicht zu drei Tagen oder Monaten oder, Gott behüte, Jahren.) Nach Instant-Kaffee und Instant-Eistee kommt jetzt das Instant-Dating.

Was ist das Attraktive am »Speed-Dating«, das diese Veranstaltungen zu einem verblüffenden Geschäftserfolg werden ließ? Eine Antwort könnte lauten: Es ist die Gelegenheit, »das Vorgeplänkel wegzulassen«, doch das ist wohl kaum die einzige Erklärung. Sehr viel wichtiger scheint die »riesige Glocke« zu sein, die alle drei Minuten läutet und die beiden Drei-Minuten-Partner zur Trennung zwingt. Es ist zweifellos ein kompliziertes Unterfangen, den *Beginn* einer Partnerschaft auszuhandeln, denn dafür braucht man eine bestimmte Art von Mut und Geschick, die vielen Menschen fehlt. (Einer von Asthanas plaudernden Kunden brüstet sich damit, daß er nach einer Sitzung »für die kommenden paar Wochen vier Dates vereinbart hatte«, während sein üblicher Schnitt sonst bei einem Date pro Monat liege.) Doch es ist der *Ausstieg* aus einer Partnerbeziehung, der häufig zu einer wirklich

28 Vgl. Anushka Asthana, »I have only Three Minutes«, in: *The Observer*, 26. Januar 2003, S. 9.

traumatischen Prüfung wird, bei der die psychische Kraft aufs äußerste belastet wird; je länger die Partnerschaft, desto tiefer das Trauma. Simon Procter, der konzeptionelle Kopf eines weiteren Anbieters von Speed-Dating, bringt die Konstellation sachlich auf den Punkt: »Wenn du die Leute nicht magst, bist du schnell wieder weg.« Das Problem der Abfallentsorgung ist gelöst, bevor alles anfängt.

Man könnte einwenden, die andere Seite, die einer Verabredung schon nach einem dreiminütigen Austausch von Blicken und Satzfetzen zustimmt, lasse sich auf eine riskante Sache ein. Dem wäre so, wenn die noch anzubahnenden Beziehungen auf Ewigkeit angelegt wären. Es bleiben aber nur drei Minuten, »um die Liebe meines Lebens kennenzulernen«, wie die Überschrift des Berichts verkündet – und welche Art von Informationen kann man sammeln, bevor die riesige Glocke läutet? Glücklicherweise ist die Art von Partnerschaft, die den meisten Kunden der Speed-Dating-Veranstaltungen vorschwebt, von der Art einer neu ausgehandelten »Rückgabe an den Verkäufer«, man lebt von einer TÜV-Untersuchung zur nächsten – und das Risiko, das eine solche Beziehung mit sich bringt, ist längst nicht so qualvoll. Man geht sehr umsichtig vor und sichert ab. Die Gerätschaften zur Abfallentsorgung sind in gutem Zustand und jederzeit verfügbar – dann kann man sich diese Geschwindigkeit leisten.

Speed-Dating ist nur einer unter der zunehmenden Zahl von Tricks und Kniffen, die auf dem benutzerfreundlichen Markt der »menschlichen Beziehungen« (genauer: ihrer massenhaft produzierten und minderwertigen, aber billigeren Ersatzformen) angeboten werden. Da gibt es zum Beispiel die Online-Kontaktanzeigen, bei denen selbst das drei Minuten währende Risiko, sich auf längerfristige Konsequenzen einer unvorsichtigen Spontanentscheidung einzulassen, ausgeschlossen ist. Bei Emma Taylor und Lorelei Sharkey hört sich das dann so an: »Wenn dein Liebesleben ein Bankkonto ist, dann ist die Kontaktanzeige dein Geldautomat, der dir eine leichte, umgehende Erfüllung all deiner Wünsche verschafft (unverbindlichen Sex, echte Liebe, ein Partner zur Überbrückung), wann immer du das willst.«[29] Sie hätten hinzufügen können: Wenn man einen Geldautomaten benutzt, gibt man genau die Summe ein, die man ausgeben und deren Verschwendung man riskieren will. Deshalb wird die Verschwendung, die nicht völlig vermeidbar ist, vorab kalkuliert und schmerzt dann nicht so sehr. Die Partner werden sich nicht über Unkosten und ärgerliche finanzielle Einbußen beklagen: Wenn man sich über eine Kontaktanzeige trifft, wissen beide Seiten, daß sie »beide Singles und beide auf der Suche sind«. Deshalb, so Taylor und Sharkey, »entschließt man sich zu einem Treffen. Und dann funkt's!«

Barbara Ellen wägt Gewinn und Verlust bei den immer populärer werdenden »Beziehungen über große Entfernung«[30] ab. Sie bieten, so sagt sie, die Gelegenheit, sich »vor den eigenen Gefühlen zu drücken«. Man kann wohl sagen: Wenn die große Entfernung konsequent eingehalten wird, dann werden die Emotionen, die sich unweigerlich im Rahmen einer Beziehung entwickeln – sie mögen erwünscht und willkommen sein, können aber auch als bedrohlich empfunden werden, weil sie Wurzeln schlagen und länger anhalten können als erwünscht –, noch lange bevor sie sich stabilisieren können in periodisch wiederkehrenden, kurzen und heftigen Ausbrüchen ausgelebt, wobei der unangenehme Augenblick der vollständigen Abfallentsorgung vorweggenommen wird. Die Abfallentsorgung verwandelt sich so von einem tragischen und traumatischen, nervenaufreibenden Schlüsselereignis voller Bitterkeit in eine lange Abfolge kleiner, relativ schmerzloser Vorgänge. Sie ist zur Gewohnheit geworden: Regelmäßige Abstecher zur Müllhalde sind fast schon zur Routine geworden, einfache und undramatische Vorgänge, weil sie systematisch geprobt werden. »Das Sich-vor-Gefühlen-Drücken« bei der »Beziehung über eine große Entfernung« bietet deshalb einen klaren Vorteil gegenüber beständiger

---

29 Emma Taylor und Lorelei Sharkey, »Personal Ads are for Lonely Hearts«, in: *The Guardian Weekend*, 19. April 2003, S. 50.

30 Barbara Ellen, »Being in a Relationship«, in: *The Guardian Magazine*, 20. April 2003, S. 7.

Nähe (die auch als »Präsentismus« bezeichnet wird): Die Partner können sich »vor den langweiligen Phasen drücken (vor den Streitereien, dem Zuhören) und sich auf die spaßigen Seiten konzentrieren (auf Sex, auf Gespräche)«.

Partnerschaften, die kurzfristig geschlossen, rasch konsumiert und auf Verlangen beendet werden, können jedoch auch Begleiterscheinungen zeitigen, die nicht weniger schmerzhaft sind als die Auswirkungen der Schüchternheit, deren Beseitigung die Anbieter von Speed-Dating versprechen. Das Gespenst des Abfallhaufens ist stets gegenwärtig. Geschwindigkeit und Abfallentsorgungsdienste stehen schließlich beiden Seiten zur Verfügung. Möglicherweise gerät man in die Misere, die Oliver James beschrieben hat: Man wird vergiftet »von einem beständigen Gefühl, daß es im eigenen Leben an anderen Menschen fehlt, von Gefühlen der Leere und Einsamkeit, wie bei einem Trauerfall«. Es könnte sein, daß man sich »ständig davor fürchtet, von geliebten Menschen und Freunden fallengelassen zu werden«. Der hier beschriebene Zustand scheint eine natürliche, logische und rational erklärbare Konsequenz eines Lebens zu sein, das von spontan geschlossenen und spontan beendeten Partnerschaften geprägt ist, doch James sucht den Grund dafür in einer »dependenten Depression«, einem organischen oder psychischen, medizinisch behandelbaren und heilbaren Gebrechen, und er vermutet, daß »die Ursprünge dieses Problems häufig in der frühen Kindheit liegen«. »Teilnahmslosigkeit«, von »wenig einfühlsamem Verhalten der Bezugsperson« in der Kindheit ausgelöst, wird nach seiner Lesart »als fester Bestand elektrischer Schaltungen und chemischer Werte in den psychischen Apparat integriert«.[31] Eine wissenschaftliche Erklärung dieser Art mag die Schuld vom Leidenden nehmen und den Grad an Selbstkontrolle und Selbstkritik herabsetzen. Ein weiterer Effekt ist jedoch die Entlastung für einen Lebensstil, der die Gemütsverfassung der »dependenten Depression« zu einem so verbreiteten Leiden gemacht hat.

---

31 Vgl. Oliver James, »Constant Craving«, in: *The Observer Magazine*, 19. Januar 2003, S. 71.

Einen solchen Lebensstil zu kritisieren, ihn darüber hinaus in Frage zu stellen und nach Verbündeten zu suchen, mit denen entschlossen auf eine Veränderung hingearbeitet wird – das wäre ganz gewiß eine langfristige Aufgabe und ein Vorhaben, das in unserer Kultur der Geschwindigkeit, umgehenden Bedürfnisbefriedigung und prompten Abfallentsorgung nicht besonders viele begeisterte Anhänger finden würde. Wir sind darauf getrimmt, einfachere Lösungen anzustreben und zu erwarten – und raschere Reparaturen. Die bietet zum Beispiel das magische Kochrezept des Autors einer wöchentlichen »Wellbeing«-Kolumne, der unter dem Pseudonym »Barfußdoktor« (Barefoot Doctor) schreibt: »Ganze sechs Minuten Übungszeit« werden »dich zum attraktivsten Mädchen oder Jungen in deinem Wohnumfeld machen«.[32] Was geschieht in diesen sechs Minuten? Es geht um eine besondere Art des Stehens, die der Barfußdoktor bis in die kleinsten Einzelheiten beschreibt und bei der »frei und flüssig geatmet« wird, wobei man sich vorzustellen hat, wie »die Lebenskraft aus der Erde und über die Fußsohlen in den Unterbauch gesaugt wird« …

»Vier Dates in den kommenden paar Wochen«, sechs Minuten, in denen »die Lebenskraft in den Unterbauch gesaugt wird« … Erzähle mir deine Träume, und ich sage dir, was dir am meisten fehlt und wovor du Angst hast. Ob wir nun an »dependenter Depression« leiden oder nicht, ob wir uns am hellichten Tag oder in nächtlichen Halluzinationen quälen: Am meisten scheinen wir uns vor dem Verlassenwerden zu fürchten, vor Ausschluß, Zurückweisung, Ausstoßung, vor Ablehnung und dem Fallengelassenwerden. Wir wollen uns nicht nehmen lassen, was wir sind, und uns nicht vorenthalten lassen, was wir sein wollen. Wir haben Angst, allein gelassen zu werden, hilflos und unglücklich zu sein, von jeglicher Gesellschaft ausgeschlossen, von niemandem geliebt, ohne jede Hilfe. Wir fürchten uns vor dem Weggeworfenwerden, vor dem Augenblick, in dem wir für den Schrottplatz bestimmt sind. Am meisten fehlt uns die Gewißheit, daß all dies nicht geschehen,

32 Vgl. »Taking a Stand«, in: *The Observer Magazine*, 19. Januar 2003, S. 73.

zumindest nicht uns widerfahren wird. Wir vermissen die Freistellung – von der universellen, allgegenwärtigen Bedrohung der Freistellung. Wir träumen von Immunität gegen die giftigen Ausdünstungen der Abfallhaufen.

Die Schrecken des Ausschlusses entstammen zwei Quellen. Nur selten haben wir eine klare Vorstellung von ihrer Beschaffenheit, und noch weniger bemühen wir uns um eine Unterscheidung der beiden.

Zunächst sind da die scheinbar willkürlichen, planlosen und gänzlich unvorhersagbaren Bewegungen, Verschiebungen und Tendenzen, die wir, in Abwesenheit einer genaueren Bezeichnung, »Kräfte der Globalisierung« nennen. Sie verändern auf unvorstellbare Art und Weise (und ohne Vorwarnung) die vertrauten Landschaften und Stadtbilder, in denen wir früher die Anker unserer dauerhaften und verläßlichen Sicherheit auswarfen. Sie verändern Menschen und zerstören deren gesellschaftliche Identität. Von einem Tag auf den anderen können sie uns zu Flüchtlingen oder »Wirtschaftsmigranten« machen. Sie können uns die Identitätszertifikate wegnehmen oder die zertifizierten Identitäten entwerten. Und sie erinnern uns täglich daran, daß sie das straflos tun können – indem sie vor unserer Haustür die Menschen abladen, die bereits zurückgewiesen wurden, die gezwungen waren, um ihr Leben zu laufen oder ihre Behausungen zu verlassen, wenn sie am Leben bleiben wollten, und dabei ihrer Identität und Selbstachtung beraubt wurden. Wir hassen diese Menschen, weil wir spüren, daß sich das, was sie vor unseren Augen erleiden, sehr wohl (und schon bald) als Generalprobe für unser eigenes Schicksal erweisen kann. Wir versuchen alles, um sie aus unserem Blickfeld zu entfernen, wir verhaften sie, sperren sie in Lager, deportieren sie, denn wir wollen das Gespenst austreiben. So weit können wir gehen, wenn wir diese Art von Schrecken zu bannen sucht. Wir können die »Kräfte der Globalisierung« nur symbolisch verbrennen; wir scheinen keine andere Möglichkeit zu haben, als Feuer zu entzünden, wenn wir die angestaute Angst zum Verschwinden bringen wollen.

Doch diese Angst wird sich nicht gänzlich in Rauch auflösen, es gibt zuviel davon, und die Vorräte werden ständig aufgefüllt. Die unverbrannten Rückstände sickern auf eine andere Ebene durch – in die Lebensführung –, wo sie sich mit ähnlich gelagerten Ängsten vermischen, die aus untergehenden zwischenmenschlichen Bindungen und sich auflösender Gruppensolidarität stammen. Den bekannten Gewohnheiten der Eule der Minerva folgend sprechen wir mit größter Feierlichkeit und größtem Behagen über »Netzwerke«, »Verbindungen« oder »Beziehungen«, und das nur, weil »das Wahre« – die enggeknüpften Netzwerke, die festen und sicheren Verbindungen, die vollständig entwickelten Beziehungen – fast vollständig zerfallen sind. Richard Sennett stellte fest, daß die durchschnittliche Beschäftigungsdauer im Silicon Valley, dem Treibhaus der neuesten Technologien und fortgeschrittenen Vorposten der aktuellen Version der schönen neuen Welt, in jeder Art von Tätigkeit bei etwa acht Monaten liegt:[33] Das ist dann ein glückseliges Leben, dessen Akteure die ganze Welt beneidet und eifrig nachahmt.

Langfristiges Denken kommt unter solchen Umständen offensichtlich nicht in Frage. Und dort, wo es kein langfristiges Denken gibt, keine Erwartung, daß »wir uns wiedersehen«, kommt kaum das Gefühl eines gemeinsamen Schicksals auf, ein Gefühl der Brüderlichkeit, ein Drang, sich zusammenzuschließen, Schulter an Schulter zu stehen oder im Gleichschritt zu marschieren. Solidarität kann unter solchen Umständen kaum Wurzeln schlagen und gedeihen. Menschliche Beziehungen fallen meist nur durch ihre Brüchigkeit und Oberflächlichkeit auf. Hierzu noch einmal Sennett: »[D]ie Erfahrung, nur vorübergehend in einem Unternehmen zu sein, führt dazu, daß man nur lockere Kontakte knüpft und sich nicht auf andere einläßt [...].« Man lehnt eine festere Verpflichtung ab und hütet sich vor langfristiger Bindung. Viele von uns, vielleicht die meisten, können sich nicht sicher sein, wie lange sie dort

---

33 Vgl. Richard Sennett, »Stadt ohne Gesellschaft«, in: *Le Monde diplomatique* (deutschsprachige Ausgabe), 16. Februar 2001, S. 12.

bleiben, wo sie gegenwärtig sind, und wie lange die Menschen, mit denen sie zu tun haben und interagieren, bleiben werden. Wenn die gegenwärtigen Bindungen jeden Augenblick zerrissen werden können, empfinden wir es als unklug, Zeit und Mühe in ihre Festigung zu investieren und besondere Anstrengungen zu unternehmen, um sie vor Abnutzung zu schützen.

Wir reden zwanghaft über Netzwerke und versuchen wie die Besessenen, sie (oder zumindest ihre Phantombilder) über »Speed-Dating«, Kontaktanzeigen und magische Zauberformeln des »Messaging« heraufzubeschwören, weil wir die Sicherheitsnetze schmerzlich vermissen, die die echten Netzwerke der Verwandtschaft, Freunde und Schicksalsgefährten tatsächlich boten, ob wir nun selbst dazu beitrugen oder nicht. Verzeichnisse von Mobiltelefonen stehen für die fehlende Gemeinschaft und sollen, so lautet die Hoffnung, die Lücke füllen, die die fehlende Intimität reißt; sie sollen eine hohe Erwartungslast tragen, die sie aber nicht stemmen und schon gar nicht aushalten können. Charles Handy schreibt: »Sie mögen Spaß machen, diese virtuellen Gemeinschaften, doch sie erzeugen nur eine illusionäre Vorstellung von Intimität und täuschen Gemeinschaft nur vor.« Sie sind nur ein ärmlicher Ersatz »für das Beisammensitzen, den Anblick von menschlichen Gesichtern und eine echte Unterhaltung«.[34] In einer äußerst aufschlußreichen Studie zu den kulturellen Konsequenzen des »Zeitalters der Unsicherheit« schreibt Andy Hargreaves über »episodische Fäden winziger Interaktionen«, die »dauerhafte familiäre Unterhaltungen und Beziehungen«[35] mehr und mehr ersetzen. Er zitiert Clifford Stolls Einschätzung, daß wir, wenn wir uns ständig der vereinfachten Kontaktmöglichkeiten moderner Technologie bedienen, die Fähigkeit verlieren, in eine spontane Interaktion mit lebenden Menschen einzutreten.[36]

---

34 Charles Handy, *The Elephant and the Flea*, S. 204.

35 Andy Hargreaves, *Teaching in the Knowledge Society*, S. 25.

36 Vgl. Clifford Stoll, *Die Wüste Internet*, S. 72f.

Wir scheuen mit der Zeit den Kontakt von Angesicht zu Angesicht. Lieber greifen wir zum Mobiltelefon, drücken hektisch auf Tasten und bringen Nachrichten hervor, die vermeiden sollen, daß wir zu »Geiseln des Schicksals« werden, und uns vor den komplexen, ungeordneten, unvorhersagbaren Interaktionen – es ist nicht leicht, sie zu unterbrechen, aus ihnen auszusteigen – mit den »echten Menschen« bewahren, die uns umgeben. Je weiter (und flacher) sich unsere aus Drei-Minuten-Dating und SMS-Nachrichten gebildeten Phantomgemeinschaften ausdehnen, desto beängstigender erscheint die Aufgabe, die echten Gemeinschaften zusammenzufügen und zusammenzuhalten.

Der Verbrauchermarkt ist natürlich (wie immer) eifrig bemüht, uns aus unserer mißlichen Lage herauszuhelfen. Hargreaves nimmt einen Hinweis von Stjepan Mestrović auf und vermutet, daß »Emotionen aus dieser von Zeitmangel geplagten Welt schrumpfender menschlicher Beziehungen abgezogen und dafür in konsumierbare Dinge reinvestiert werden. Die Werbung assoziiert Automobile mit Leidenschaft und Begehren und Mobiltelefone mit Inspiration und Lust.«[37] Doch so sehr sich die Händler auch bemühen, der Hunger, den sie zu sättigen versprechen, verschwindet niemals. Menschen sind vielleicht zu Konsumgütern recycelt worden, aber Konsumgüter können niemals in Menschen verwandelt werden. Nicht in die Art von Mensch, die das Vorbild liefert für unsere verzweifelte Suche nach Wurzeln, Verwandtschaft, Freundschaft und Liebe.

Es ist jedoch einzuräumen, daß konsumierbare Ersatzformen gegenüber den »wirklichen Dingen« einen Vorteil aufweisen. Sie versprechen Freiheit von den Mühen endloser Verhandlungen und unangenehmer Kompromisse; sie geloben, der quälenden Notwendigkeit von Selbstaufopferung, Zugeständnissen und Entgegenkommen im Umgang mit anderen, die alle intimen und Liebesbindungen früher oder später verlangen würden, ein Ende zu setzen. Sie treten mit dem Angebot auf, alle Verluste wettzumachen,

---

37 Stjepan Mestrović, *Postemotional Society.*

falls man solche Belastungen als zu schwer empfindet. Ihre Verkäufer verbürgen sich außerdem für einen mühelosen und häufigen Ersatz von Waren, sobald man keine Verwendung mehr dafür hat oder andere, neue, bessere und noch verführerische Waren auftauchen. Kurz gesagt: Konsumgüter verkörpern eine äußerste Nichtfinalität und Widerrufbarkeit von Entscheidungen sowie eine äußerste Entbehrlichkeit der gewählten Objekte. Und was noch wichtiger ist: Sie scheinen uns Macht zu verschaffen. Wir sind es, die Konsumenten, die einen Trennstrich ziehen zwischen dem Nützlichen und dem Abfall. Mit Konsumgütern als Partnerersatz müssen wir uns keine Sorgen mehr machen, daß wir in der Abfalltonne landen könnten.

Vermarktbare Konsumgüter verkörpern deshalb unabsichtlich das äußerste Paradoxon der Kultur des Abfalls:

Erstens ist es das furchterregende Gespenst der Entbehrlichkeit – der Überflüssigkeit, Verlassenheit, Zurückweisung, des Ausschlusses und Dahinschwindens –, das uns nach der Sicherheit einer menschlichen Umarmung suchen läßt.

Zweitens werden wir genau von dieser Suche ab- und in die Einkaufszentren umgelenkt.

Drittens ist es die Entbehrlichkeit selbst, die auf wundersame Weise von der tödlichen Krankheit zur Therapie recycelt wurde, die wir dort finden und zu deren Mitnahme und Lagerung als Erste-Hilfe-Pakete wir veranlaßt werden.

Von unserem neuen Wissen getröstet, setzen wir uns nieder, um – ganz vertieft, entzückt, verzaubert und hingerissen – die nächste Folge von *Big Brother*, *The Weakest Link* oder *Survivor* (oder wie auch immer die aktuellste Version des »Reality TV« heißen mag) anzuschauen. Diese Sendungen erzählen uns alle dieselbe Geschichte: daß niemand außer ein paar einsamen Gewinnern wirklich unentbehrlich ist; daß ein Mensch anderen menschlichen Wesen nur so lange von Nutzen ist, wie er zu deren Vorteil ausgebeutet werden kann; daß die Abfalltonne, der endgültige Bestimmungsort der Ausgeschlossenen, der natürliche Ort für diejenigen ist, die nicht mehr dazupassen oder nicht mehr auf solche Weise ausgebeutet werden wollen; daß sich das menschliche Zusammenleben nur ums Überleben dreht und das letztliche Ziel des Überlebens darin besteht, länger als die anderen zu leben. Wir sind fasziniert von dem, was wir sehen, so wie Dalí und De Chirico uns mit ihren Bildern faszinieren wollten, wenn sie sich um die Darstellung der innersten, zutiefst in unserem Unterbewußtsein verborgenen Phantasien und Ängste bemühten.

Der ältere Big Brother, der von George Orwell in *1984* beschriebene, herrschte über nach den Regeln des Fordismus organisierte Fabriken, über Militärkasernen und zahllose weitere große und kleine Panoptiken des Bentham-/Foucault-Typs, und sein einziges Bestreben war, unsere Vorfahren unter Kontrolle zu halten und versprengte Schafe zur Herde zurückzuführen. Der Big Brother der »Reality-TV«-Shows ist ganz und gar damit beschäftigt, seltsame Männer und Frauen – die Untüchtigen oder weniger Tüchtigen, die weniger Schlauen oder weniger Übereifrigen, die weniger Begabten oder weniger Einfallsreichen – draußen zu halten; und wer einmal draußen ist, bleibt für immer draußen.

Der alte Big Brother widmete sich dem *Einschluß*, der Integration. Die Leute mußten auf eine Linie gebracht und in diesem Zustand gehalten werden. Der neue Big Brother betreibt *Ausschluß*. Er muß die Leute aufspüren, die an ihren Ort »nicht passen«, er muß sie von jenem Ort vertreiben und dorthin bringen, »wo sie hingehören«, oder, noch besser, er sollte sie erst gar nicht irgendwohin kommen lassen. Der neue Big Brother beliefert die Einwanderungsbehörden mit Listen von Leuten, die sie nicht ins Land lassen sollten, und die Bankiers mit Listen von Menschen, die sie nicht in die Gemeinschaft der Kreditwürdigen aufnehmen sollten. Er sagt den Wachen, wen sie an den Toren stoppen und nicht in die »Gated Communities« einlassen sollten. Er motiviert die Bürgerwehren, nach verdächtigen Personen und Herumtreibern – nach Fremden am falschen Ort – Ausschau zu halten und sie zu verjagen. Er bietet Hausbesitzern Videoüberwachungsanlagen an, mit denen Unerwünschte von der Eingangstür ferngehalten werden sollen. Er ist der Schutzheilige aller Rausschmeißer, ob sie nun für einen Nachtclub arbeiten oder für das Innenministerium.

Natürlich ist die Nachricht vom Ableben des alten Big Brother, um Mark Twains berühmten Ausspruch zu zitieren, stark übertrieben. Beide Big Brother – der alte und der neue – sitzen in den Paßkontrollstellen der Flughäfen Seite an Seite. Der einzige Unterschied zwischen beiden besteht darin, daß der neue äußerst penibel die Ausweise der Einreisenden kontrolliert, während der alte die Dokumente der Ausreisenden (eher oberflächlich) prüft.

Der alte Big Brother lebt fort und ist besser ausgerüstet als jemals zuvor, doch heute bewegt er sich meist in den unzugänglichen, marginalisierten Teilen des gesellschaftlichen Raums, in den Ghettos der Städte, in den Flüchtlingslagern und Gefängnissen. Dort stellt sich nach wie vor die alte Aufgabe, die Menschen dazubehalten und auf Linie zu bringen, wann immer sie aus der Reihe tanzen. Wie schon vor hundert Jahren ist dieser Big Brother der Schutzheilige aller Arten von Gefängniswärtern. Das ist eine wichtige Rolle, könnte man sagen – und eine Rolle, die, weil sie beständig im Rampenlicht gehalten und intensiv beworben wird, im allgemeinen für noch wichtiger gehalten wird, als sie wirklich ist. Doch heute ist sie eine untergeordnete, sekundäre Rolle, die den Part ergänzt, den der neue Big Brother spielt; die wahre Aufgabe des alten Typus ist es, die Arbeit des neuen ein wenig zu erleichtern. Die beiden Brüder teilen sich die Überwachung und Betreuung der Grenzlinie zwischen dem »Drinnen« und dem »Draußen«. Ihre jeweiligen Arbeitsbereiche passen gut zusammen, je nach Empfindlichkeit, Durchlässigkeit und Verletzbarkeit der Grenzen.

Gemeinsam umfassen sie das gesamte soziale Universum. Vom souveränen Reich des einen Big Brother kann man sich nur in die Gefilde des anderen bewegen, und eine Funktion des alten Big Brother besteht darin, die lästige und widerwärtige Aufmerksamkeit seines jüngeren Bruders als selig machende Gnade zu verkaufen, als lebensrettende Tat und Garantie für eine sichere und glückselige Existenz. Die unmenschliche Grausamkeit des Älteren unterstützt die teuflische Doppelzüngigkeit des Jüngeren. Das gilt, solange die einzige Wahl, die uns die Welt bietet, die wir aus unseren täglichen Lebenszielen konstruieren können und in die wir unsererseits mit unserem Leben eingebunden sind, die Wahl zwischen dem In-der-Reihe-Bleiben und der Zurückweisung ist – zwischen der Vormundschaft des älteren oder des jüngeren Big Brother, die gemeinsam das Spiel des obligatorischen Entschlusses und des zwangsweisen Ausschlusses kontrollieren.

Unsere Vorfahren bekämpften während des gesamten vergangenen Jahrhunderts die eindrucksvolle Macht des Big Brother, sie wollten die Mauern, Stacheldrahtzäune und Wachttürme niederreißen und träumten davon, zur selbstgewählten Zeit auf selbstgewählten Pfaden zu wandeln. Sie scheinen einen großen Teil ihrer Träume wahr gemacht zu haben, und vielen ihrer Nachkommen gelingt es, den Big Brother, der jene beobachtete, in sicherer Distanz zu ihren Lebensbahnen zu halten – doch nur, um dem wachsamen Auge des Big Brother Nummer zwei ausgesetzt zu sein. Wir, ihre Nachkommen, müssen zu Beginn des neuen Jahrhunderts eine Antwort auf die große Frage finden, ob den Menschen nur noch die Wahl zwischen dem Big Brother Nummer eins oder zwei bleibt: ob das Einschluß-/Ausschluß-Spiel die einzige Möglichkeit ist, wie ein gemeinsames menschliches Leben gestaltet werden kann, und letztlich die einzige denkbare Gestalt, die unsere gemeinsame Welt annehmen – die ihr von uns gegeben werden – kann.

Dank

Wie so oft in der Vergangenheit gilt mein Dank auch diesmal John Thompson für seine präzisen kritischen Hinweise und unbezahlbaren Ratschläge sowie Ann Bone für die liebevolle Sorgfalt und beispiellose Geduld, mit der sie die Fehler des Autors entdeckt und korrigiert und die Spuren seiner Nachlässigkeit und Unachtsamkeit tilgt.

Literaturverzeichnis

Agamben, Giorgio, *Homo sacer. Die souveräne Macht und das nackte Leben*, Frankfurt am Main 2002.

Agamben, Giorgio, *Mittel ohne Zweck. Noten zur Politik*, Freiburg im Breisgau (u.a.) 2001.

Agier, Michel, *Aux bords du monde, les réfugiés*, Paris 2002.

Albrecht, Hans-Jörg, »Immigration, Crime and Safety«, in: *Crime and Insecurity. The Gouvernance of Safety in Europe*, hrsg. von Adam Crawford, Willan 2002, S. 159–185 (dt. gekürzte Fassung: »Immigration, Kriminalität und Innere Sicherheit«, in: Günter Albrecht/Otto Backes/Wolfgang Kühnel [Hg.], *Gewaltkriminalität zwischen Mythos und Realität*, Frankfurt am Main 2001, S. 259–281).

Andreas, Peter (Hg.), *The Wall Around the West. State Borders and Immigration Controls in North America and Europe*, Lanham, Md. (u.a.) 2000.

Asthana, Anushka, »I have only Three Minutes to Get to Know the Love of My Life«, in: *The Observer*, 26. 1. 2003.

Baard, Eric, »The Guilt-Free Soldier«, in: *Village Voice*, 22.–28. 1. 2003.

Bachtin, Michail M., *Rabelais und seine Welt. Volkskultur als Gegenkultur*, Frankfurt am Main 1987.

Barefoot Doctor, »Taking a Stand«, in: *The Observer Magazine*, 19. 1. 2003.

Bauman, Zygmunt, *Society under Siege*, Cambridge 2002.

Beck, Ulrich, *Risikogesellschaft. Auf dem Weg in eine andere Moderne*, Frankfurt am Main 1986.

Becker, Ernest, *Dynamik des Todes. Die Überwindung der Todesfurcht, Ursprung der Kultur*, Olten/Freiburg im Breisgau 1976.

Bennington, Geoffrey, *Interrupting Derrida*, London (u.a.) 2000.

Bernard, François de, *La pauvreté durable* [Suivi de: Le gouvernement de la pauvreté], Paris 2002.

Böckenförde, Ernst-Wolfgang, *Staat, Verfassung, Demokratie. Studien zur Verfassungstheorie und zum Verfassungsrecht*, Frankfurt am Main 1991.

Borges, Jorge Luis, »Der Unsterbliche«, in: Ders., Werke in 20 Bänden, Bd. 6: *Das Aleph. Erzählungen 1944–1952*, hrsg. von Gisbert Haefs und Fritz Arnold, Frankfurt am Main 1992, S. 11–28.

Borges, Jorge Luis, »Museum. Von der Strenge der Wissenschaft«, in: Ders., Werke in 20 Bänden, Bd. 9: *Borges und ich. Kurzprosa und Gedichte 1960*, hrsg. von Gisbert Haefs und Fritz Arnold, Frankfurt am Main 1993.

Borges, Jorge Luis, »Das unerbittliche Gedächtnis«, in: Ders., Werke in 20 Bänden, Bd. 5: *Fiktionen. Erzählungen 1939–1944*, hrsg. von Gisbert Haefs und Fritz Arnold, Frankfurt am Main 1991, S. 95–104.

Brunkhorst, Hauke, »Die Weltgesellschaft als Krise der Demokratie«, in: *Deutsche Zeitschrift für Philosophie*, 45 (1997), 6, S. 895–902.

Burkeman, Oliver, »My Dad is a Living Deterrant to Becoming a Teacher«, in: *The Guardian*, 21. 3. 2001.

Butler, Samuel, *Erewhon*, Zürich 1961.

Buuren, Jelle van, »Die Europäische Union und ihr Cordon sanitaire«, in: *Le Monde diplomatique*, deutschsprachige Ausgabe, 15. 1. 1999, S. 14–15.

Calvino, Italo, *Die unsichtbaren Städte*, München 1977.

Carvel, John, »Depression on the Rise Among Young. Rate Doubles for Generation X, Study Shows«, in: *The Guardian*, 27. 11. 2002.

Castel, Robert, *Die Metamorphosen der sozialen Frage. Eine Chronik der Lohnarbeit*, Konstanz 2000.

Castles, Stephan, »Towards a Sociology of Forced Migration and Social Transformation«, in: *Sociology*, 1 (2003), S. 13–34.

Clairmont, Frédéric F., »Überschuldetes Imperium«, in: *Le Monde diplomatique*, deutschsprachige Ausgabe, 11. 4. 2003, S. 7.

Crawford, Adam, »The Governance of Crime and Insecurity in an Anxious Age. The Trans-European and the Local«, in: Adam Crawford (Hg.): *Crime and Insecurity. The Governance of Safety in Europe*, Cullompton, Devon (u.a.) 2002, S. 27–51.

Czarnowski, Stefan, »Ludzie zbędni w służbie przemocy«, in: Ders., *Dziela*, Bd. 2: Studia z historii my'sli i ruchów spolecznych, hrsg. von Stanislaw Ossowski und Nina Assorodobraj, Warszawa 1956, S. 186–193.

Daney, Serge, *Le salaire du zappeur*, Paris 1993.

Donzelot, Jacques/Mével, Catherine/Wyvekens, Anne, »De la fabrique sociale aux violences urbaines«, in: *Esprit* (2002), 290, S. 13–34.

Dostojewskij, Fjodor, *Die Brüder Karamasow*, Zürich 2003.

Douglas, Mary, *Reinheit und Gefährdung. Eine Studie zu Vorstellungen von Verunreinigung und Tabu*, Berlin 1985.

Ellen, Barbara, »Being in a Relationship is Like Being at the Office«, in: *The Observer Magazine*, 20. 4. 2003.

Freud, Sigmund, »Das Unbehagen in der Kultur«, in: Ders., *Gesammelte Werke*, Bd. 14: Werke aus den Jahren 1925–1931, hrsg. von Anna Freud, London 1948, S. 419–506.

Garland, David, *The Culture of Control. Crime and Social Order in Contemporary Society*, Oxford (u.a.) 2001.

Giroux, Henry A., »Global Capitalism and the Return to the Garrison State«, in: *Arena Journal*, 19 (2002), S. 141–160.

Hall, Stuart, »The New World Disorder. ›Out of a Clear Blue Sky‹«, in: *Soundings. A Journal of Politics and Culture*, 19 (2001/2002), S. 9–15.

Handy, Charles B., *The Elephant and the Flea. Looking Backwards to the Future*, London 2001.

Hargreaves, Andy, *Teaching in the Knowledge Society. Education in the Age of Insecurity*, Maidenhead 2003.

Hedetoft, Ulf, *The Global Turn. National Encounters with the World*, Aalborg 2003.

Hirschkopf, Ken, »Fear and Democracy. An Essay on Bakhtin's Theory of Carnival«, in: *Associations. Journal for Social and Legal Theory*, 1 (1997), 2, S. 209–234.

James, Oliver, »Constant Craving«, in: *The Observer Magazine*, 19. 1. 2003.

Jeffreys, James B. (Hg.), *Labour's Formative Years: Nineteenth Century*, Bd. 3: 1849–1879, London 1948.

Jonas, Hans, »The Burden and Blessing of Mortality«, in: *Hastings Center Report*, 22 (1992), 1, S. 34–40.

Jordan, Tim, »Technopower and its Cyberfutures«, in: John Armitage (Hg.), *Living with Cyberspace. Technology & Society in the 21st Century*, New York (u.a.) 2002.

Kafka, Franz, »Gemeinschaft«, in: Ders., *Sämtliche Erzählungen*, hrsg. von Paul Raabe, Frankfurt am Main 1970, S. 308–309.

Kafka, Franz, »Der Bau«, in: Ders., *Sämtliche Erzählungen*, hrsg. von Paul Raabe, Frankfurt am Main 1970, S. 359–388.

Klein, Naomi, »Fortress Continents. The US and Europe are Both Creating Multi-Tiered Regional Strongholds«, in: *The Guardian*, 16. 1. 2003.

Klíma, Ivan, *Liebe und Müll*, München (u.a.) 1991.

Kotter, John P., *Die neuen Spielregeln für die Karrieren. Erfolg in der Zeit nach den Großkonzernen*, Wien 1995.

Kracauer, Siegfried, »Franz Kafka. Zu seinen nachgelassenen Schriften«, in: Ders., *Schriften*, Bd. 5,2: Aufsätze 1927–1931, hrsg. von Inka Mülda-Bach, Frankfurt am Main 1990, S. 363–375.

Kracauer, Siegfried, »Die Gruppe als Ideenträger«, in: Ders., *Schriften*, Bd. 5,1: Aufsätze 1915–1926, hrsg. von Inka Mülda-Bach, Frankfurt am Main 1990, S. 170–196.

Kracauer, Siegfried, »Die Reise und der Tanz«, in: Ders., *Schriften*, Bd. 5,1: Aufsätze 1915–1926, hrsg. von Inka-Mülda-Bach, Frankfurt am Main 1990, S. 288–296.

Kundera, Milan, *Die Unwissenheit*, München (u.a.) 2001.

Lagrange, Hughes/Pech, Thierry, »Délinquance: les rendezvous de l'état social«, in: *Esprit* (2002), 290, S. 71–85.
le Houerou, Fabienne Rose Émilie, »Ohne Zwang und ohne Wasser«, in: *Le Monde diplomatique*, deutschsprachige Ausgabe, 16. 5. 2003, S. 16.
Leach, Edmund Ronald, »Magical Hair«, in: John Middleton (Hg.), *Myth and Cosmos. Readings in Mythology and Symbolism*, Garden City, NY 1967, S. 77–108.
Linhart, Danièle/Rist, Barbara/Durand, Estelle, *Perte d'emploi, perte de soi*, Ramonville-Saint-Agne 2002.
Linhart, Danièle, »Travail émietté, citoyens déboussolés«, in: *Manière de Voir*, 66 (2002), Nov.–Dez., S. 10–13.
Luxemburg, Rosa, *Die Akkumulation des Kapitals. Ein Beitrag zur ökonomischen Erklärung des Imperialismus*, Gesammelte Werke, Bd. 5: Ökonomische Schriften. Berlin 1975, S. 5–411.
Maybury-Lewis, David, »Genocide Against Indigenous Peoples«, in: Alexander Laban Hinton (Hg.), *Annihilating Difference. The Anthropology of Genocide*, Berkeley (u.a.) 2002, S. 43–53.
McGreal, Chris, »Bedouin Feel the Squeeze as Israel Resettles the Negev Desert. Thousands Displaced from Ancient Homeland«, in: *The Guardian*, 27. 2. 2003.
Melucci, Alberto, *The Playing Self. Person and Meaning in the Planetary Society*, London (u.a.) 1996.
Merivale, Herman, *Lectures on Colonization and Colonies*, 2 Bde. in 1 (Reprint d. Orig.-Ausg. London 1861), New York 1967.
Mestrović, Stjepan G., *Postemotional Society*, London 1997.
Michaud, Yves, *L'art à l'état gazeux. Essai sur le triomphe de l'esthétique*, Paris 2003.
Miller, Jerome G., *Search and Destroy. African-American Males in the Criminal Justice System*, Cambridge 1996.
Moore, Anna, »Raising a False Alarm«, in: *The Observer Magazine*, 26. 1. 2003.
Mucchielli, Laurent/Robert, Philippe (Hg.), *Crime et insécurité. L'état de savoirs*, Paris 2002.
Mumford, Lewis, *Die Stadt. Geschichte und Ausblick*, Köln/Berlin 1963.
Ogundehin, Michelle, »California Dreams«, in: *The Observer Magazine*, 12. 1. 2003.
O'Kane, Maggie, »The Most Pitiful Sights I Have ever Seen«, in: *The Guardian*, 14. 2. 2003.
Pahl, Raymond Edward, *On Friendship*, Cambridge (u.a.) 2000.
Paphides, Peter, »Seven Inches of Heaven«, in: *The Guardian Weekend*, 16. 11. 2002.

Pascal, Blaise, »Zerstreuung«, in: Ders., *Gedanken. Über die Religion und einige andere Themen*, hrsg. von Jean Robert Armogathe, Stuttgart 2004, S. 93–103.

Ramesh, Randeep, »The Two Faces of Rumsfeld«, in: *The Guardian*, 9. 5. 2003.

Report of the Trade Union Congress (1883)

Robert, Philippe (Interviewter)/Mongin, Oliver (Interviewer) (u.a.), »Une généalogie de l'insécurité contemporaine. Entretien avec Philippe Robert«, in: *Esprit* (2002), 290, S. 35–58.

Roosevelt, Theodore, *Im Reiche der Hinterwäldler. Aus der »Eroberung des Westens«*, Teilausg., Berlin 1907.

Rorty, Richard, »Endlich sieht man Freudenthal«, in: *Frankfurter Allgemeine Zeitung*, 20. 2. 1998.

Rorty, Richard, »Globalization, the Politics of Identity and Social Hope«, in: Ders., *Philosophy and Social Hope*, London (u.a.) 1999, S. 229–239.

Roux, Caroline, »To Die For«, in: *The Guardian Weekend*, 1. 2. 2003.

Scheler, Max, »Tod und Fortleben. Schriften aus dem Nachlaß«, Teil 1: Zur Ethik und Erkenntnislehre. Tod und Fortleben. Über Scham und Schamgefühl. Vorbilder und Führer. Ordo amoris. Phänomenologie und Erkenntnistheorie. Lehre von den drei Tatsachen, Berlin 1933, S. 3–51.

Sennett, Richard, »Stadt ohne Gesellschaft«, in: *Le Monde diplomatique*, deutschsprachige Ausgabe, 16. 2. 2001, S. 12–13.

Sennett, Richard, *Der flexible Mensch. Die Kultur des neuen Kapitalismus*, Berlin 1998.

Serres Gueiraldes, Alfredo M., *La estrategia del General Roca*, Buenos Aires 1979.

Shabi, Rachel, »The E-Waste Land«, in: *The Guardian Weekend*, 30. 11. 2002.

Stanton Russell, Sharon, »Refugees: Risks and Challenges Worldwide«, in: *Migration Information Source*, 1. 11. 2002.

Steiner, George, *Errata. Bilanz eines Lebens*, München/Wien 1999.

Stoll, Clifford, *Die Wüste Internet. Geisterfahrten auf der Datenautobahn*, Frankfurt am Main 1996.

Summerskill, Ben/Reilly, Tom, »Debt Becomes the Norm for Middle Classes«, in: *The Observer*, 19. 1. 2003.

Taylor, Emma/Sharkey, Lorelei, »Personal Ads are for Lonely Hearts«, in: *The Guardian Weekend*, 19. 4. 2003.

Teubner, Gunther, »Des Königs viele Leiber. Die Selbstdekonstruktion der Hierarchie des Rechts«, in: *Soziale Systeme*, 2 (1996), 2, S. 229–256.

Todorov, Tzvetan/Portevin, Catherina, *Devoirs et délices. Une vie de passeur; entretiens avec Catherine Portevin*, Paris 2002.

Travis, Alan, »Treatment of Asylum Seekers ›is Inhumane‹«, in: *The Guardian*, 11. 2. 2003.

Travis, Alan, »Blunkett to Fight Asylum Ruling«, in: *The Guardian*, 20. 2. 2003.

Wacquant, Loïc, »Die Armen bekämpfen«, in *Le Monde diplomatique*, deutschsprachige Ausgabe, 16. 4. 1999, S. 1 und S. 12–13.

Wacquant, Loïc, »Null Toleranz für die Mär von der Sicherheit«, in: *Le Monde diplomatique*, deutschsprachige Ausgabe, 17. 5. 2002, S. 12–13.

Wacquant, Loïc, »Deadly Symbiosis: When Ghetto and Prison Meet and Mesh«, in: *Punishment and Society*, 1 (2002), S. 95, 134.

Wacquant, Loïc, »Was ist ein Ghetto?«, in: *Prokla*, 134 (2004), S. 133–148.

Walsh, Conal, »Fallen Idols of the Free Market«, in: *The Observer*, 26. 7. 2002.

Wilson, Hugh, »This Year's Love«, in: *The Observer Magazine*, 10. 11. 2002.

Woodcock, George (Hg.), *Report of … Annual Trades Union Congress*, London 1883.

Young, Lawrence J., *Diminished Being*, Oslo University College, Faculty of Economics, Public Administration and Social Work, Oslo 2002.

Younge, Gary, »The New World Disorder. A World Full of Gangsters«, in: *Soundings. A Journal of Politics and Culture*, 19 (2001/02), S. 18–22.

Zedner, Lucia, »The Pursuit of Security«, in: Tim Hope/Richard Sparks (Hg.), *Crime, Risk, and Insecurity. Law and Order in Everyday Life and Political Discourse*, London (u.a.) 2000, S. 200–214.